国家社会科学/自然科学基金项目丛书

国家社会科学基金一般项目（11BJY140）资助

# 资产价格波动与 金融脆弱性互动机制研究

## ——基于宏观资金环流的分析视角

A Study of the Interaction Mechanism on Asset Prices Fluctuation and Financial Fragility—from the Perspective of Money Circulation

马亚明 著

中国金融出版社

责任编辑：张　超　单翠霞
责任校对：张志文
责任印制：丁淮宾

## 图书在版编目（CIP）数据

资产价格波动与金融脆弱性互动机制研究——基于宏观资金环流的分析视角（Zichan Jiage Bodong yu Jinrong Cuiruoxing Hudong Jizhi Yanjiu：Jiyu Hongguan Zijin Huanliu de Fenxi Shijiao）／马亚明著 . —北京：中国金融出版社，2015.6

（国家社会科学、自然科学基金项目丛书）

ISBN 978 - 7 - 5049 - 7958 - 2

Ⅰ.①资…　Ⅱ.①马…　Ⅲ.①资本市场—经济波动—影响—金融市场—研究　Ⅳ.①F830.9

中国版本图书馆 CIP 数据核字（2015）第 124908 号

出版
发行　　中国金融出版社

社址　北京市丰台区益泽路 2 号
市场开发部　（010）63266347，63805472，63439533（传真）
网上书店　http：//www.chinafph.com
　　　　　（010）63286832，63365686（传真）
读者服务部　（010）66070833，62568380
邮编　100071
经销　新华书店
装订　平阳装订厂
印刷　利兴印刷有限公司
尺寸　169 毫米 ×239 毫米
印张　12.5
字数　223 千
版次　2015 年 6 月第 1 版
印次　2015 年 6 月第 1 次印刷
定价　29.00 元
ISBN 978 - 7 - 5049 - 7958 - 2/F.7518
如出现印装错误本社负责调换　联系电话(010)63263947
编辑部邮箱：jiaocaiyibu@126.com

# 前　言

从国际经验和历史事件看，1630 年荷兰的"郁金香泡沫"、1719 年法国的密西西比股市泡沫、1720 年英国的南海泡沫、1929 年美国大萧条的股市崩溃、20 世纪 80 年代日本经济泡沫破裂、1994 年的墨西哥金融危机、1997 年的东南亚金融危机、2008 年由次贷危机引致的美国金融危机等，这些金融危机发生的导火线与表现形式不尽相同，但一个共同特征是，都伴随着资产价格的剧烈波动。如在 2008 年美国金融危机期间，三大股指道琼斯工业平均指数、纳斯达克综合指数和标准普尔指数最大跌幅分别达到了 53.54%、55.63% 和 56.68%，都超过了 50%。由于全球资本市场的发展和资产存量的快速增长，其对宏观经济的影响不断强化，资产市场的价格波动对整个金融体系乃至宏观经济产生了明显的波及效应。美联储前主席伯南克就曾提到"过去二十年，世界中央银行皆大体成功地控制了通货膨胀。……未来中央银行家的主要战斗将在另外的战场。有一个重要现象已经引起决策者的高度重视，那就是金融体系不稳定显著增加，其中的重要环节就是资产价格的剧烈波动"。

在探讨资产价格波动对金融稳定与金融脆弱性的影响时，以下几个经济现象尤其值得关注：(1) 20 世纪 80 年代以来，许多西方国家出现"现代市场经济之谜"，货币供应量增加，实体经济没有增长，且通货膨胀得到了有效控制，甚至出现持续性的通货紧缩，但与此同时资产价格却不断膨胀，即出现低通胀与资产价格迅速上升共同存在的经济现象。(2) 2009 年，在我国实体经济尚未完全恢复（2009 年 GDP 增长率为 9.2%，出口下降了 16%）的情况下，资产价格却出现了大幅上扬，上证综合指数从年初的 1820 点上涨到 3478 点，涨幅达到 91%，2014 年下半年这一现象再次出现。相反，2010 年我国经济增长较为强劲，GDP 增长世界第一，但股市（沪指）跌幅世界第一。"股市是国民经济的晴雨表"这一教科书上的规律显然失灵。(3) 2009 年以来，我国大蒜、绿豆、玉米等农产品价格大幅上涨，先后出现"蒜你狠""豆你玩""姜你军""糖高宗""油你涨"等现象。(4) 2011 年，浙江温州，广东东莞，佛山，江苏镇江，甚至内蒙古的鄂尔多斯，均掀起一股民营企业老板"跑路"和企业倒闭的风潮，2012 年下半年，这一风潮又席卷了陕西的神木县，而且大有愈演愈烈之势。(5) 截至 2014 年末我国 $M_2$/GDP 的比值达到 1.93，远超美国、印度、巴西、俄罗斯等国家，说明我国存在严重货币超发，与此同时在 2013 年 6 月、12 月，我国银行出现了"钱荒"现象，并导致短期利率的大幅上升。

一方面我国存在货币超发，另一方面又出现"钱荒"，那么钱到哪儿去了？

这五个经济现象从表面上看毫不相干，但深入分析，不难发现，这些现象发生的深层原因都是货币资金的流动所致，特别是资金在实体经济与虚拟经济之间的流动。现代货币经济体系是一个有机的整体，各个部门之间相互联系和彼此作用，而将它们串联起来的，正是货币资金不停息地居间流动。传统的货币经济学理论是从货币供给流入实体经济的角度来分析其影响的。但是，货币资金的流动实际上包含实际产业循环和金融循环两个过程。实际产业循环反映伴随着收入分配及消费、储蓄和投资过程而发生的资金活动，金融循环反映为调剂资金余缺使用各类金融工具进行金融交易而产生的资金运动。如果考虑金融市场，费雪方程式可以表示为：$MV = PQ + P^* Q^*$，其中 $P^*$ 表示资产的价格水平，$Q^*$ 表示资产的数量。由此可见，货币的供应量不仅流向产品市场，还有一部分流向了金融市场，货币供给、实体经济（以产品市场为代表）、虚拟经济（以金融市场为代表）之间形成了一个相互制约、相互关联的整体。当新增货币供应量直接流入虚拟经济，而没有影响实体经济，物价水平就会不升反降，金融资产价格则上升，这就是所谓的"现代市场经济之谜"。农产品价格的上涨也是金融资本投机的结果，而不是实体经济运行在物价层面的反映。大量的"脱实向虚"的"金融窖藏"和境外"热钱"的涌入是加速资产价格上涨、促使资产泡沫形成，从而加剧金融脆弱性的原动力。正是基于这一初步的判断，本课题从货币循环流动的视角探讨资产价格波动与金融脆弱性的相互作用机理，采取理论建模、实证研究和对策建议相结合的研究范式。货币循环流动为贯穿整个课题的主线。第二章构建了课题的总体分析框架——货币循环模型。第三章侧重分析"热钱"这一货币循环的重要要素对资产价格与金融脆弱性的影响。第四章从货币循环流动的视角重新审视资产泡沫、银行信贷与金融稳定的关系，探究资产价格对宏观经济造成重大影响的深层原因。第五章以货币循环为依托，构建货币量值模型，分析资产价格波动冲击下宏观经济金融系统稳态的阶段性特征与动态演化机制。第六章以银行为例，对资产波动对金融脆弱性的影响进行实证分析。第七章，在全文分析的基础上，得出资产价格波动是影响金融稳定与脆弱性的重要因素，因而货币政策不能忽视资产价格的波动，进而建立 DSGE 模型与 IS - Philips 模型，探讨货币政策的工具规则与目标规则选择问题。第八章为全课题的总结与政策建议。本书的主要结论有：（1）货币循环流动是影响资产价格波动与金融脆弱性的重要因素；（2）热钱流动已成为影响资产价格波动与金融稳定的重要因素；（3）银行信贷是货币资金从实体经济"漏"进虚拟经济的重要渠道，大量银行信贷的"脱实向虚"助长了产业的"空心化"，加剧了金融体系的脆弱性；（4）资产价格的大幅波动使宏观经济金融系统偏离稳态；（5）资产价格波动对我国银行脆弱性有显著的影响；（6）通货膨胀目标制不是现阶段我国货币政策目标制的最佳选择，在货币政策的工具规则方面，我国应选择前瞻型的利率和货币供应量混合的混合规则。

我本科、硕士就读于华中师范大学数学系，对教育事业有一种难舍的情结。2001 年在南开大学国际经济研究所获得博士学位后，在中国保险业和信托业浸淫多年，2005 年又回到了宁静的校园——天津财经大学，开始从事资产价格与货币政策理论方面的研究，2011 年申请了国家社会科学基金一般项目"资产价格波动与金融脆弱性的互动机制研究——基于宏观资金环流的分析视角"（11BJY140），本书是该课题的最终研究成果之一。我的同事温博慧副教授，我的博士研究生刘翠和硕士研究生邵士妍、宋婷婷、赵慧、刘龙等参与了课题资料的收集和部分章节的撰写，感谢他们的辛勤付出。在本书的撰写过程中，参考并引用了国内外诸多学者的成果，在此表示诚挚的感谢！感谢天津财经大学副校长高正平教授、天津财经大学副校长王爱俭教授长期的支持与帮助。感谢项目结项时匿名外审专家所提的宝贵建议。由于学识水平有限，书中难免有错误和疏漏之处，在研究逻辑和理论分析体系严谨性与合理性方面还存在一定的缺陷，恳请各位专家、读者批评指正。

马亚明
**2015 年 1 月于天财园**

# 目　录

# 第1章
# 导　论

## 1.1　研究背景与选题的意义

　　20 世纪 80 年代以来，伴随着经济全球化、金融自由化和世界范围内金融体系的演变，快速发展的信息技术和以金融衍生工具为代表的层出不穷的金融创新促进了世界各国的资产市场和金融体系发展的日益深化和广化，金融资产价格客观上已成为影响一国宏观经济运行和金融稳定的重要经济变量。在过去的 30 多年中，一方面，西方发达国家的通货膨胀都得到了有效的控制，以主要 OECD 国家为例，通货膨胀率从 1980 年的 12.4% 下降到 2012 年的 1.9%；但另一方面，以美日为代表的发达国家的资产价格却在低通胀的环境下出现了更大幅度和更频繁的波动。如 20 世纪 80 年代北欧国家（挪威、芬兰、瑞典）资产价格的急剧上升、80 年代后期日本的"泡沫经济"、90 年代美国的网络泡沫以及次贷危机爆发前以美国为代表的资产价格的暴涨都出现在一般价格水平比较稳定的环境中。商品价格与金融资产价格的背离已成为现代经济中的一个重要现象。在低通胀的环境下，金融危机爆发的频率与影响深度却有增无减，这使得理论界和实务界不得不关注资产价格的剧烈波动。

　　近年来，以股票市场和房地产市场为代表的中国资产市场在快速发展、不断完善的同时，资产价格也表现出大幅波动的特征。在股票市场上，以上证综合指数为例，在 2001 年 6 月以前总体表现为股票价格小幅震荡的持续上升，在 2001 年 6 月 14 日达到阶段性的最高点 2 245 点，随后持续下行至 2005 年的最低点 998 点。此后，股权分置改革迈出了实质性的步伐，沪指从 2005 年 6 月的 998 点上涨至 2007 年 10 月的 6 124 点，大盘在两年多的时间里上涨

513.5%。随后，指数又开始快速下跌，到 2008 年 10 月跌至最低点 1 664 点，一年时间股市缩水 72.8%。2009 年在 4 万亿元投资的推动下，也曾达到 3 478 点，但此后又步入震荡下行阶段（见图 1 – 1）。从整体来看，股市的波动远远高于我国宏观经济的波动。

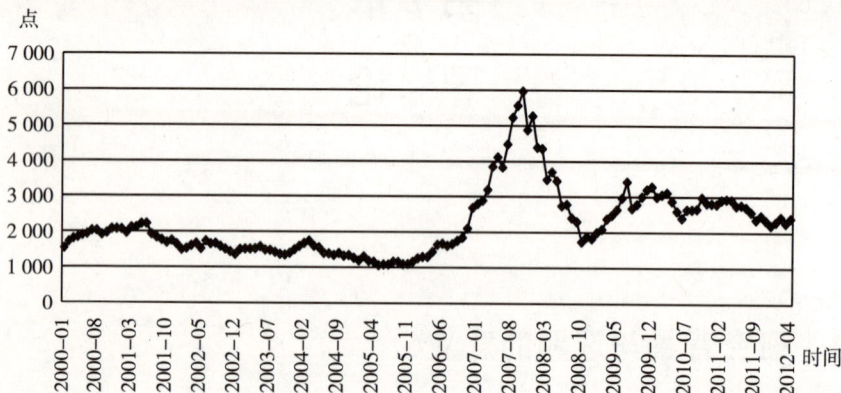

资料来源：Wind 数据库。

**图 1 – 1　上证综合指数的波动（2000 年 1 月至 2012 年 4 月）**

房地产市场上，从 1998 年结束福利分房，我国房地产市场开始市场化改革以来，短短十几年中，房地产市场得到了快速发展，2012 年，我国商品房销售金额达 6.4456 万亿元。但同时房地产价格也出现了明显的上涨和波动趋势。以国家统计局公布的房地产销售价格指数为例，1998 年随后的几年，我国房地产销售价格指数一路持续上涨，直到 2004 年 12 月，在房地产泡沫压力之下，国家出台了一些抑制房价过快上涨的调控政策，我国房地产市场出现了一个拐点，使得房价在 2005 年和 2006 年得到一定的控制，但在 2007 年房地产价格又开始迅速上涨，到 2008 年 3 月，受美国金融危机及二套房新政、限制投资性住房贷款等一系列房地产调控政策出台的影响，我国房地产价格开始再次下降，出现了第二次拐点，并引起房地产危机的争论和继续下跌的恐慌，于是 2008 年 10 月一系列支持房地产行业发展的新政策出台，房地产价格又开始了新一轮的快速上涨，2009 年北京房价上涨了 80%，上海上涨了 113%。当前房地产泡沫和高房价已经成为我国经济中的热点问题和难题。根据中国指数研究院发布的百城房价报告，2013 年 7 月，北京（楼盘）、上海（楼盘）等十大城市住宅均价达到 17 609 元/平方米。进入 2014 年，关于房地产价格拐点、崩盘、降价论的观点充斥各种媒体，抑制投资投机性需求，促进房地产市场持续健康发展也成为 2014 年两会的重要讨论话题。

点

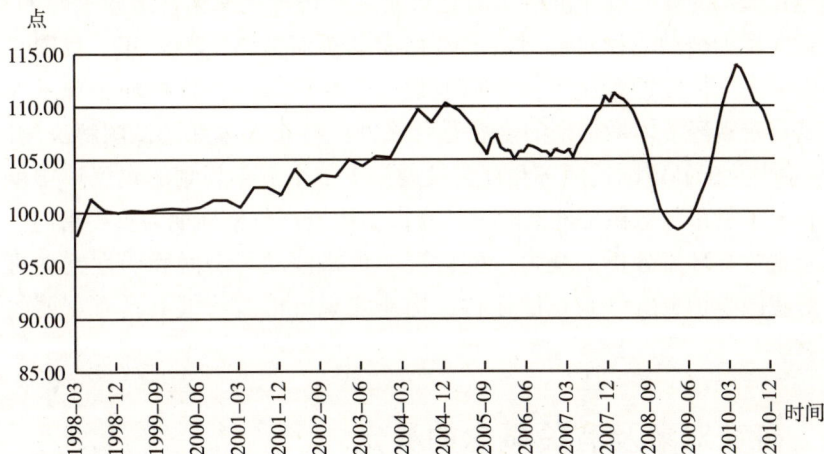

资料来源：Wind 数据库。

**图 1-2 房地产销售价格指数的波动**

从国际经验和历史事件看，1630 年荷兰的"郁金香泡沫"、1719 年法国的密西西比股市泡沫、1720 年英国的南海泡沫、1929 年美国大萧条的股市崩溃、20 世纪 80 年代日本经济泡沫破裂、1994 年的墨西哥金融危机、1997 年的东南亚金融危机、2008 年由次贷危机引致的美国金融危机等，这些金融危机发生的导火线与表现形式不尽相同，但一个共同特征是，都伴随着资产价格的剧烈波动。如在 2008 年美国金融危机期间，三大股指道琼斯工业平均指数、纳斯达克综合指数和标准普尔指数最大跌幅分别达到了 53.54%、55.63% 和 56.68%，都超过了 50%。由于全球资本市场的发展和资产存量的快速增长，其对宏观经济的影响不断强化，资产市场的价格波动对整个金融体系乃至宏观经济产生了明显的波及效应。美联储前主席伯南克就曾提到，"过去二十年，世界中央银行皆大体成功地控制了通货膨胀。……未来中央银行家的主要战斗将在另外的战场。有一个重要现象已经引起决策者的高度重视，那就是金融体系不稳定显著增加，其中的重要环节就是资产价格的剧烈波动"[1]。毫无疑问，资产价格波动尤其是资产价格泡沫的形成、膨胀和破灭正在成为新的宏观经济波动的重要原因，因而各国央行不得不积极研究资产价格变动背后的丰富内涵。为什么金融危机总是与资产价格的剧烈波动相伴而生？货币政策能否忽视资产价格的波动？资产价格波动影响金融脆弱性，进而引致金融不稳定的作用

---

① 转引陈峥嵘等. 股票市场对货币政策的传导效应研究——来自中国的经验证券 [J] . 科学发展，2009（9）：1.

机理是什么？为什么资产价格波动会对宏观经济产生深远甚至毁灭性的影响？金融脆弱性和金融不稳定会对资产价格波动有何影响？2009 年，我国在实体经济尚未完全恢复的情况下，为何股票、房地产等资产价格却出现了大幅上涨，其对宏观经济体系带来的隐患是什么？这些正是本课题试图解决的问题。《中共中央关于制定国民经济和社会发展第十二个五年规划的建议》中就明确指出，未来货币金融稳定框架的设计应以克服资产价格周期为重要指向。本课题从宏观资金环流分析的视角，探讨资产价格波动与金融脆弱性互动机制问题，对我国维护金融体系稳健运行、构建宏观审慎监管框架具有重要的参考价值。

## 1.2　研究对象及有关概念的界定

### 1.2.1　资产及资产价格

资产指的是任何公司、机构和个人拥有的任何具有商业或交换价值的所有权或财产。资产的形式种类多样，包括货币资金、土地、房产、汽车、机械设备、船舶、飞机、贵金属、艺术品、黄金、股票和债券等。但本书关注的主要是股票和房地产这两种类型的资产[①]，其主要原因是：一方面是考虑到数据的可获得性，另一方面，这两项资产是个人持有财产的主要形式。在居民的投资中，股票与房地产投资占据了绝大多数份额，并且这两种资产价格波动幅度最大[②]，容易形成资产泡沫，对宏观经济和金融稳定的影响也是深层次、全方位的。

资产价格是资产转换为货币的比例，即投资者在资产市场上进行资产交易所支付的价格，它是买卖双方依据市场准则进行博弈的结果，是一种客观存在且动态变化的价格。理论上讲，资产价格应当反映其内在价值，即在不确定的未来，通过持有它可以获得相应的回报。股票和房地产[③]能带来红利或租金收入，这是预期收入的关键要素，而其转售价值是另一项要素。但是，如果预期

---

① 当然，第 5 章也涉及固定资产。

② 根据托宾的观点，货币资金、有价证券和房地产是居民持有的三种主要资产，但由于我国利率和汇率尚未完场市场化，货币资金的价格变化相对较小，因而不在考虑范围之内。

③ 房地产既属于实体经济的范畴，又具有金融资产的属性。房地产的定价方式也具有虚拟经济定价方式的典型特征：价格决定不取决于成本，而是以资本化定价为基础。房价的真实价值应该是租金的贴现。

未来价格会持续上涨，即使预期红利或租金支付不会增加，其当前的价格也会上涨。即仅仅是未来价格上升的预期，导致当前价格的上涨。与一般商品价格相比，股票和房产等资产的价格有三个特性：其一，资产价格是建立在心理预期基础之上的；其二，资产价格的变动使所有拥有该资产的人的财富状况发生变化，从而引发大规模的买卖行为；其三，资产需求的高弹性，当金融资产变得没有吸引力时，所有人都会出售（因为它不像实体产品那样可以满足人的某些需求）。

### 1.2.2 金融脆弱性

国外学术界关于金融脆弱性（financial fragility）的定义很多，其中比较具有代表性的有：

1. 海曼 P. 明斯基（Hyman P. Minsky，1982）是最先提出金融脆弱性的学者，他系统阐述了金融脆弱性的内涵，认为金融脆弱性是由金融业高负债的特点所决定的，是金融业内在的本质属性。明斯基的"金融脆弱性假说"是后期研究的起点与基础。

2. Allen 和 Gale（1998）认为，金融脆弱性是指一个很小的冲击就可以使经济陷入彻底的困境，或者说，金融脆弱性是金融体系过度敏感性的一个极端情形。

3. Davids（1995）认为，金融脆弱性是金融市场可能面临的一系列的外部冲击，它导致金融资产的价格和交易流量发生无法预测的变化，使金融机构面临倒闭的危险，这种危险不断扩大蔓延，以致削弱金融体系的支付机制及提供资本的能力，从而使金融体系难以发挥其应有的功能。

国内学者对金融脆弱性的研究主要包括：黄金老（2001）把金融脆弱性分为广义和狭义两种。狭义的金融脆弱性，也被称为"金融内在脆弱性"，是指金融业高负债经营的行业特点决定的更容易受冲击的本性[①]。广义的金融脆弱性是指一种趋于高风险的金融状态，泛指一切融资领域中的风险积聚。伍志文（2003）认为，金融脆弱性是指金融制度或金融体系的脆弱性，是由于外因或内因的作用，使得金融制度结构（金融组织、金融市场、金融监管）出现非均衡状态导致风险不断积聚与扩散，导致金融体系丧失部分或全部功能的金融状态。

上述研究，主要从金融脆弱性的外在表现（如金融体系丧失部分或全部功能），或从金融脆弱性的引致原因（如金融业的高负债特性）来界定金融脆

---

① 这一观点基本与明斯基一致。

弱性。综合前面学者的研究成果，笔者认为，金融脆弱性是指由于金融行业的高负债特性和虚拟性，使得金融体系容易受到外界的冲击，而表现出来的不稳定性。因而，金融脆弱性是金融的内在特性，但在特定的阶段或条件下，外因会加剧这种脆弱性。譬如，在一个健康的经济系统中，当金融市场或金融机构能较好地配置资源，资产价格也没有出现大的泡沫时，金融脆弱性就不会表现出来。但当不良贷款率过高或资产泡沫破灭时，金融脆弱性就表现为巨大的金融风险，甚至演化为严重的金融危机。

### 1.2.3 金融稳定与金融不稳定

国内外学者对金融稳定的分析和界定大致可以分为两类：第一类是从金融稳定的要素、条件、具体特征与表现形式等角度直接描述其内涵；第二类是从金融稳定的对立面——金融不稳定的具体特征间接描述金融稳定的内涵。

对金融稳定内涵的描述，主要围绕抵御冲击、具备要素、金融功能、管理系统性风险等几个方面。Wellink（2002）认为，金融稳定是金融系统能有效发挥其自身功能且具有足够抗风险的能力，一个稳定的金融系统能够有效地进行资源配置和缓冲各种外部冲击，阻止各种冲击对金融系统和实体经济的破坏性影响。Michael Foot（2003）认为金融稳定要满足以下几个要素：一是本国货币币值稳定；二是失业水平接近经济的自然失业率；三是经济体系中的主要机构和市场正常运转，并且公众对金融中介和金融市场有足够的信心；四是经济中的实物资产或金融资产的相对价格变化不会损害币值稳定和就业水平。Aredt Houben（2004）从金融体系的功能角度界定金融稳定，他认为金融稳定状态下，金融体系应具有如下功能：一是在各种经济活动中能有效地分配资源；二是评估和管理金融风险的机制良好；三是受到内外部冲击时，金融体系没有受到破坏性影响，整体上仍能够平稳运行。

"金融稳定"目前在理论界和实务界尚没有严格的定义，主要原因是金融稳定的特征难以界定，相比较而言，金融不稳定的特征与表象更容易观察到，如股票价格波动剧烈、汇率狂跌、金融机构大量挤兑与倒闭、巨额资产损失、信贷市场扭曲、金融市场恐慌、融资环境急剧恶化等。因此，一部分学者从金融不稳定的角度来分析金融稳定的内涵。Crokett（1997）认为，金融稳定就是没有出现金融不稳定的情形，而金融不稳定是指金融体系的负面冲击（如金融资产价格的剧烈波动或金融机构大量破产）破坏了宏观经济体系正常运行的基础。Roger Ferguson（2002）认为金融不稳定具有以下几个特征：（1）一些重要的金融资产价格严重脱离了其价值基础，出现资产泡沫或资产严重被低估；（2）国际、国内的金融市场功能及信贷可得性严重扭曲；（3）前两项的结果导致总支出或高或低背离了实体经济的产出能力。加拿大银行特别顾问 John Chant（2003）进一步提出，金融不稳定是指金融市场上出现这样一种状况，它损害了特定金融机构和金融市场的正常运转，致使它们不能有效地将储蓄转化为投资从而为其他经济实体进行融资，还可能损害家庭、企业政府等非金融部门的利益。

　　从以上分析可知，金融稳定与不稳定是一种状态，这种状态不是静止的，而是连续、动态变化的。金融不稳定不等同于金融脆弱性，金融脆弱性只是金融不稳定乃至金融危机发生的重要原因之一。金融系统内在的脆弱属性不一定就引致金融不稳定，但外部冲击会加剧金融脆弱性，当外部负向冲击（如金融资产价格的剧烈波动）与金融脆弱性交织在一起共同作用时，就极有可能导致金融不稳定状态甚至严重金融危机的发生。

## 1.3　文献综述

### 1.3.1　金融脆弱性的成因

　　除金融行业固有的高负债特性外，国内外众多学者还从其他不同视角分析金融脆弱性的原因。

　　（一）金融体系的顺周期性与金融脆弱性

　　信贷行为存在两个典型的特征：经济扩张时信贷显著增加；经济收缩时信贷以更快的速度下降，甚至会导致信贷崩溃。这就是金融系统的顺周期性，即宏观经济中金融部门与实体部门之间的动态正向反馈机制放大繁荣与萧条，表现为实体经济高涨刺激信贷增长与金融体系扩张，金融体系的扩张又进一步促进经济繁荣，反之亦然。这种相互依存的关系会放大经济周期的波动，并导致或加剧金融部门的不稳定性。明斯基和克瑞格（1992）从经济周期角度对金融脆弱性进行分析，认为正是企业融资和银行贷款的顺周期行为（pro-cyclicality）促成了经济基础和金融系统的脆弱。基于 1979—1999 年的相关数据，Craig Furfine（2001）和 Claudio Borio（2001）[①] 等人曾先后对 OECD 中的部分发达国家（如美国、日本、意大利、德国、西班牙等）做了实证分析，研究表明在经济繁荣期，信贷数量和银行利润会增加，在经济衰退时会下降。

---

　　① 转引陈华，刘宁. 银行业顺周期形成机理与逆周期监管工具研究 [J]. 金融发展研究，2011（1）：59。

而且银行损失准备的计提和资本充足率在经济繁荣期下降，在经济衰退期增加，因此，银行经营具有明显的顺周期特征。他们认为导致银行顺周期的重要原因是，金融市场主体往往对风险作出错误的估计和反应，在经济繁荣期，银行低估风险，没有计提足够的损失拨备和保持足够高的资本充足率，在经济衰退期，又往往高估风险，大幅度减少贷款。Zicchino（2005）通过引入资本约束拓展 Chami 和 Cosimano（2001）提出的货币政策的银行资本渠道模型①，分析了银行资本、银行信贷与宏观经济活动的关系，结果表明，由于受资本充足率的约束，银行信贷在 Basel II 规则下表现出更强的顺周期性。在金融顺周期的条件下，即使一个短周期的高涨，人们也可能会误认为已经开始了一个经济增长的长波，从而信贷迅速膨胀，以至于一些原本不能得到融资的较差的项目也可以获得资金，从而造成了金融系统的脆弱性。风险在经济高涨时期不断积聚，在衰退时期这些积累的风险就可能实现。Demirguc - Kunt 和 Detragiche（1998a）运用多元 Logit 经济模型对 1980—1994 年间多个发达国家与发展中国家的系统性银行危机进行研究，发现在经济环境不佳，特别是经济增长率较低而通货膨胀较高时，更容易发生银行危机。

（二）制度不完善与金融脆弱性

胡祖六（1998）认为东南亚金融危机的根源在于早已潜伏的银行危机，政府对银行经营的过度干预、政府对银行监管的不力、政府有形或无形的担保等使银行贸然扩张，承担过度的风险，为银行体系的脆弱性埋下了祸根。殷孟波（1999）通过分析中国信用基础脆弱性的原因、危害等，指出我国金融脆弱性的主要原因是信用基础脆弱，而造成信用基础脆弱的原因是：（1）我国没有经历较成熟的商品经济；（2）我国长期实行的计划经济对信用关系的排斥。郑鸣（2003）利用不良资产率、资本充足率、盈利能力、市场结构等直观指标对我国银行体系的脆弱性进行了分析，指出我国银行体系脆弱性的真正诱因在于不彻底、滞后的金融市场化改革，提出舒缓金融体系脆弱性的可行路径是大力推进银行体系的市场化改革。潘英丽（2004）从制度层面对中国金融脆弱性及其原因进行了系统地分析，认为中国金融体系脆弱性的根源在于体制内资金融通的补贴性质，这主要是由市场约束机制的缺失、经济的制度性低效率、国家对金融的控制等制度性因素决定的。Cafiso（2012）指出政府债务过度扩张是影响欧元区国家金融脆弱性与金融稳定的重要因素，其逻辑是"财政赤字扩大→主权债务信用等级下降→国债流动性降低→银行资产负债表

---

① Chami and Cosimano, 2001. Monetary Policy with a Touch of Basel II ［R］. IMF Working Paper, (10)：1 - 39.

恶化→银行借贷能力弱化→金融不稳定"。

（三）金融自由化与金融脆弱性

钟伟（1998）强调了金融自由化对金融体系脆弱性的助推作用，他认为东亚国家金融体制本身的不稳健性或东亚政府危机救助措施的不得力只是亚洲金融危机发生的一个次要原因，更重要的原因是当代国际金融体系的内在脆弱性和东亚推行金融自由化以及深度融入国际金融体系时的转轨风险。因此，亚洲金融危机是通过国际性金融深化传导到亚洲的外部危机。Carlos Diaz - Alejandro（1985）在其著名的文章《告别了金融压制，迎来了金融危机》中指出，随着金融创新与自由化的深入，将会引致更多的金融危机。Demirg - Kunt 和 Detragiache（1998b）通过收集 1980—1995 年间 53 个发达国家和发展中国家的样本数据，考察了金融自由化对金融脆弱性的影响，其结论表明，金融自由化的虚拟变量与金融危机发生概率之间存在显著的相关性，即金融自由化增加了金融危机出现的概率。他们认为，在制度环境不够完善时，即使宏观经济比较稳健，对金融自由化也应该持谨慎的观点。杨惠昶等（2009）指出美国主导的金融自由化是世界金融危机的祸根，在美国的强大压力下，日本、欧洲国家及新兴工业化国家纷纷放宽金融管制，推行金融自由化，这种金融自由化直接导致了金融投机的盛行和流动金融资产的爆炸性增长，从而侵蚀了国际金融发展和生产性实体投资的直接联系，损害了经济发展的基础。张新平（2009）认为美国金融危机的爆发，又一次证明了金融自由化的弊病，在新自由主义理论指导下的金融自由化政策，如金融市场的日益开放、利率的自由化、金融机构的业务综合化、政府弱化对金融体系的控制等导致金融市场监管缺失、信息非对称化、行业欺诈盛行、行业信用丧失和金融机构的过度投机等，虽然美国金融危机的直接导火索是房地产泡沫危机，但这些才是深层的原因。

（四）汇率波动与金融脆弱性

汇率异常波动是 1994 年墨西哥金融危机和 1997 年亚洲金融危机的直接诱因。汇率波动本身就是金融市场脆弱性的一种表现，另外，在经济全球化的今天，无论采取何种汇率制度，汇率都会对金融脆弱性造成间接性的影响。在浮动汇率制下，由于汇率频繁地过度波动和错位，增加了资本套利的可能性，促进了短期投机资本的跨国流动，削弱了货币当局的控制能力，从而加重了金融脆弱性。Dornbush（1976）在汇率超调模型中指出汇率过度波动的主要原因是面对初始的外部冲击时，资产价格和商品都会过度反应，但是由于商品市场上的价格存在"黏性"或者"滞后"的特点，资本市场的调整速度要快于商品市场，形成汇率超调的不稳定。事实上，即使在固定汇率下，也存在汇率过度波动问题。Chang 和 Velasco（2000）在分析发展中国家的汇率制度选择时，指出钉住汇率制下，如果由中央银行充当最后贷款人，可以避免银行危机，但是必须以货币危机为代价。而且由于政府干预过多，将汇率维持在不适应宏观经济形势的水平上，市场参与者信心会变得更脆弱，如果金融体系中流动性不足，则盯住汇率制也可能会导致金融恐慌。Eichengreen（1999）认为，在中间汇率制度（例如目标区或目标带汇率）下，银行预期到货币当局会维持汇率的小幅波动，并且不会完全放弃货币政策自主性，这样政府实质上为国内银行体系提供了隐性的担保，因此，银行在借贷外债时，没有动力去进行汇率风险对冲，一旦汇率遭到外部攻击，银行危机就可能爆发。

（五）信息不对称与金融脆弱性

Bernanke 和 Gertler（1999）在模型中分析了借款人与贷款人在投资项目的质量以及借款人在努力程度上的信息不对称，认为恶化的资产负债表使经济经历了实质性的低效率投资、资源的错误配置，甚至可能是完全的投资崩溃。在他们的论述中，信息不对称所造成的金融市场不完善的问题以及不完美的金融市场对实际经济带来了影响，影响机制的关键是资产负债表。

Mishkin（1998）认为，信息不对称问题是影响金融系统功能有效发挥的主要障碍。信息不对称造成了事前的逆向选择和事后的道德风险。逆向选择是由于信息不对称所造成的这样一种情况：现实中风险率高的企业或个人更愿意借款，他们通过经营包装、粉饰财务报表而获得贷款，因而也极易成为不良贷款的源头，逆向选择的存在增加了银行的经营风险。道德风险是这样一种情况：当投资项目成功时，借款者获取了绝大部分的收益，银行只获得少部分的固定利息收入，而一旦项目失败，银行要承担项目的主要风险，因而借款者均有追逐高风险项目的动机。在经济衰退期，金融部门资产负债的恶化、利率的提高、不确定因素的增加、由于资产价格变化造成的非金融部门资产负债的恶化等因素会进一步加剧信息不对称问题，进而导致金融不稳定。

Barry、Chai 和 Schumacher（2000）认为，除了逆向选择和道德风险外，信息不对称问题还引致搭便车、委托代理和监督、理性效仿和传染等问题。当金融系统面临冲击时，由于信息不对称程度会加剧，从而增加金融机构识别有效信息的难度，使金融体系的功能难以有效发挥，因而在某些情况下，较小的外部冲击就可能导致金融危机的发生。

（六）投资者非理性与金融脆弱性

传统金融学的一个基本假设是投资者都是理性的。但行为金融学认为，投资者是具有有限理性甚至非理性的行为主体，由于信息的缺乏与认知过程的偏差以及情绪、情感、偏好等心理方面的原因，在不确定条件下投资者无法通过理性预期和效用最大化对金融资产价格做出准确的无偏差估计，在逐利的过程中，往往容易产生盲目从众和极端投机行为，造成金融资产价格偏离其基础价值产生剧烈波动。而且投资者难以规避"锚定效应"，在股市上涨时，多数人会乐观地认为股市还会涨，在股市下跌时，大多数人会悲观地认为股市会进一步下跌，对投资者的投资决策产生的这种正反馈效应，进一步加剧金融资产价格的波动。投资者集体的非理性行为破坏了市场均衡，最终造成市场的非有效性，使金融市场积聚大量风险。同时，投资者非理性还可能导致"羊群效应"的发生，即当某些投资者（如明星基金经理或掌握内幕消息的投资者）出于某种目的对金融资产进行大量买卖，导致金融资产出现上涨或下跌时，其他投资者（特别是散户）看到资产价格持续地上涨或下跌，坚信这种趋势会一直保持下去，于是不考虑资产的内在价值而盲目跟进购买或出售，导致资产价格继续上涨或下跌。这种行为会传染、扩散到其他更多不明真相的投资者，导致他们进一步抢购价格上涨的金融资产，抛售价格下跌的金融资产，进而使金融资产出现更大幅度的上涨或下跌。由于"羊群效应"涉及金融市场的众多投资主体，助长了资产泡沫的形成与破灭，最终导致金融资产价格偏离其基础价格剧烈波动，进而对金融市场的效率和稳定性产生毁灭性的影响。此外，投资者的非理性行为还可能造成金融机构的倒闭，如存款人的非理性"挤兑"可能导致银行发生"流动性恐慌"而倒闭。希勒（Shiller，2008）基于市场中"非理性繁荣"（irrational exuberance）的观点，通过分析股票市场和其他资产价格周期，对投机性泡沫进行了研究。他认为，危机之前房地产泡沫的风险积聚能够很好地解释美国的金融危机。克鲁格曼（2009）也认为，金融危机的部分原因在于人们的"非理性亢奋"。从17世纪的荷兰郁金香泡沫、18世纪的英国南海泡沫、21世纪初的美国高科技股票泡沫到美国次贷泡沫的破灭，人类历史不断向我们展现出非理性巨大的破坏性力量。

### 1.3.2　资产价格波动与金融脆弱性

自明斯基提出金融不稳定假说以来，国内外众多学者从不同角度对金融脆弱性的成因进行了分析。不可否认，从非资产价格波动角度展开的解释具有一定的力度，但此类文献的分析中大部分蕴含着资产价格波动影响的身影。针对资产价格波动与金融脆弱性之间是否存在重要关系问题，大量学者从理论和实证层面分别展开了直接研究。

（一）资产价格波动与金融脆弱性之间的内在关联性

资产价格波动与金融脆弱性之间是否存在重要关系？Marshall（1998）认为，当期股票价格是未来危机发生概率的函数，即未来发生危机的概率上升时，当期股票价格下跌。如果所有投资者都认定这个逻辑，则资产价格的持续下降就会导致银行危机。Helbing 等（2003）[①] 检验了房价的下跌效应，并且发现房价下跌对产出损失的影响是房价上涨时的 2 倍。而且更为严重的是，资产价格的大幅上涨降低了金融市场的资源配置效率，导致了产业结构失衡，引发了大量的国际投机资本从正规或非正规渠道大量流入，进一步加剧了国际收支失衡的状况。但是一旦市场"风向"转变，预期逆转，就会造成国际投机资本大规模出逃，加速资产泡沫的破灭，带来货币急剧贬值的压力，甚至引发金融危机。Danielesson 和 Zigrand（2008）建立了引入异质投资者的多资产定价均衡模型，发现过度杠杆化与搭便车行为引致的过度风险承担是系统性风险产生的原因，进而说明资产价格波动是引发金融脆弱的重要原因。Korinek（2009）构建了一个考虑外部性的资产定价模型，分析了强负向冲击的金融加速效应，进而验证了资产价格波动对金融脆弱性的引发和放大作用。在实证层面，以 Wilson 和 Jones（1990），Wilson（2002），Anne（2000），Sóhnke（2007）为代表，其研究的普遍逻辑为验证资产价格波动与历次金融危机是否相伴相生，Wilson 和 Jones（1990）通过对美国早期历史上（1873 年 9 月，1884 年 6 月，1893 年 7 月，1907 年 10 月）四次主要的股票市场崩溃和金融危机分析，发现在资产价格波动与金融危机之间存在高度的相关性，Kaminsky 和 Reinhart（1999）以墨西哥金融危机和亚洲金融危机为例，分析了银行危机与货币危机的关系，研究结果表明，银行危机往往先于货币危机，货币危机反过来深化银行危机，而银行危机发生的一个重要前兆是资产价格的暴跌，因为资产价格的下跌减少了资产的市场价值，动摇了前期经济繁荣形成的投资者乐观情绪，进而引发经济的螺旋式下滑。上述理论与实证研究说明资产价格波动和金融脆弱性之间存在不可忽视的重要关系，因此研究金融脆弱性与金融不稳定问题，必须关注资产价格波动。

（二）资产价格波动与金融脆弱性之间的相互作用机制

尽管上述研究说明资产价格波动和金融脆弱性之间存在重要关系，但关键问题不仅在于关系的存在性证明，更在于相互作用机制。事实上，资产价格繁荣和崩溃及信贷的扩张和收缩通常贯穿于历次金融危机的形成及发展过程中，研究文献大多与金融危机相联系。此类研究的一个普遍思路为，以信贷变动为媒介，或分析信贷变动影响资产价格，进而影响经济金融体系的稳定性；或分析资产价格波动通过影响信贷进而影响稳定性，即资产价格波动与金融脆弱性的相互作用是通过银行信贷波动来实现的。

Benanke 和 Lown（1991）从抵押物的视角分析了资产价格波动与银行信

---

① 转引邢天才，田蕊．流动性冲击与金融稳定研究 [M]．北京：科学出版社，2011：115.

用扩张、收缩的相互影响机理。他们认为，金融资本的短缺与借款者财务质量的下降共同导致了银行信贷规模的缩减。当资产价格上升时，借款者的净财富（资产）增加，可供抵押的资产价值上升，这提高了借款者获取银行贷款的能力，银行进行信贷扩张，增加了其风险暴露的可能性，加剧金融体系的脆弱性；而当资产价格下跌时，借款者的净财富和现金流随之下降，可供抵押的资产价值下降，导致借款者获取信贷的能力大幅下降，借款者难以借新贷还旧贷，违约率上升，银行资本金受到侵蚀，银行进一步紧缩信贷规模，即出现如下循环：资产价格大幅下跌→银行和借款者的资产负债表恶化→违约率上升→信贷紧缩（credit crunch）→大面积的贷款损失→资本金紧缩（capital crunch）→资产价格进一步下跌。

Bernanke、Gertler 和 Gilchrist（1996，1999）从金融加速器的角度分析资产价格与银行信贷相互加强的作用机制。在他们构建的"金融加速器"模型中，股票和房地产两类资产作为借款企业的主要抵押品，由于资金借贷双方的信息不对称，股票和房地产的市场价格和资金借贷双方的代理成本形成负相关关系[1]，资产价格越高，借款企业的资产负债表中资产和负债的价值越高，其财务质量越好，越容易以较低的利率成本获得贷款；如果资产价格下跌，则由于借款企业的资产负债状况恶化，难以符合银行的借款条件，因而借款企业将面临很高的筹资成本，甚至难以获得贷款。"金融加速器"模型实质上是在费雪的"债务—紧缩"理论框架基础上，借助资产负债表机制，通过强调信贷机制在持续而严重的资产价格逆转下跌过程中关键性的传导与扩散作用，开创性地形成了宏观货币金融领域的信贷观点。

Kiyotaki 和 Moore（1997）建立了一个分析信贷约束与总体经济活动相互作用的动态模型。在模型中，他们将公司分为信用约束公司和无信用约束公司，土地、建筑物、机械设备等资产具有双重作用：一方面它们是企业的生产资料，另一方面它们是信贷的抵押物。当信用约束公司面临负面冲击（如产出下降）时，他们的净资产也随之减少，由于借贷能力受到削弱，公司会减少投资支出，包括对耐用资产的需求也随之减少，因此市场均衡的结果表现为耐用资产价格的下跌。而耐用资产价格的下跌，进一步降低公司的净资产价值，影响公司的借贷能力，造成银行信贷的收缩。特别是，资产价格的下跌不仅影响当期信用约束公司的净资产，而且还影响到以后各期信用约束公司的净

---

①　因为代理成本是反经济周期变化的——在经济萧条时上升，在经济扩张时下降——所以它们在经济周期中有放大效应，伯南克等人把这种周期的放大效应称为金融加速器（financial accelerator）机制。

资产，进而造成整个经济体系的信用收缩和资产价格的普遍下跌。因而，一个小的暂时性技术或收入分配冲击可能导致产出和资产价格的大而且持续性的波动。

Allen 和 Gale（2000）建立了一个信贷扩张影响资产价格波动的理论模型（简称 AG 模型），认为自有资金投资形成的资产价格是资产的内在价值，因借款购买资产使资产价格超过内在价值那部分就是资产泡沫。在 AG 模型中，投资者通过借款来投资风险资产，由于他们只承担有限责任，存在将风险转移给借款者的可能性，因而有追捧风险资产的意愿和动机，当风险转嫁引起投资者对风险资产的过度投机需求时，资产价格会持续上升，从而诱发资产价格泡沫，而且风险资产收益中的风险报酬越大，信贷扩张程度会越大，资产泡沫的规模也越大。信贷扩张与风险转移相互作用的方式有下列两种方式：一是当期的信贷扩张大量流入风险资产市场，从而直接抬高资产价格；二是对未来信贷扩张的预期（例如预期未来的货币政策是宽松的）也能推动当期资产价格的上升。第二种方式对金融稳定的影响会更大，因为当信用扩张突然减少到低于预期时（事实上并没有出现明显的信贷收缩），投资者可能无法通过再融资来偿还贷款，将不得不出售其购买的风险资产，这种抛售可能会引发资产价格的崩溃，进而引发大面积的违约和金融危机。

Chen Nan－Kuang（2002）建立了一个分析银行部门、资产价格和总体经济活动之间互动的动态一般均衡模型，其中的耐用资产不仅是生产要素也是贷款担保抵押品。他们认为，由于银行贷款和投资受到更高资本充足率与更高抵押条件的挤压，信贷约束与资产价格的互动会增强、延长负面的生产冲击，其中资产价格和银行信贷之间的相互作用机理如下：当投资收益下降侵蚀了银行的资本金和公司净资产时，银行借贷和企业投资就会减少，从而导致对资产需求的下降和资产价格的下跌，进一步减少了企业抵押品价值，银行由于资本充足率要求以及考虑到自身风险的问题，又会对贷款企业的财务状况和抵押品要求更高，这种反馈效应会进一步缩减银行信贷的规模，进而引起资产价格的进一步下跌。

尽管事先识别金融失衡（financial imbalances）是很困难的，但并不是不可能的。Borio 和 Lowe（2002）将资产价格缺口、信用缺口和投资缺口结合在一起，编制综合指标，进行实证分析，发现这一指标对金融危机具有很强的预测价值。Borio 和 Lowe 认为同时发生的快速的信用扩张、快速的资产价格上涨和高速上涨的投资，提高了金融不稳定事件发生的概率。

Gerdrup（2003）对 19 世纪 90 年代以来一百多年间挪威发生的三次金融危机进行了详尽的比较分析，发现尽管每次金融危机的形成年代、具体背景、经济后果不尽相同，但三次危机存在一些共同特征，即在危机之前银行资产价格大幅上涨、信贷扩张显著以及非金融部门负债不断增加。

Goetz von Peter（2004）建立了一个世代交替的宏观经济学模型，探讨了资产价格与银行脆弱性之间的双向互动机理，分析结果表明，在资产价格的下降与银行危机之间存在一个非线性的、间接的和相互反馈的关系。在他们的模型中，银行体系是作为公司和家庭的支付中介而产生的，资产价格起着中心作用，银行体系的运作受到资本约束（如最低资本金和资本充足率的要求）。当经济基本面开始恶化时，负面外部冲击使资产价格下跌，资产价格的下跌减少了公司的利润，一旦公司资不抵债而破产，银行借款者大面积违约，将导致更多的贷款损失进而减少银行体系的资本金。在资本充足率硬性约束下，银行资本金收缩引起贷款成倍地缩减，进而导致资产价格的进一步下跌和加速贷款损失，这又会导致资本金的进一步收缩，形成恶性的正反馈效应，即形成如下的"贷款损失→银行资本金收缩→信贷收缩→金融不稳定→贷款进一步损失"的循环过程。

Shin（2006）围绕资本金变动的影响，分析了房地产价格波动与金融稳定之间的关系，他假定经济系统中只有房地产这一种资产，由于房地产价格下跌就会减少企业的资产价值，从而降低企业的贷款获得能力，企业从银行获得贷款的困难增加，企业因资金短缺而被迫减少投资，从而影响金融系统的稳定性。另一方面，企业资本金下跌会引起违约事件，损害银行资本金，进而引起金融不稳定。

Agnello 和 Schuknecht（2011）利用多值选择模型（multinomial probit），采用 18 个工业化国家 1980—2007 年的数据，研究分析了房地产价格泡沫生成及破灭的决定性因素，结果显示，国内信贷的变化和利率水平对房地产价格泡沫形成的概率具有显著性影响。

Arsenault、Clayton 和 Peng（2013）运用美国 1991—2011 年的季度数据，为抵押贷款供给与房地产价格之间存在正反馈循环机制（positive feedback loop）提供了强力的实证支持，认为这种正反馈机制是房地产周期的重要驱动因素。他们发现，抵押贷款资金供给的增加（或减少）促使房地产价格的上涨（或下跌），当房地产市场处于繁荣阶段时，房地产的价格处于上升通道，价格的上升刺激了房地产信贷增加，信贷扩张又刺激了房地产市场进一步的繁荣；反过来，房地产市场的需求萎缩导致房价下跌和信贷收缩，信贷的收缩又会进一步导致房价的下跌和房地产市场再次萎缩。

我国是以银行为主导的金融体系，银行间接融资在企业融资中占主要部分，因而金融体系的脆弱性也主要表现为银行的脆弱性。由于近年来我国房地产价格的快速上涨和股票价格的剧烈波动，以及 1997 年的亚洲金融危机、2008 年美国次贷危机的影响，越来越多的国内学者也开始从银行体系的角度去分析资产价格波动与金融脆弱性的关系。

瞿强（2005）分析了宏观经济变化、资产价格波动与银行行为的相互影响。他认为，经济体系遇到负的外部冲击时，资产价格下跌，同时经济收缩，一般物价水平上升；资产价格下跌导致银行资产损失，而且经济收缩与下跌，增加企业破产，银行资产负债关系恶化和银行资本减少，银行为了满足监管机构设定的存款准备率和资本充足率要求，不得不收缩信贷规模，信贷收缩对资产价格最终有反馈作用，进一步刺激资产价格下跌。

桂荷发、邹朋飞、严武（2008）运用我国 1996 年第一季度至 2006 年第四季度的数据，采用五变量（上证综合指数、银行信贷总额、银行同业拆借市场、工业增加值增长率、消费物价指数）的 VAR 模型对我国银行信贷与股票价格之间的动态关系进行实证分析，结果发现股票价格的上涨会导致银行信贷的扩张，但银行信贷的增加并不必然导致股票价格指数的显著上涨。因此，他们认为应密切关注银行信贷资金的流向，引导信贷资金进入实体经济，防止信贷资金由实体经济大量涌入股票市场；而在股票市场低迷的时候，放松银行信贷并不能阻止股票价格下跌，稳定股票市场的关键是增强投资者信心，改善投资者对未来股票价格的预期。

孔庆龙、高印朝、樊锐（2008）对 Goetz von Peter（2004）所建立的一般均衡模型进行了改进，他们认为资产价格的下降和银行危机之间有两个相互反馈的过程，一个就是 Goetz von Peter（2004）所描述的资产价格下降导致信贷资产损失间接影响银行资本金的过程，另一个是直接作用于银行资本的即时过程。他们认为银行资产不仅包括信贷资产，还包括上市银行自身的股票、外汇资产、持有的债券等有价证券，因此资产价格的下跌就会直接减少银行所有者权益的账面价值，两个作用过程共同使银行资本金迅速下降，银行危机就会发生。从历史现实情况来看，资产价格的下降对银行资本金的直接影响甚至大于间接渠道对银行资本金的影响，因此，资产价格的波动可能直接冲击银行的资本金而带来银行危机。

肖本华（2008）将 AG 模型进一步扩展，分析了信贷扩张与资本成本对资产价格的影响，并分别对中国信贷增长与股市价格、房地产价格之间的关系进行经验分析。结果表明，2003 年以来中国信贷扩张为资产价格膨胀提供了现实支撑，但由于股市投资资金中自有资金所占比重大，房地产市场中的投资资金大多来源于银行贷款，信贷扩张对房地产价格的贡献率要远远大于其对股票价格的推动作用；同时股票价格的上涨导致了信贷的扩张，有部分贷款违规进入了股市。

张睿锋（2009）引入杠杆比率对 AG 模型进行了扩展，探讨了杠杆比率大小与资产价格泡沫、银行信贷风险的关系，分析表明较高的杠杆率可能使银行获得较高的信贷收益，但同时也意味着资产泡沫形成与投资者违约的概率上升。资产价格的不断上涨导致了金融机构的过度杠杠化，当资产价格下降并引发金融机构的去杠杆化时，大面积违约、资产价格进一步下跌、信贷紧缩、金融市场流动性不足等问题凸显，并由此可能导致金融危机的发生。

王晓明（2010）将企业外部融资额外成本作为银行信贷与资产价格的中间枢纽，探讨了银行信贷与资产价格的顺周期关系的微观作用机理，阐明银行信贷、资产价格、宏观经济三者之间存在着一种自我强化的互动机制，并运用我国1998年1月至2009年6月共137个月度数据进行实证分析，实证研究结果表明，银行信贷资金过度介入股票市场和房地产市场是资产价格大幅上涨和下跌的主要动因，反之，保持均衡的银行贷款增长率则能够有效平抑资产价格波动。

郭伟（2010）构建了附带资产价格的最优资本信贷率模型，从商业银行资本约束的视角，讨论资产价格波动和银行信贷之间相互影响的动态关系，并基于我国境内17家商业银行2004—2007年的数据，采用面板数据模型进行实证分析，实证结果表明，2004—2007年间，我国资产价格波动与银行信贷增长之间显著相关。同时，商业银行不良贷款率也与信贷规模的增长有一定相关性，从而证明资产价格能够通过资本约束反作用于银行信贷。

吴晶妹、王涛（2010）认为，银行信用过度无序扩张是金融系统产生危机的根本原因。信用扩张促进金融风险在整个经济系统中积聚与传播，银行信贷扩张通过多种效应使大量资金流向股票、房地产市场等虚拟或半虚拟经济领域，推动股票、能源、原材料以及房地产等资产价格快速上涨。

文凤华等（2012）建立向量自回归（VAR）模型对房地产价格波动与金融脆弱性进行实证分析。实证结果表明：房地产价格波动与金融脆弱性存在着双向的因果关系；房地产价格波动在较短期内对金融脆弱性有一定负向影响，随后对其有正向影响；对于房地产价格波动的冲击，银行部门对其的反应更加敏感，且在较短期内房地产价格波动对宏观经济与银行部门有一定的积极影响，但是随后会加剧其脆弱性，且对宏观经济的影响程度相对较大。

黄飞鸣（2012）在 AG 模型中引入贷款价值比，并用贷款价值比的动态变化来说明资产价格泡沫生成的内在机理及其所产生的影响，通过对贷款价值比动态调整的模拟分析得出以下结论：贷款价值比越大，资产价格泡沫越大。因此，降低贷款价值比是遏制资产价格泡沫膨胀的关键。

方文恪（2013）研究了我国资产价格波动和银行信贷之间的关系，发现信贷对房地产市场的冲击要比对股市的冲击大得多，未来我国的金融风险主要集中在房地产市场。因此，信贷政策需要保持平稳的信贷投放，才能减少资产价格波动的幅度以实现金融稳定。

上述研究文献为本课题的后续展开奠定了良好的理论基础，例如，诸多文献从银行信贷的视角探讨资产价格与金融脆弱性的关系，构建了比较完整的逻辑体系，但存在如下重要问题尚待解决。

第一，从上述理论研究成果中已能看出，资产价格波动与金融脆弱性之间存在紧密互动关系，但现有研究尚表现于侧重单向影响关系，缺乏针对互动关系的融合多项关键变量的分析框架和相关研究。

第二，资产价格波动至少包括两个阶段，即上升期和下降期。各种资产价格所产生的交互影响也会是不同的。目前研究往往仅关注资产波动的一个阶段和一种资产价格的影响，对多种资产价格波动与金融脆弱性相互作用全过程的完整表述很少。

第三，国外所研究的作用机制在中国是否存在，可否用中国数据进行验证。

第四，国内外大量的文献都从信贷视角分析资产价格波动与金融脆弱性的关系，主要思路是从资产负债表以及将资产作为抵押品来分析其中的机理。但其背后的深层原因是什么？银行除充当信贷扩张的主体外，其对金融资源的配置起到何种作用？需要从更广阔的视角进行再审视。

其中，上述列示的第一个问题是完善解决后续问题的基础。经济金融体系的本质由货币资金维系。Copeland（1952）是宏观资金环流分析的先驱。资金的量纲是货币，其他变量都以货币量值计量的名义变量表达，把上述研究中的媒介——信贷扩大转为资金，以货币量值核算，能够形成以宏观资金环流分析视角探究资产价格波动与金融脆弱性之间的相互作用机制。对此，柳欣（2003，2005）提出的基于成本收益核算的货币量值两部门模型，将工资、折旧、资产值、利润等变量以成本收益核算的形式联系了起来，为研究提供了帮助。郭金兴（2005），王彩玲（2006），王洋（2007）在假设资产值不变的条件下定性分析了该模型中变量间的影响关系。但上述研究模型没有直接包括金融部门，更没有涉及资产价格的波动。本书将在已有文献研究的基础上，以资产价格波动与金融脆弱性间的互动机制为研究对象，从宏观资金环流的视角①构建分析资产价格波动的理论框架，并借此建立以货币量值核算的融合多变量

---

① 将货币资金的流动分为金融循环和产业循环，下文将进行详细的论述。

的理论模型，展开数理推导与仿真分析，探究多种资产价格波动下金融系统的稳态特征，进而建立包含资产价格的 DSGE 模型探讨货币政策的选择问题，最终为提出并完善我国防范金融脆弱性提供理论与实证的支持。

## 1.4 研究思路与主要内容

本书从货币循环流动的视角探讨资产价格波动与金融脆弱性的相互作用机理，采取理论建模、实证研究和对策建议相结合的研究范式。货币循环流动为贯穿全书的主线。第 2 章构建了全书的总体分析框架——货币循环模型；第 3 章侧重分析"热钱"这一货币循环的重要要素对资产价格与金融脆弱性的影响；第 4 章从货币循环流动的视角重新审视资产泡沫、银行信贷与金融稳定的关系，探究资产价格对宏观经济造成重大影响的深层原因；第 5 章以货币循环为依托，构建货币量值模型分析资产价格波动冲击下宏观经济金融系统稳态的阶段性特征与动态演化机制；第 6 章以银行为例，对资产波动对金融脆弱性的影响进行实证分析；第 7 章，在全文分析的基础上，得出资产价格波动是影响金融稳定与脆弱性的重要因素，因而货币政策不能忽视资产价格的波动，进而建立 DSGE 模型与 IS – Philips 模型，探讨货币政策的工具规则与目标规则选择问题；第 8 章为全书的总结与政策建议。

本书的内容结构、技术路线见图 1 – 3。

全书共分为八章，具体章节内容安排如下：

第 1 章为导论，主要论述本课题选题的背景与选题意义、国内外研究的文献综述、研究的思路与主要内容、研究方法与创新之处等。

第 2 章，从典型经济现象出发，构建了资金循环流动的三部门模型与五部门模型，认为货币通过金融机构转化为信用后，在现代经济中形成了两个既有联系，又相互独立的循环系统，即用于实际经济的"产业循环"和用于金融交易的"金融循环"，探讨了金融投资对实体投资的挤出与替代效应，并以货币循环流动中两个重要的变量"金融窖藏"与"热钱"为解释变量，运用 VAR 模型与基于 GARCH 的状态空间模型，就货币循环流动对我国资产价格波动影响进行实证分析，结果表明，"热钱"是我国股市波动的重要因素，而"金融窖藏"是引致房地产价格持续上涨的因素。

第 3 章，在第 2 章构建的五部门模型的基础上，在开放经济的现实背景下，分析货币循环流动对金融稳定的影响，切入点是热钱的流动。详细探讨了热钱进入我国的动机与途径，并进一步构建了 SVAR（结构向量自回归模型），

```
┌─────────────────────────────────┐
│   典型事实，文献综述（第1章）    │
└─────────────────────────────────┘
                 │
                 ▼
┌─────────────────────────────────┐
│   资产价格波动与金融脆弱性       │
└─────────────────────────────────┘
                 ▲
```

┌──────────────┐   ┌──────────────────────┐   ┌──────────────────────┐
│ 三部门模型与 │   │ 货币循环模型（第2章）：│   │ VAR模型、基于GARCH的 │
│ 五部门模型   │   │ 资产价格波动与金融脆弱 │   │ 状态空间模型：对货币循 │
│              │   │ 性互动机制的分析视角与 │   │ 环流动中的两个重要变量 │
│              │   │ 框架（理论基础）       │   │ "金融窖藏"与"热钱"   │
│              │   │                        │   │ 的考察                 │
└──────────────┘   └──────────────────────┘   └──────────────────────┘

┌──────────────────────────────┐        ┌──────────────────────────────┐
│ 热钱对资产价格波动与金融脆弱 │        │ 资产价格泡沫、银行信贷和金融 │
│ 性的影响：SVAR模型（第3章）  │        │ 稳定：货币循环视角（第4章）  │
└──────────────────────────────┘        └──────────────────────────────┘

┌──────────────────────────────────┐
│ 资产价格波动冲击下宏观经济金融   │
│ 系统稳态的阶段性特征与动态演化   │
│ 机制：货币量值模型（第5章）      │
└──────────────────────────────────┘

┌──────────────────────────────────┐
│ 资产价格波动对金融脆弱性的影     │
│ 响（以银行为例）：实证分析（第   │
│ 6章）                            │
└──────────────────────────────────┘

┌──────────────────────────────────┐
│ 资产价格波动（以房地产价格为例） │
│ 与货币政策的工具规则与目标规则： │
│ DSGE模型与IS-Philips模型（第7章）│
└──────────────────────────────────┘

┌──────────────────────────────────┐
│        结论与建议（第8章）        │
└──────────────────────────────────┘

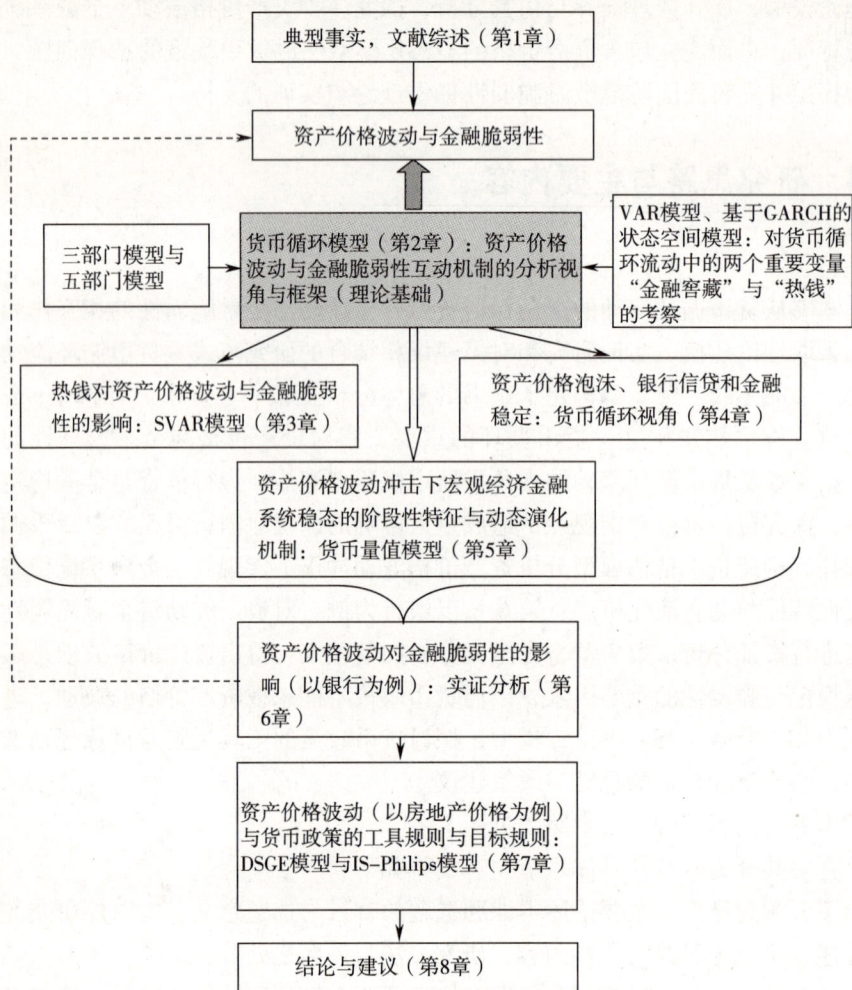

**图 1-3　技术路线图**

分析了热钱流动对资产价格波动与金融脆弱性的影响，结果表明，热钱确实是影响我国股票和房地产价格剧烈波动的一个重要推动因素，热钱的流入助推了资产泡沫的形成，加剧了我国金融体系的脆弱性。

第4章，大量证据表明，资产价格泡沫、信用扩张和金融稳定之间存在着某种复杂的内在联系，银行信贷已成为资产价格波动影响金融稳定的最重要的渠道之一。本章在厘清资产价格泡沫和银行信用扩张之间的关系，并进行实证分析的基础上。指出银行信贷是货币循环流动的重要中介，进而分析了信贷资金进入股市、房市的途径以及资产价格、银行信贷和产业"空心化"的关系，从而阐明了资产泡沫使整个经济体系变得"脆弱"的内在原因。

第5章，资金的量纲是货币，货币循环流动分析的重要应用就是货币量值核算。本章从宏观资金环流的视角构建以货币量值核算的融合多变量的理论模型（多维决定性差分系统模型），阐释了资产价格波动冲击下宏观经济金融系统稳态的阶段性特征与动态演化机制，并结合中国数据仿真分析了不同种类和不同幅度的资产价格波动对中国宏观经济金融系统稳态的冲击程度。结果表明：固定资产价格的上涨或下跌会使宏观经济金融系统最快达到稳态不存在的情形；银行股票价格上涨能够在固定资产价格上涨或（和）企业股票价格上涨的同时延迟系统稳态不存在这种情形到来的时间；而银行股票价格下跌会对系统稳态不存在这种情形的到来起到加速推动作用。

第6章，我国的金融体系是以银行为主导的，我国金融体系的脆弱性，主要表现为银行的脆弱性。本章在前文阐述的理论基础上，进一步了探讨资产价格波动与银行脆弱性影响的相互作用机制，并就股市价格、房市价格和金融板块价格的波动对银行体系脆弱性的影响进行实证分析。结果表明，资产价格波动对银行脆弱性的影响以短期影响为主，长期则影响较小或几乎无影响。因房地产贷款在银行信贷中占有很大比例等原因导致房市价格波动情况对银行脆弱性影响较大，金融板块因其直接作为银行业的代表对银行脆弱性影响次之，而整个股市由于银行资金入市的限制而对银行脆弱性没有显著影响。

第7章，在前文分析的基础上，进一步以房地产价格为例，建立关注房地产价格的 DSGE 模型和 IS – Philips 模型，探讨了在关注房地产价格的前提下我国货币政策的工具规则和目标规则选择问题，研究结果表明：（1）我国目前最优的货币政策规则是前瞻型的利率和货币供应量混合的混合规则；（2）房地产价格波动对宏观经济的影响不可忽视，应将金融稳定作为货币政策的第五个目标，而通货膨胀目标制并非是关注房地产价格波动的货币政策目标制的最优选择。

第8章是全书的主要结论与政策建议，对全书的主要观点进行了归纳与总结，并提出相关的政策建议。

# 1.5　研究方法与创新之处

本书的研究方法主要体现在以下几个方面：

1. 文献梳理与经验分析法。通过对已有文献进行归纳整合，梳理资产价格波动、金融稳定以及金融脆弱性的相关文献、理论与经验分析，基于货币循环流动的视角构建了资产价格波动与金融脆弱性的理论分析框架。

2. 计量经济学的分析方法。运用 VEC 模型、VAR 模型、SVAR 模型、基于 GARCH 的状态空间模型、IS – Philips 模型等计量经济学模型，通过协整分析、格兰杰因果检验、方差分解、脉冲响应分析等，对"热钱"、"金融窖藏"、银行信贷对资产价格波动与金融稳定的影响，资产价格波动对银行脆弱性的影响，引入房地产价格波动的货币政策目标制选择等进行实证分析。

3. 动态随机一般均衡分析。构建了包括家庭、房地产要素供应商、房地产开发商、金融机构（银行）、中央银行、政府部门等六个主体的动态随机一般均衡模型，运用贝叶斯估计的方法对相关参数进行估计，并通过数值模拟分析了我国货币政策工具规则的选择问题，结果表明，前瞻型的混合规则是我国货币政策的最适选择。

4. 比较分析法。在 DSGE 的分析框架下，对细分的 9 种货币政策规则下的福利损失进行比较分析，发现三类货币政策规则的福利损失从小到大依次排序为混合规则、利率规则和货币供应量规则，在每一类货币政策规则中，前瞻型规则又是福利损失最小的。对热钱流动对房地产价格与股票价格的影响，"金融窖藏"对房地产价格与股票价格的影响，股市价格、房市价格和金融板块价格的波动对银行体系脆弱性的影响等进行比较分析。

5. 货币量值模型分析方法。基于成本收益核算的货币量值分析思路的基础上，构建了反映资产价格波动冲击的动态系统模型，研究系统不动点的存在性、唯一性和稳定性，探究了不同资产价格波动冲击下宏观经济金融系统稳定性的综合传染渠道、稳态特征的动态变化路径与速度。

资产价格波动与金融脆弱性是一个热点，也是具有前沿性质的课题。本书的创新点体现在以下几个方面：

1. 研究视角的创新。经济金融体系的本质由货币资金维系，课题从货币循环流动的角度讨论资产价格波动与金融脆弱性的相互作用机理。在借鉴 Binswanger（1997）建立了"金融窖藏"理论基础上，构建了货币循环的三部门模型与五部门模型，从产业循环与金融循环的角度讨论资产价格的波动，并就货币循环的两个重要因素"热钱"与"金融窖藏"对资产价格波动的影响进行了实证分析，进而基于货币循环流动的思想建立货币量值模型，探讨了资产价格波动冲击下宏观经济金融系统稳态的阶段性特征与动态演化机制。

2. 关于信贷扩张、资产价格波动与金融稳定的关系，以往文献主要是从银行资本充足率、抵押渠道以及金融加速器等角度加以阐释，本课题在对资产价格波动与银行信贷之间的关系进行实证分析基础上，从货币循环流动的角度重新审视这一问题，认为银行信贷充当了货币循环流动的重要媒介，在银行为主导的金融体系中，银行信贷对资产价格波动的助涨助跌的作用会更加明显，进而探讨了银行信贷、资产价格、产业"空心化"及金融脆弱性之间的影响机理，从而阐明了资产泡沫破灭对宏观经济体系构成毁灭性的打击的深层原因。

3. 通过构建包括家庭、房地产要素供应商、房地产开发商、金融机构（商业银行）、中央银行、政府部门等六个主体的 DSGE 模型，在模型演绎和经验分析的基础上，计算 9 种细分的货币政策工具规则的福利损失，并进行比较分析，发现前瞻型的混合规则是我国货币政策的最适选择。通过将房地产价格波动纳入 IS – Philips 模型，并构建中央银行货币政策的损失函数，从而分析货币政策目标制的选择问题，研究表明，货币政策不能忽视金融稳定，应将金融稳定作为货币政策的第五个目标，西方国家流行的通货膨胀目标制并非是关注房地产价格波动的我国货币政策目标制的最优选择。

4. 资产价格波动至少包括两个阶段，即上升期和下降期。各种资产价格所产生的交互影响也会是不同的。目前研究大多关注资产波动的一个阶段和一种资产价格的影响，对多种资产价格波动与金融脆弱性相互作用全过程的完整表述很少。课题通过构建货币量值模型，不仅讨论资产价格下跌对金融体系的影响，而且探讨了资产价格上升对金融体系的影响，不仅讨论了单一资产价格波动对金融体系的影响，而且分析多种资产价格波动对金融体系的联合影响。结果表明，在资产价格上涨阶段，固定资产价格上涨对宏观经济金融系统的冲击力最大，随后依次为非银行企业股票和银行股票价格；在资产价格下跌阶段，同样是固定资产价格下跌对系统的冲击力最大，但随后依次为银行股票价格和非银行企业股票价格。同时仿真结果还验证了银行股票价格上涨有助于系统稳态的恢复，而下跌则对系统失稳起到了推波助澜作用的事实。

# 第2章
# 资金循环流动与资产价格波动①

在探讨资产价格波动与金融脆弱性的作用机理时，以下几个经济现象尤其值得关注：

1. 20世纪80年代以来，许多西方国家出现"现代市场经济之谜"，货币供应量增加，实体经济没有增长，且通货膨胀得到了有效控制，甚至出现持续性的通货紧缩，但与此同时资产价格却不断膨胀，即出现低通胀与资产价格迅速上升共同存在的经济现象。国家统计局发布的2014年1月居民消费价格指数（CPI）显示，1月份，我国居民消费价格总水平同比上涨2.5%，但自金融危机爆发以来，短短的5年时间，我国广义货币 $M_2$ 就翻了一番，并一举超过美国，成为全球老大。与此同时，我国的房地产价格一直居高不下，国家统计局公布的数据显示，2013年12月全国70个大中城市中65个城市新建商品住宅价格环比上涨，69个城市同比上涨，北京、上海、广州、深圳4个一线城市新建商品住宅销售价格同比涨幅连续4个月超过20%，房地产价格仍处于快速上升的通道。

2. 2009年，在我国实体经济尚未完全恢复（2009年GDP增长率为9.2%，出口下降了16%）的情况下，资产价格却出现了大幅上扬，上证综合指数从年初的1 820点上涨到3 478点，涨幅达到91%，相反，2010年我国经济增长较为强劲，GDP增长世界第一，但股市（沪指）跌幅世界第一。"股市是国民经济的晴雨表"这一教科书上的规律显然失灵。

3. 2009年以来，我国大蒜、绿豆、玉米等农产品价格大幅上涨，先后出现"蒜你狠""豆你玩""姜你军""糖高宗""油你涨"等现象。

---

① 本章部分内容首次公开发表于马亚明，宋婷婷. 货币循环流动与资产价格波动［J］. 财经科学，2013（9）：1-10.

4. 2011 年，浙江温州，广东东莞、佛山，江苏镇江，甚至内蒙古的鄂尔多斯，掀起一股民营企业老板"跑路"和企业倒闭的风潮，2012 年下半年，这一风潮又席卷了陕西的神木县，而且大有愈演愈烈之势。

5. 截至 2014 年末我国 $M_2/GDP$ 的比值达到 1.93，远超美国、印度、巴西、俄罗斯等国家，说明我国存在严重货币超发，与此同时在 2013 年 6 月、12 月，我国银行出现了"钱荒"现象，并导致短期利率的大幅上升。一方面我国存在货币超发，另一方面又出现"钱荒"，那么钱到哪儿去了？

这五个经济现象从表面看毫不相干，但深入分析，不难发现，这些现象发生的深层原因都是货币资金的流动所致，特别是资金在实体经济与虚拟经济之间的流动。现代货币经济体系是一个有机的整体，各个部门之间相互联系和彼此作用，而将它们串联起来的，正是货币资金不停息地居间流动。传统的货币经济学理论是从货币供给流入实体经济的角度来分析其影响的。但是，货币资金的流动实际上包含实际产业循环和金融循环两个过程。实际产业循环反映伴随着收入分配及消费、储蓄和投资过程而发生的资金活动，金融循环反映为调剂资金余缺使用各类金融工具进行金融交易而产生的资金运动。如果考虑金融市场，费雪方程式可以表示为：$MV = PQ + P^* Q^*$，其中 $P^*$ 表示资产的价格水平，$Q^*$ 表示资产的数量。由此可见，货币的供应量不仅流向产品市场，还有一部分流向了金融市场，货币供给、实体经济（以产品市场为代表）、虚拟经济（以金融市场为代表）之间形成了一个相互制约、相互关联的整体。当新增货币供应量直接流入虚拟经济，而没有影响实体经济，物价水平就会不升反降，金融资产价格则上升，这就是所谓的"现代市场经济之谜"。农产品价格的上涨也是金融资本投机的结果，而不是实体经济运行在物价层面的反映。大量"脱实向虚"的"金融窖藏"和境外"热钱"的涌入是加速资产价格上涨、促使资产泡沫形成，从而加剧金融脆弱性的原动力，正是基于这一初步的判断，本章建立货币循环流的分析框架，探讨资产价格波动内在的原因及对宏观金融稳定的影响。

## 2.1　资产价格波动的动因分析

资产价格所包含的信息非常丰富，存在相当的解释难度。实体经济的发展、宏观金融变量的因素能部分地解释资产价格的波动，而其他因素如制度性的障碍、非理性行为、"羊群效应"等也会对资产市场产生较大的影响。现有的文献也主要是遵循这两条主线。Fama（1981）系统地研究了 GDP、通货膨胀率、工业生产总值等宏观经济变量与股票价格的关系，发现它们与股票收益率有很强的相关性。Lee（1992）选取了美国1947—1987年期间的经济数据，运用VAR模型发现实体经济活动与股票收益率滞后项存在显著的正相关关系。Atje和Jovanovic（1993）、Kunt和Levine（1996）均发现经济增长与股票市场之间具有正相关性。国内，毕劲松和蒋成杰（2009）通过向量自回归模型（VAR）和误差修正模型实证检验，发现货币供应量和利率对股价和房价的影响差别并不大，但是，国内生产总值对房价的影响要远远大于对股价的影响。徐挺和董永祥（2010）将流动性过剩引入噪声交易模型，发现投资者主体行为与流动性过剩是影响资产价格波动的两个重要因素。邹新月和代林清（2010）对影响金融资产价格波动的宏观因素进行理论分析，建立了股指波动与经济增长、通货膨胀率、利率水平、货币供应量、国际收支之间的动态拟合模型，通过实证分析，提出经济增长、汇率政策、货币政策及监管制度是影响资产价格波动的关键因素。王培辉（2010）运用平滑转移向量误差修正模型，探讨了货币冲击对股票价格波动的非对称影响，结果表明，货币——股票价格的非对称影响关系明显依赖于经济状态。郭昆仑、张晶（2013）则验证了我国货币的供给增长率以及汇率和上证指数都是正相关的关系，他们选取上证指数和深圳成指与货币供给增长率等变量进行基本的回归检验，结果显示上证指数89.7%的变动都是能用那些解释变量来解释的，并且上证指数的走势与通货膨胀率是负相关的，印证了通胀无牛市，因而从货币政策的角度来看，股票是一种投资方式，在宽松的货币政策下，大众有机会用更多的资金配置股票，从而使大量的货币流向股市，推动价格的上涨。

此外，行为金融学从主宰金融市场的投资者因素出发，研究人的实际决策心理与金融资产价格波动的关系。行为金融学认为投资者存在诸多的认知偏差，证券投资行为是有限理性的，决定股价的短期波动或者说直接影响股价的因素是所有参与的投资者的心理因素的综合，包括理性和非理性的心理因素。而其中非理性因素发生在股市波动的每一个阶段。在对投资者的心理研究中，金晓斌、唐利民（2000）发现我国个体证券投资者存在政策依赖性偏差，在影响股市异常波动的因素中，政策性因素是最重要的因素，其影响远大于市场因素、扩容因素、消息因素和其他因素。张华庆（2003）认为我国证券投资者的行为有明显的过度反应倾向，其根源是各种心理偏差，结果可能引起市场对政策或信息过度反应，使我国证券市场稳定性下降，从而加剧市场波动，放大风险。吴丽（2004）认为我国投资者同样存在自信、从众等认知偏差，是非完全理性的，并对其有限套利、"羊群行为"和"处置效应"等进行了详细分析，这些明显特征表现均会造成股价过度波动等市场异象。

Binswanger（1997）建立了"金融窖藏"理论，他认为，当金融资产提供的收益率比实物投资的收益率高时，部分资金便滞留在金融部门内部，形成了独立于实体经济的货币循环流，即"金融窖藏"，而且"金融窖藏"会选择流向容易滋生泡沫的地方以获取超额收益，因而它助长了资产价格的上升与泡沫的形成。伍超明（2004）使用基于会计成本收益核算的货币量值分析框架，通过对货币在整个经济体系中的循环运转结构的分析，探讨了实体经济与虚拟经济的关系。这两篇文献对从货币资金流转的角度分析资产价格的波动提供了有益的启示，下文沿袭这一研究思路，构建系统的货币循环流分析框架。

## 2.2 实体经济货币循环与金融窖藏

### 2.2.1 实体经济货币循环

如果把货币资金看做是经济系统的血液，那么货币循环流就可视为经济体系的血液循环系统。由于货币的循环流动与经济的实际活动并存，它描述的是直接关系到实际经济活动的所有货币交易，诸如生产、销售、使用商品和服务，这些流动存在于各经济部门之间。在经济体系中，企业作为生产者，需要先支出一定数量的货币，这些支出形成家庭的收入。在获得货币收入后，家庭会将其中一部分用于消费，另一部分则作为储蓄流向资本市场或金融中介机构。金融机构可以通过资产运用将流入的储蓄导向企业，为其提供下一轮投资所需的资金，从而有效地将储蓄转化为投资。用 $L_d$ 代表实体经济货币循环中总的货币需求，$Y$ 代表收入，$i$ 代表银行存款的利率，$P$ 代表商品的市场价格，则 $L_d = L（Y, i, P）$。实体经济货币循环是与实体经济的储蓄、投资、生产、交易过程联系在一起的，由于收入水平可以在较大程度上反映待交易的商品与劳务规模，因此实体经济货币循环中的货币需求首先取决于收入，收入越高实体经济中的货币需求越大；如果商品价格越高，则需要更多的货币来满足商品生产与交易，实体经济中货币需求也越大；银行存款利率提高，会吸引更多货币以储蓄形式持有，而退出商品交易过程，同时利率提高使得企业投资机会成本提高，从而减少借贷和投资支出规模。所以，实体经济货币循环中总的货币需求与收入、商品价格正相关，与利率成反相关。即：$L_d = L\left(\overset{+}{Y}, \overset{-}{i}, \overset{+}{P}\right)$，其中字母上方的正号表示对货币循环中货币需求的作用为同向，负号表示为反向，这意味着当收入增加时，实体经济货币循环中总的货币需求会增加，商品价格上升，实体经济货币循环中总的货币需求也会增加，而利率上升时，实体经济货币循环中总的货币需求减少。

### 2.2.2　金融窖藏

并不是所有的货币资金都进入前文所讨论的实体经济货币循环，居民的储蓄也不是完全转化为实体企业的投资。凯恩斯早就敏锐地意识到货币存在"产业"与"金融"两种不同的循环，他认为金融部门能够从工业部门"偷取资源"，即货币资金从工业部门游离出来，不作为工业生产中投资、交易的媒介，而滞留在金融体系内循环，从而导致工业部门资金的短缺与实际产出下降。当大量资金滞留在金融部门，使资本市场的发展变得与赌场相近时，金融发展可能对实体经济造成负面影响。托宾（1984）也认为，尤其在现代信用货币经济制度中，金融市场上的许多证券交易与将居民的储蓄转移到公司的业务投资几乎没有什么关系，大量金融交易形成的货币流量也没有与实物交易直接对应，而仅仅是在金融领域内自我流转。

由于金融创新、放松管制与全球化便利了金融资产投资，资产市场获得了快速的发展。货币从执行交易职能转换到寻求金融投资，经营货币的金融机构不再限于支付清算中介的功能，而在资产管理、资金调剂、风险管理等方面发挥重要的作用。金融体系开始在资金盈余方（资金供给者）与资金稀缺方（资金需求者）之间全面发挥中介调节进行金融资源配置的功能，包括直接为资金稀缺方提供融资，为盈余方用资金购买各种金融资产提供理财、资产管理服务。为了满足金融机构、企业和居民的金融资产（比如各类证券、房产）交易需要，当期储蓄的一部分资金不会立即转化为企业的投资，而是囤积在金融系统。

这部分游离于实体经济之外，囤积在金融系统以投资金融资产、追逐投资获利为目的的资金具有一定的稳定性。尽管金融资产会被多次交易，卖出资产的代理人可能会把资金重新注入实体经济中，出现货币当期回流到实体经济的情况，但另一个资产购买的代理人会同时从实体经济中抽出资金投资到金融资产上。从整体来看，总有一部分资金滞留在实体经济货币循环流动外的金融循环领域。而且，当金融资产提供的收益率高于实际投资项目时，实体经济的资金会有净流出，另外，一些增发的货币可能直接进入了金融领域，因而，囤积在金融系统的资金会越来越多。徐茂魁、李伟等（2007）也认为随着现代金融体系的发展，存在金融体系对实体经济的货币抽取效应，即部分货币会从实体经济渗漏到金融系统，专门从事金融资产交易，其目的就是进行金融资产的保值增值或者获取投机收益。他们认为并不是有一定量的货币完全不变地滞留在金融系统专门为资产交易服务，而是不断地有资产卖出、有资产买进，因而伴随着货币资金的流进与流出，但总有一部分滞留在金融系统的货币存量。滞留在金融系统的货币存量越多，对资产的需求也越大，在资产供给相对变化不大的情况下，资产价格就会上涨。资产价格的膨胀意味着需要更多的货币来帮助实现资产交易，因而，从实体经济中转移到金融领域参与资产交易的资金会更多，两者作用是相互促进，互为相长的。

这部分暂时或永久地游离于实体经济货币循环之外而停留在金融领域内的资金就是"金融窖藏"。如果当期的活期储蓄不重新注入实体经济货币循环流动，"金融窖藏"就会增加，"金融窖藏"的规模越大，表示游离出实体经济相关的货币循环的资金越多，而投向金融市场的资金就越多；如果之前窖藏在金融体系的资金被重新投放到实体经济货币循环流动中，代表金融循环流动资金增加，即"金融窖藏"的减少，或称为"金融的反窖藏"的增加。

### 2.2.3 金融投资对实体经济的挤出与替代效应[①]

假定在初始时，整个社会的实体资产总存量为 $Q$，金融资产总存量为 $I$，当前新增投资总量为 $\Delta I$（$\Delta I > 0$）。$\Delta I$ 可用于实体投资，也可用于金融投资，用 $I_1$ 表示实体投资部分，$I_2$ 表示金融投资部分，因而 $\Delta I = I_1 + I_2$。

对于实体经济部分的投资而言，只有当新增投资量 $I_1$ 超过当期折旧所需的最小投资量 $I_0$ 时，社会总产出才能增长，即实现社会扩大再生产。假定总产出随实体投资增长的比率关系为 $\left(\dfrac{I_1 - I_0}{Q + \Delta I}\right)^{\alpha}$，其中参数 $\alpha = \dfrac{2k-1}{2k+1}$（其中 $k$ 为自然数），显然 $\alpha$ 满足 $0 < \alpha < 1$，表示投资的边际产出递减。不难看出：当 $I_1 > I_0$ 时，$\left(\dfrac{I_1 - I_0}{Q + \Delta I}\right)^{\alpha} > 0$，即当新增投资量 $I_1$ 超过当期折旧所需的最小投资量时，社会总产出将按 $\left(\dfrac{I_1 - I_0}{Q + \Delta I}\right)^{\alpha}$ 的比率增长；当 $I_1 < I_0$ 时，$\left(\dfrac{I_1 - I_0}{Q + \Delta I}\right)^{\alpha} < 0$，当新增投资量 $I_1$ 无法补足当期折旧所需的最小投资量时，总产出将按 $\left(\dfrac{I_1 - I_0}{Q + \Delta I}\right)^{\alpha}$ 的比率减少。

假定实体经济投资的收益率为 $r_1$，金融投资的收益率为 $r_2$，且 $r_1$，$r_2 > 0$，因而整个社会的总收益为 $F = Q\left[1 + \left(\dfrac{I_1 - I_0}{Q + \Delta I}\right)^{\alpha}\right]r_1 + (I + I_2)r_2$。理性的社会

---

① 陈雨露，马勇. 大金融论纲［M］. 北京：中国人民大学出版社，2013：271 – 275。

投资决策就是要在新增投资量 $\Delta I$ 一定的前提下，合理配置实体投资 $I_1$ 和金融投资 $I_2$ 的比例，以实现总收益的最大化，即

$$\max F = Q\Big[1 + \Big(\frac{I_1 - I_0}{Q + \Delta I}\Big)^\alpha\Big]r_1 + (I + I_2)r_2$$

由于 $\Delta I = I_1 + I_2$，代入上式进一步得到目标函数为

$$\max F = Q\Big[1 + \Big(\frac{I_1 - I_0}{Q + \Delta I}\Big)^\alpha\Big]r_1 + (I + (\Delta I - I_1))r_2$$

上述优化问题的一阶导数为

$$\frac{\partial F}{\partial I_1} = Q\, r_1\alpha\frac{(I_1 - I_0)^{\alpha-1}}{(Q + \Delta I)^\alpha} - r_2$$

二阶导数为

$$\frac{\partial^2 F}{\partial I_1^2} = \frac{Q\, r_1}{(Q + \Delta I)^\alpha}\alpha(\alpha - 1)(I_1 - I_0)^{\alpha-2}$$

**情况 1：** 当 $I_1 > I_0$ 时。

由于 $0 < \alpha < 1$，$Q > 0$，$r_1 > 0$，$\Delta I > 0$，很容易得到二阶导数 $\frac{\partial^2 F}{\partial I_1^2} < 0$，因而目标函数存在极大值。求解下面的一阶条件：

$$\frac{\partial F}{\partial I_1} = Q\, r_1\alpha\frac{(I_1 - I_0)^{\alpha-1}}{(Q + \Delta I)^\alpha} - r_2 = 0$$

可以得到最优的实体经济投资量 $I_1^*$ 为

$$I_1^* = I_0 + \Big[\frac{r_2}{\alpha Q\, r_1}(Q + \Delta I)^\alpha\Big]^{\frac{1}{\alpha-1}}$$

由于 $0 < \alpha < 1$，不难看出，在初始资产总存量 $Q$ 和新增投资量 $\Delta I$ 一定的情况下，最优的实体经济投资量 $I_1^*$ 与金融投资的收益率 $r_2$ 负相关，与实体投资收益率 $r_1$ 正相关，这意味着，实体经济的最优投资量 $I_1^*$ 取决于金融投资收益率 $r_2$ 和实体经济投资收益率 $r_1$ 的相对大小（即 $\frac{r_2}{r_1}$ 的比值）：当金融投资的收益率越是大于实体经济投资的收益率（即 $\frac{r_2}{r_1}$ 越大），最优的实体经济投资量 $I_1^*$ 越小，即金融投资对实体经济投资的"挤出效应"越强。特别地，当 $r_2 \gg r_1$，即金融投资的收益率充分大于实体经济投资的收益率时，$I_1^* \to I_0$，新增投资将仅用于弥补折旧，金融资本完全挤出了增量实体经济投资。

**情况 2：** 当 $I_1 = I_0$ 时。

当 $I_1 = I_0$ 时，新增实体投资量刚好等于当期折旧所需的最小投资量，这意

味着实体投资增量仅能满足维持现有产出的资产耗损，而扣除折旧后的新增净实体投资为0，此时，社会产出增长率为0，不存在扩大再生产，社会的总产出将维持在初始水平，实体经济没有增长空间。

**情况3**：当$I_1 < I_0$时。

当$I_1 < I_0$时，二阶导数$\dfrac{\partial^2 F}{\partial I_1^2} > 0$，因而函数$F$存在极小值，由一阶条件

$\dfrac{\partial F}{\partial I_1} = 0$可以得到取得极小值的实体投资量$I_1^{**} = I_0 - \left[\dfrac{r_2}{\alpha Q\, r_1}(Q + \Delta I)^\alpha\right]^{\frac{1}{\alpha-1}}$。

当$I_1 < I_0$时，新增实体投资量$I_1$无法抵补当期折旧所需的最小投资量$I_0$，因而实体经济无法维持原有的生产状态。可进一步细分为两种情况考虑：（1）当$I_1 \in [0, I_0)$时，虽然新增实体经济投资量无法抵补当期所需折旧，但$I_1$大于0，此时实体经济的减少主要来自折旧带来的自身耗损，金融投资暂时不会侵蚀实体经济的固定资产；（2）当$I_1 < 0$时，金融投资部分的投资超过了$\Delta I$，此时只能通过变卖存量实体资产$Q$来增加金融投资，金融投资的扩张侵蚀了实体经济，大量资金脱离实体经济的货币循环，进入了金融体系循环，出现了严重的"脱实向虚"现象①，金融窖藏增加，实体经济受到严重侵蚀，部分实体企业可能变卖，完全转型做金融投资（例如温州的部分民营企业关闭，利用变卖资产的资金去做民间借贷就是这种情形），继而可能涌现产业"空心化"的问题。

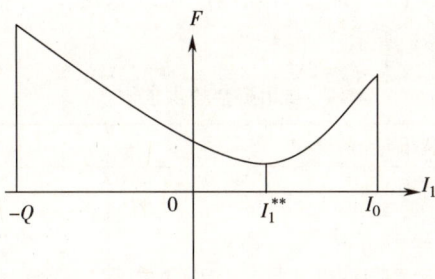

图2-1　金融投资对实体投资的替代效应

（1）当$I_1 \in [-Q, I_1^{**})$时，容易得到$\dfrac{\partial F}{\partial I_1} < 0$，即函数$F$单调递减，因而$F$在$I_1 = -Q$时取得最大值。

---

① 极端的情形是，变卖全部的实体资产来进行金融投资。

（2）当 $I_1 \in [I_1^{**}, 0)$ 时，$\dfrac{\partial F}{\partial I_1} > 0$，函数 $F$ 递增，因而 $F$ 在 $I_1 \to I_0$ 过程中极限趋近最大值。

如果 $r_1 < \dfrac{I_0 + Q}{Q} r_2$，不难证明 $F_{I=-Q} > F_{I_1 \to I_0}$，因而函数 $F$ 在 $I_1^\# = -Q$ 时取得最大值，此时金融资本对实体经济资本的持续"替代"导致金融资本完全取代实体投资，金融部门的膨胀和扩张是以实体部门的萎缩和衰减为代价的，而金融部门扩张由于没有实体经济的支持也难以持续，必将会引致风险与不稳定，这也是本部分要从货币循环流动的角度考虑资产价格波动对金融体系稳定影响的根本原因。

## 2.3　资金循环流动的三部门模型

我们先考虑简单三部门模型，即经济体系由企业部门、家庭部门和金融部门三部门组成，在这个经济体系中，货币资金的供给包含如下：（1）收入，包括所有的薪金、分红、利息等；（2）折旧免税额或摊销额；（3）金融的反窖藏，即从金融循环中退出再次进入货币循环的资金；（4）额外货币的净创造，即银行系统的信用创造或国家货币当局发行或回笼货币造成的货币变化。货币资金的需求如下：（1）该段时期内超出收入的支出需求；（2）金融窖藏的资金需求，如表 2 – 1 所示。

表 2 –1　　　　　　　　　　　货币资金的供求

| 内容 | 货币资金的供给 | 货币资金的需求 |
|---|---|---|
| | ①收入，包括所有的薪金、分红、利息等<br>②折旧免税额或摊销额<br>③非金融窖藏，即从金融循环中退出再次进入货币循环的资金<br>④额外货币的净创造，即银行系统的信用创造或国家货币当局发行或回笼货币造成的货币变化 | ①该段期间内超出收入的支出需求<br>②金融窖藏的资金需求 |

在确定了货币市场对金融资金的流动供求后，制定封闭经济情况下的三部门循环流动模型。

$$Y_t + D_t + OF_t + ZM_t = GI_t + C_t + IF_t \qquad (2.1)$$

式中，$Y_t - C_t = S_t$：

$$S_t + D_t + OF_t + ZM_t = GI_t + IF_t \qquad (2.2)$$

式中，$Y$ 为收入；$D$ 为折旧免税额；$OF$ 为金融的反窖藏；$ZM$ 为额外货币的净创造；$GI$ 为总投资；$C$ 为消费；$IF$ 为金融窖藏；$S$ 为储蓄。

$OF_t$ 实际上是 $IF_{t-1}$，$IF_{t-2}$，…的一个函数，即在以前的各时期中，所增加的货币循环流动外的资金流动，则

$$OF_t = FC(IF_{t-1}, IF_{t-2}, IF_{t-3}, \cdots) \qquad (2.3)$$

$OF_t$ 依赖于金融机构愿意作出的在一定时期内他们所需要的再次用于随后时期货币循环流动的 $IF$ 量的多少。我们可以简单地假设留存 $IF$ 的一个特定部分 $f(0 < f < 1)$ 被重新注入到每期的货币循环流动中。

$$OF_t = fIF_{t-1} + f(1-f)IF_{t-2} + f(1-f)^2 IF_{t-3} + \cdots = f(1-f)^{n-1}\sum IF_{t-n} \qquad (2.4)$$

通过假设我们可以简化：

$$\Delta FL_t = IF_t - OF_t \qquad (2.5)$$

式中，$\Delta FL_t$ 代表 $t$ 时期由于货币循环流动资金的减少所导致的用于金融循环资金的净增长量。由此将 $\Delta FL_t$ 称做净金融窖藏。

在三部门经济中，如果我们只观察部门间金融资金的净流量，将有助于进一步分析。总体来说，在货币市场上，居民是净储蓄者，企业公司是净借款人。因此，在净循环流动模型中，$S_t$ 代表当前家庭的净储蓄，而企业部门没有净储蓄。另一方面，$I_t$ 代表企业部门为支付净投资所需的资金（借来的），而居民没有从金融部门而来的净借款。那么：

$$GI_t - D_t = I_t \qquad (2.6)$$

由（2.5）式与（2.6）式结合（2.2）式，联立可得

$$\Delta FL_t = S_t - I_t + ZM_t \qquad (2.7)$$

按照该理论模型，根据（2.7）式得出，流入金融循环的净货币量（用 ZFL 表示）由两方面构成，一方面是储蓄与投资之间的差额货币流量；另一方面是金融部门的货币创造。按照该理论模型，在此给出三部门的货币循环流量图（见图 2 - 2）。

在封闭的经济环境中，只包含企业部门、家庭部门和金融部门这三部门的资金流动模型中，金融资产价格归根到底是由资金的供给和需求决定的，而金融窖藏会直接影响到金融市场上的资金状况，因而在考虑金融资产价格波动的影响因素时，我们不能忽略金融窖藏的影响。

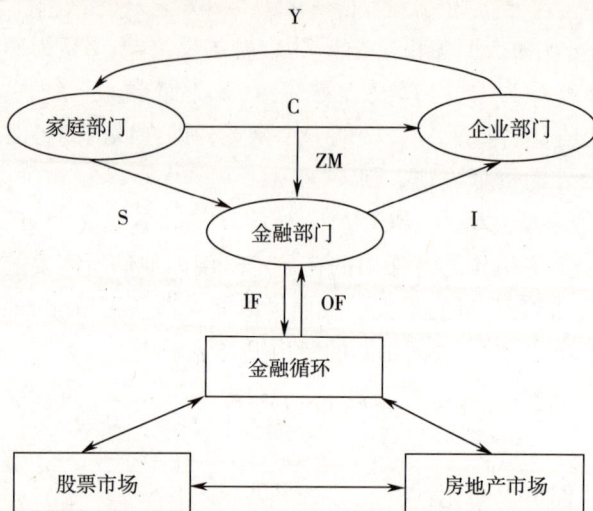

**图 2 – 2　三部门间的资金循环流动图**

## 2.4　资金循环流动的五部门模型

考虑到实际经济环境，增加政府部门和国外部门到循环流动模型中。此时，相比三部门的货币资金流动模型，资金需求的来源增加了政府部门对资金净支出的需求；而资金的供给促进了贸易顺差的扩张以及国外资本对本国的资金净流入。假设该净流入资金为 FDI 量和误差项代表的热钱① （HM），其中贸易顺差与 FDI 进入实体经济中，而热钱则直接进入本国金融市场循环体系，如此本国外汇储备的增加大致包含三部分：贸易顺差、FDI 和热钱。则

$$ZFL_t = S_t - I_t + ZM_t + HM_t \qquad (2.8)$$
$$S_t = I_t + GD_t + NFDI_t + (X_t - IM_t) \qquad (2.9)$$
$$GD_t = G_t + TR_t - T_t \qquad (2.10)$$

式中，ZFL 表示流入金融循环的货币量；GD 表示政府赤字；NFDI 表示外商直接投资的净流入额；G 表示政府购买；TR 表示政府转移支付；HM 表示热钱。

根据（2.8）式、（2.9）式及（2.10）式可以得出，由金融部门流入金融

① 热钱，又称游资或投机性短期资本，主要是指那些为追逐高额利润而经常在各国金融市场之间移动的短期资产，本章主要是建立理论分析框架，下一章我们将进一步分析热钱流动对资产价格波动与金融脆弱性的影响。

循环的净货币量包含两部分，一是金融窖藏，含居民储蓄与企业投资之间的差额货币流量和金融部门的货币创造量，二是国际短期资本的流入，即由外国流入本国金融循环中的热钱。现给出五部门的货币循环流量图（见图2－3）。

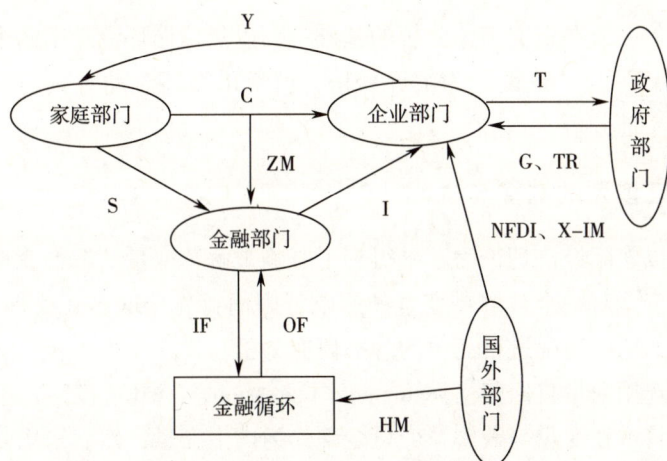

**图2－3 五部门间的货币循环流动图**

在开放经济环境中，考虑企业部门、家庭部门、金融部门、政府部门以及国外部门这五部门的资金流动模型，影响金融资产价格的因素除了国内实体经济开展货币流动循环过程中投资—储蓄间的差额与货币创造共同产生的金融窖藏外，还有一个重要因素就是热钱。近年来我国的经济一直保持着高速发展，外汇收支上呈现出持续的大额顺差现象，且每年都在增加，其中作为国外流入资金的热钱在外汇占款规模的加大，意味着极端条件下，一旦热钱大量流出，便可能引发金融危机。同时基于热钱和货币政策调整的目标一般情况下都不太一致，在央行加大利率对通货膨胀进行治理的时候，国际游资则快速流入，造成货币量的增投，使得通货膨胀的情形会更加恶化，而在降低利率以刺激经济增长时，国际游资又迅速转为外币撤离，很大程度上降低了货币政策的主动性，从而大大弱化了货币政策的效果。另外当热钱大规模迅速流入流出时，会导致那些投机氛围较重的金融资产市场的大幅震荡，严重时还会引发金融危机，不利于金融市场的平稳健康发展，比如2004年以来房地产市场价格的迅速攀升，股市2005年以来的大幅非理性上涨以及2008年后股市的剧烈波动等，这般大幅度的震荡和风险与热钱大量的频繁进出必然有着千丝万缕的联系。因而在金融资产价格波动的探讨中，热钱是一个不可忽略的因素。

# 2.5　货币循环流动对我国股市价格波动影响的实证分析

本节与下一节在上文理论分析的基础上，以货币循环流动中两个重要的变量"金融窖藏"与"热钱"为解释变量，就货币循环流动对我国资产价格波动影响进行实证分析。

## 2.5.1　实证模型的选择与说明

首先，以实际经济理论为基础得到了影响被解释变量的解释变量，从而研究多个解释变量对一个被解释变量的影响，因而首先选取多元线性回归模型，对变量发生的历史情况进行简单的静态研究分析。

其次，选用向量自回归（vector auto regression，VAR）模型，不以经济理论为基础，将解释变量与被解释变量全部作为内生变量，然后采用多方程联立的形式，用内生变量对全部内生变量的滞后期进行回归，利用模型研究分析所有解释变量与被解释变量之间的各种动态关系，然后在向量自回归模型的基础上进行协整检验，观察是否存在长期的均衡发展关系。

再次，在确定了所研究的变量间存在长期稳定的均衡关系的情况下，进行脉冲响应和方差分解分析，研究变量的标准差冲击和结构性冲击给相关变量的未来期值的影响。

最后，选用基于 GARCH 模型的状态空间模型，更加切合实际且更为全面地研究分析金融窖藏和热钱两个变量对代表金融资产价格的股市和房市相关指标的动态影响。

状态空间（state space）模型一般使用于多变量的时间序列模型的估测中，可以将不能直接观测的变量（即状态变量）放到可以观测的模型之中，在对研究对象实施估测的时候，通常用卡尔滤波（Kalman filter）迭算法来估测那些不能直接观测的时间变量，比如不可观测因素、测量误差、长期收入以及理性预期等。

假设 $y_t$ 为 $m*1$ 维的能被测出来的向量序列，它涵盖 $m$ 个经济变量，具 $k*1$ 维的状态向量 $\alpha_t$，而且其中的 $y_t$ 和包含了系统在某时刻全部相关信息的 $\alpha_t$ 有关。如下：

$$y_t = Z_t \alpha_t + c_t + v_t \qquad (t = 1, 2, \cdots, n) \qquad (2.11)$$

（2.11）式被称为信号方程（signal equation），也叫做量测方程（measurement equation）。式中，$Z_t$ 是 $m^*k$ 维的矩阵；$\alpha_t$ 的各元素都是不可观测的；$c_t$ 为 $m^*1$ 维的向量；$n$ 是作为样本的长度表述；$v_t$ 是 $m^*1$ 维的向量，代表均值为 0，协方差矩阵为 $H_t$ 的连续的无相关关系的误差项，如下：

$$E(v_t) = 0$$
$$\mathrm{Var}(v_t) = H_t \qquad\qquad (2.12)$$

有以下的方程成立：

$$\alpha_t = T_t\alpha_{t-1} + d_t + R_t\varepsilon_t \qquad (t = 1,2,\cdots,n) \qquad (2.13)$$

（2.13）式被称为转移方程（transition equation），也叫做状态方程（state equation）。式中，$T_t$ 是 $k^*k$ 矩阵；$d_t$ 是 $k^*1$ 维向量；$R_t$ 是 $k^*g$ 矩阵；$\varepsilon_t$ 是 $g^*1$ 维向量，代表均值为 0，协方差矩阵为 $Q_t$ 的连续的无相关关系的误差项，如下：

$$E(\varepsilon_t) = 0$$
$$\mathrm{Var}(\varepsilon_t) = Q_t \qquad\qquad (2.14)$$

以上量测方程中的各个矩阵 $Z_t$，$c_t$，$H_t$ 以及状态方程中的 $T_t$，$d_t$，$R_t$，$Q_t$ 这几个矩阵综合起来叫做系统矩阵。

状态空间模型具有的前提假设为：（1）$E(\alpha_0) = a_0$，协方差矩阵是 $W_0$；（2）量测方程和转移方程中的误差项之间不存在相关性，并独立于 $\alpha_0$。

### 2.5.2 变量数据的选取与说明

对于金融资产价格指标的选取，鉴于我国的金融市场处在快速发展、不断完善的过程中，其主要是以股票市场和房地产市场为代表的资本市场上资产价格的波动。且在上述的货币循环流动理论分析中，已明确影响金融资产价格波动的变量因素包含金融窖藏与热钱，在此考虑到利率及汇率政策对货币循环流动体系的影响，避免因此造成的要素缺失，将利率与汇率均包含在变量的核算之中。

1. 上证综指（SHZ）。我国股票市场上的价格指数包括上证综合指数和深证综合指数，鉴于上证综指对股票市场总体行情的代表性更强，因此本节选取股市上证综指作为衡量金融资产价格波动的指标。

2. 金融窖藏。基于以上理论推算，在金融窖藏（JR）储蓄投资差额的核算过程中，因无法直接获得储蓄投资金额，采取上述循环理论分析（2.9）式：$S_t = I_t + GD_t + NFDI_t + (X_t - IM_t)$，即可获得储蓄投资差额；本节对货币创造的核算以货币层次中的 $M_1$ 为基准，其核算等式为

$$货币创造量\ ZM = M_1 \times 货币乘数 - M_1$$

式中，

$$货币乘数 = (1 + 现金存款比率)/(现金存款比率 + 存款准备金率)$$

$$现金存款比率 = M_0 / (M_1 - M_0)$$

3. 热钱。热钱（HM）是国外流入的短期性投机资金，忽略其中不可观测的极小部分，采用核算等式：

$$热钱 = 外汇储备增量 - FDI - 贸易顺差$$

4. 数据选取。本节实证所需核算及基础变量因素选取的是 2000 年 1 月至 2012 年 12 月期间的月度数据，共 156 组。其中涉及到货币量时，本币单位为亿元，外币单位为亿美元，转换汇率采取人民币美元中间价。存款准备金率和 FDI 数据来源于东方财富中心，其他变量的数据均来源于 Wind 数据库。

### 2.5.3　基于货币循环流动的股价波动实证分析

#### （一）自相关性与回归分析

对代表金融资产价格指标的上证综指进行相关分析，从而判定序列对象是否存在自相关问题，以确定线性回归模型中是否该加入其滞后变量作为一个解释性变量，从而也能促进该模型拟合优度的提高。

表 2-2　　　　　　　上证综指（SHZ）相关图表

| Autocorrelation | Partial Correlation | | AC | PAC | Q-Stat | Prob |
|---|---|---|---|---|---|---|
| | | 1 | 0.965 | 0.965 | 148.20 | 0.000 |
| | | 2 | 0.932 | 0.001 | 287.20 | 0.000 |
| | | 3 | 0.881 | -0.280 | 412.16 | 0.000 |
| | | 4 | 0.827 | -0.069 | 523.20 | 0.000 |
| | | 5 | 0.758 | -0.228 | 616.99 | 0.000 |
| | | 6 | 0.680 | -0.168 | 692.99 | 0.000 |
| | | 7 | 0.612 | 0.189 | 754.91 | 0.000 |
| | | 8 | 0.537 | -0.073 | 802.86 | 0.000 |
| | | 9 | 0.464 | -0.038 | 839.00 | 0.000 |
| | | 10 | 0.391 | -0.017 | 864.77 | 0.000 |

注："Autocorrelation"表示 SHZ 的自相关，"Partial Correlation"表示 SHZ 的偏自相关；右侧第一列的自然序数是从 1 到 10 的滞后期值，与 SHZ 的自相关图和偏自相关图相对应；"AC""PAC"两列分别是估计的自相关、偏自相关系数值，它们的数值与左侧图相对应；"Q-Stat"表示 Q 统计量数值，"Prob"表示的是 Q 统计量取值大于该样本计算的 Q 值的概率。

关于 Q 统计量的分析中，原假设 $H_0$：序列是非自相关的；备择假设 $H_1$：序列存在自相关性。在 1% 的显著性水平下，当 $P > 1\%$ 的时候，那么就接受 $H_0$，代表序列非自相关；当 $P < 1\%$ 的时候，那么就拒绝 $H_0$，接受备择假设

$H_1$，代表序列存在自相关。从表 2-2 中的 $P$ 值显示，该序列对象 SHZ（上证综指）是自相关的。

根据所选取的数据进行多元线性回归分析，即（2.15）式进行估计。

$$SHZ = \beta_0 + \beta_1 JR + \beta_2 HM + u_i \qquad (2.15)$$

在（2.15）式回归模型中，SHZ 代表"上证综指"，JR 代表"金融窖藏"，HM 代表"热钱"。则未加入 SHZ 滞后期变量的线性回归估计结果的输出如下：

$$SHZ = 1401.313 + 0.002605JR + 0.075125HM$$
$$(151.2749)\ (0.000443)\ (0.035148) \qquad (2.16)$$
$$[9.263353]\ [5.874497]\ [2.137403]$$

$$R^2 = 0.207556 \quad \overline{R}^2 = 0.197197 \quad DW = 0.112973 \quad F = 20.03676$$

式中，（）内数字代表标准差，[ ] 中数字代表 T 统计量，下同。

从以上结果可以看出，在 1% 的显著性水平下，变量 JR（金融窖藏）通过了 t 检验，表明该解释变量 JR 对被解释变量 SHZ 具有显著的影响；变量 HM（热钱）没有通过 t 检验，表明该解释变量 HM 对被解释变量 SHZ 没有显著的影响。另外在 1% 的显著性水平下，方程通过了 F 检验，该模型的拟合优度仅为 0.2 左右，且 DW 值为 0.112973，表明回归模型存在高度序列正相关性，这恰恰验证了前面的相关性分析结果。由此根据相关性分析结果，在模型中加入上证综指的滞后期变量 SHZ（-1），重新建模如下：

$$SHZ = \beta_0 + \beta_1 JR + \beta_2 HM + \beta_3 SHZ(-1) + u_i \qquad (2.17)$$

估计结果为

$$SHZ = 74.75679 + 9.62E-05JR + 0.024103HM + 0.952594SHZ(-1)$$
$$(53.35175)\ (0.000139)\quad\ (0.009974)\qquad\ (0.022594)$$
$$[1.401206]\ [0.691017]\quad\ [2.416585]\qquad\ [42.16158] \qquad (2.18)$$

$$R^2 = 0.937743 \quad \overline{R}^2 = 0.936507 \quad DW = 1.957255 \quad F = 758.1486$$

观察发现，该模型加入了被解释变量的滞后变量，相比之前模型，拟合优度明显有很大幅度的提高，且达到了 0.93 以上，DW 值变为 1.957255，表明模型已不存在序列相关性。在 1% 的显著性水平下，方程通过了 F 检验，SHZ（-1）（滞后期变量）和 HM（热钱）均通过了 t 检验，表明二者对被解释变量 SHZ 具有显著的影响；但变量 JR（金融窖藏）没有通过 t 检验，表明其对 SHZ 的影响不是很显著。

由此可以确定，该估计结果对变量数据的描述具有无偏性，表明在历史数据中，金融窖藏对上证综指有一定的影响，但不显著；而上证综指滞后期变量和热钱对上证综指则具有显著性的影响。另外在金融时间序列数据之中，ARCH 过程是对序列异方差性质存在的确认，通过对上述模型的分析检验，确认了 ARCH 过程的成立，即的确是具有异方差性，也就是说模型失去了预测的有效性，因而仅在此基础上是不能对变量间是否具有长期的均衡关系作出明确指向的。

（二）Johansen 协整检验分析

构建 VAR 模型进行协整检验分析上证综指（SHZ）、金融窖藏（JR）、热钱（HM）在长期上是否具有稳定的发展关系。采用 ADF 方法进行单位根检验，发现这三个变量都是一阶单整的，即进行了一阶差分后的变量 D（SHZ）、D（JR）、D（HM）都是平稳的。在此基础之上利用这三个变量进行协整检验，进而判断三者间有无一种长期上的均衡关系。

建立上证综指（SHZ）、金融窖藏（JR）、热钱（HM）三个变量的无约束 VAR 模型，根据 SC 信息可以确定出最优滞后期的阶数为 1，则设定滞后区间为 "1 1"，VAR 模型（1）结果如下：

$$SHZ = 74.75395 + 0.957415SHZ(-1) + 07.35E^{'} - 05JR(-1) + 0.008215HM(-1)$$

$$(54.2188) \qquad (0.02320) \qquad\quad (0.00014) \qquad\qquad (0.01026)$$

$$[1.37875] \qquad [41.2734] \qquad\quad [0.51622] \qquad\qquad [0.80079] \qquad (2.19)$$

$$R^2 = 0.935543 \quad \bar{R}^2 = 0.934263 \qquad F = 730.5544 \quad L = -1067.540$$

该 VAR 模型的拟合优度较高，达到了 0.93 以上，并且图 2 - 4 为该 VAR 模型的 AR 根图，显示所有单位根均落于单位圆内，因而 VAR 模型满足稳定性条件。

Inverse Roots of AR Characteristic Polynomial

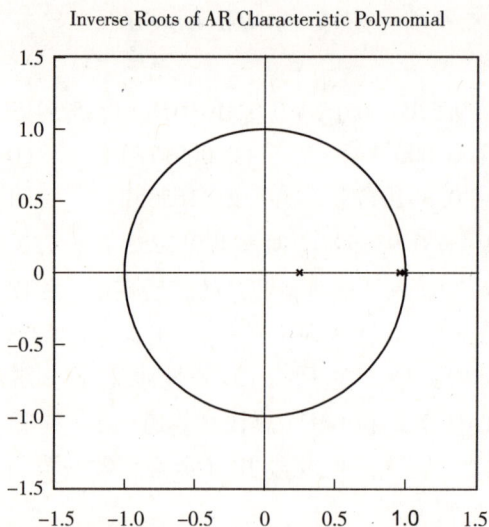

资料来源：作者用 EViews 软件编制。

**图 2 - 4    VAR 模型（1）中 AR 根的图**

检验变量之间的协整关系，结果见表2-3。

表 2 - 3　　　　　　　　　　变量的协整检验结果

| 原假设 | 特征值 | 迹统计量 | 5%临界值 | P 值 |
|---|---|---|---|---|
| 不存在协整关系 | 0. 242501 | 46. 21739 | 29. 79707 | 0. 0000 |
| 最多存在一个协整关系 | 0. 021830 | 3. 446444 | 15. 49471 | 0. 9430 |
| 最多存在两个协整关系 | 0. 000307 | 0. 047313 | 3. 841466 | 0. 8278 |

资料来源：作者用 EViews 软件编制。

表2-3的协整分析结果表明，在5%的标准下所探讨的三个变量之间存在一个协整关系，其协整方程如下：

$$SHZ = 0.000621JR - 3.032913HM$$

$$(0.00434)\qquad(0.43069)\qquad\qquad(2.20)$$

所以它们之间长期上存在均衡的稳定关系，这就意味着上证综指代表的股票市场与金融窖藏及热钱三者在长期上具有均衡的关系。

（三）脉冲响应及方差分解分析

1. 股指对各变量冲击的脉冲响应。脉冲响应函数是描述分析一个内生变量对因随机干扰项带来的冲击的反应，换个说法就是对随机干扰项实施一个标准差大小的冲击后，对内生变量的当期值和未来值所产生的作用程度，在此基于方程（2.20）中建立的 VAR 模型进行脉冲响应分析。在模型中，随机误差项被称为新息，当1期的新息发生变化时，当期的金融窖藏和热钱会立刻发生改变，同时当期金融窖藏和热钱的变化会对其本身以及上证综指的未来期产生影响。结果如下：

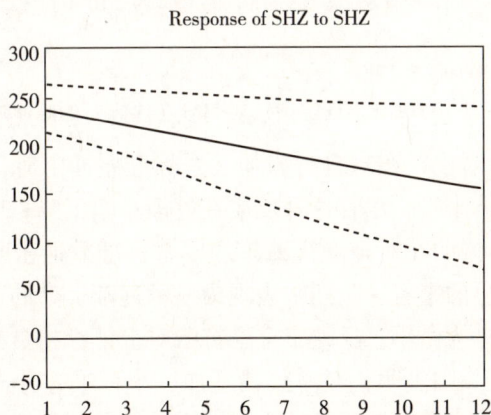

Response of SHZ to SHZ

资料来源：作者用 EViews 软件编制。

图 2 - 5　SHZ（上证综指）对其自身的脉冲响应

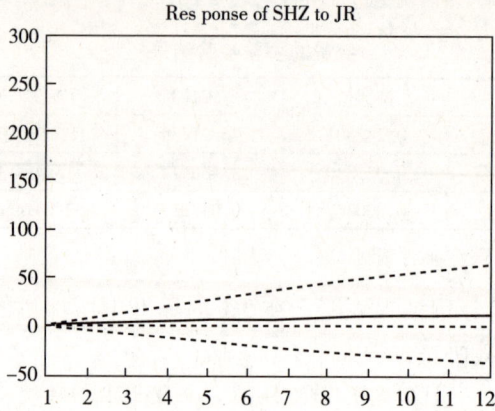

资料来源：作者用 EViews 软件编制。

**图 2-6　SHZ（上证综指）对 JR（金融窖藏）的脉冲响应**

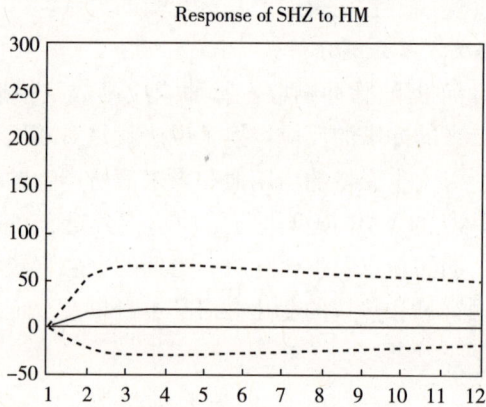

资料来源：作者用 EViews 软件编制。

**图 2-7　SHZ（上证综指）对 HM（热钱）的脉冲响应**

从图 2-5 可以看出，在对自身施加一个标准差冲击时，上证综指当期立即大幅度上涨，总体来看，尽管这种反应在逐渐小幅下降，但长期显示出巨大促进作用；图 2-6 说明在对金融窖藏施加一个标准差冲击时，上证综指当期没有任何效应，但总的来看，长期上表现为一种逐渐上升的正效应，只是这种正效应的上升幅度极为微小，反映了金融窖藏对上证综指具有不断给予微小推动的作用；而图 2-7 则表明，在对热钱施加一个标准差冲击后，上证综指当期没有立刻给出反应，自 1 期后开始为正效应，并以较大幅度上升，在 2 期达到最大值，反映了国外流入国内的热钱的增加会促使股指快速且较大程度地上涨，从而可能对股市的剧烈波动产生较大影响。对比图 2-6 和图 2-7 可以发现，相比金融窖藏，热钱对股市波动的冲击相对要大得多。

2. 股指波动的方差分解分析。采用方差分解分析为的是得到 VAR 模型的动态特性，也就是通过观察研究分析每一个结构性冲击对内生变量波动产生的影响程度来评价不同结构冲击的重要性，简言之即为研究变量对其他变量波动的贡献率。上面用脉冲响应图分析了模型中各变量冲击对上证综指的影响，在此采用方差分解研究每个变量的结构冲击对股指变化的贡献率，从各个变量的贡献率来判断其对股指变化的影响程度。

基于（2.19）式中建立的 VAR 模型进行方差分解。结果如表 2 - 4 所示。

表 2 - 4 　　　　　　　　　上证综指（SHZ）的方差分解

Variance Decomposition of SHZ

| Period | S. E | SHZ | JR | HM |
|--------|------|-----|-----|-----|
| 1 | 240. 2037 | 100. 0000 | 0. 000000 | 0. 000000 |
| 2 | 334. 9026 | 99. 79671 | 0. 000998 | 0. 202292 |
| 3 | 403. 4173 | 99. 64946 | 0. 004176 | 0. 346362 |
| 4 | 457. 6931 | 99. 55361 | 0. 009863 | 0. 436522 |
| 5 | 502. 5990 | 99. 48586 | 0. 018160 | 0. 495978 |
| 6 | 540. 7243 | 99. 43276 | 0. 029098 | 0. 538181 |
| 7 | 573. 6504 | 99. 38730 | 0. 042690 | 0. 570010 |
| 8 | 602. 4326 | 99. 34571 | 0. 058939 | 0. 595352 |
| 9 | 627. 8202 | 99. 30584 | 0. 077843 | 0. 616314 |
| 10 | 650. 3703 | 99. 26642 | 0. 099392 | 0. 634191 |

资料来源：作者用 EViews 软件编制。

观察表 2 - 4，从短期（第 2 期）来看，除上证综指本身的巨大贡献度外，金融窖藏对上证综指波动的贡献度还不足 0.001%，而热钱对上证综指波动的贡献度超过了 0.2 个百分点，是金融窖藏贡献度的两百多倍；从长期（第 10 期）来看，金融窖藏对上证综指波动的贡献度接近 0.1 个百分点，热钱的贡献度则超过了 0.6 个百分点；对比长短期来看，金融窖藏和热钱对上证综指波动的贡献率均在不同程度地持续上涨，但二者的贡献度加起来仍不足 1%，其中对比金融窖藏，热钱的贡献率要大很多，即对比金融窖藏，股市的波动更易受由国外流入国内的热钱的影响。

（四）基于 GARCH 的状态空间模型分析

相比以上理论分析，在实际经济活动中，货币循环流动与金融资产价格波动之间的作用机制要复杂得多。对于金融资产价格的波动，除金融窖藏、热钱外，必定还存在着一些不可观测因素的影响，而且所有这些因素对金融资产价格除了线性影响外，必定也存在着一些非线性的影响，这就使得我们无法全面考虑所有因素来分析金融资产价格波动，但这影响波动也是一种状态变量，随时间发生改变。而状态空间模型恰恰能估测这些无法观测的变量，然后将其放到可观测的模型里，从而能得到更贴近数据所表达实际情况的估计结果。

本部分已从货币循环流动的角度找到了作用于金融资产价格波动的因素，且运用线性回归模型确定了这些因素的影响作用，基于 VAR 模型的协整检验证明了变量间的长期均衡关系，现采用状态空间模型，进一步研究货币资金循环推导中得到的金融窖藏与热钱因素对以股市上证综指和房市商品房价格为代表的金融资产价格波动的动态影响。

在以上实证数据基础上，对数据做更深层次的处理，使得接下来的实证更切合研究方向，得到更确切有效的反应。对于股市，将所采集的上证综指进行环比处理后取自然对数，即 Ln（P2/P1）×100；对于两个解释性变量——金融窖藏和热钱，采用 HP 滤波，除去二者自身的趋势性成分，再对其进行季节性处理，以着重研究二者纯粹的波动成分对金融资产价格变化的推动作用。

将代表金融资产价格的上证综指（SHZ）、金融窖藏（JR）、热钱（HM）用变量 $Y$、$X_1$、$X_2$ 表示，建立量测方程如下：

$$Y_t = \beta_{0,t} + \beta_{1,t}X_{1,t} + \beta_{2,t}X_{2,t} + \theta_t Y_{t-1} + v_t \qquad (2.21)$$

式中，$\beta$、$\theta$ 为等式各变量的参数，$v$ 为随机误差项，设定：

$$\theta_t = \frac{1}{1 + \exp(-\beta_{3,t})} \qquad (2.22)$$

关于金融市场上的时间序列通常具有波动聚集性的特点，即同方差的假定往往难以得到满足，在此对股市上证综指（SHZ）的时间序列数据进行 Lung - Box 和 ARCH - LM 检验，观察序列是否具有 ARCH 效应，检验结果如表 2 - 5 所示。

表 2 - 5        对股市上证综指时间序列波动聚集性的检验结果

| 序列 | Lung - Box | ARCH - LM |
|---|---|---|
| SHZ | 43.3816 *** | 46.5862 *** |

注：*** 表示在 1% 的水平上是显著的，该检验是基于滞后 15 阶而作。

从表 2 - 5 可以看出，在 1% 水平上，SHZ 的 Lung - Box 检验表明残差中不存在自相关，且 ARCH - LM 检验统计值是显著的，由此确定不存在 ARCH 效应，说明用 GARCH（1，1）模型拟合样本数据可以消除序列的异方差效应。

因此，在这里设定上述模型中随机误差项的条件方差依赖于其前期值的大小，如此可以很好地刻画量测方程中变量数据的特征，对该模型中随机误差项的条件方差采用广义自回归条件异方差模型（GARCH）进行分析设定如下：

$$v_t \mid \psi_{t-1} \sim N(0, \sigma^2_{v,t}), \sigma^2_{v,t} = \alpha_0 + \alpha_1 v^2_{t-1} + \alpha_2 \sigma^2_{v,t-1} \quad (2.23)$$

该状态空间模型的转移方程设定如下：

$$\beta_{i,t} = \beta_{i,t-1} + u_{i,t}, i = 0,1,2,3 \quad (2.24)$$

同时各随机误差项 $u$ 均相互独立并且同分布：

$$u_{i,t} \sim i.i.d. N(0, \sigma^2_{u,i}) \quad (2.25)$$

基于以上模型结论，相比金融窖藏，股票市场的波动受热钱的影响更为显著，利用 Matlab 软件进行编程，运行所得如图 2 - 8、图 2 - 9 所示。

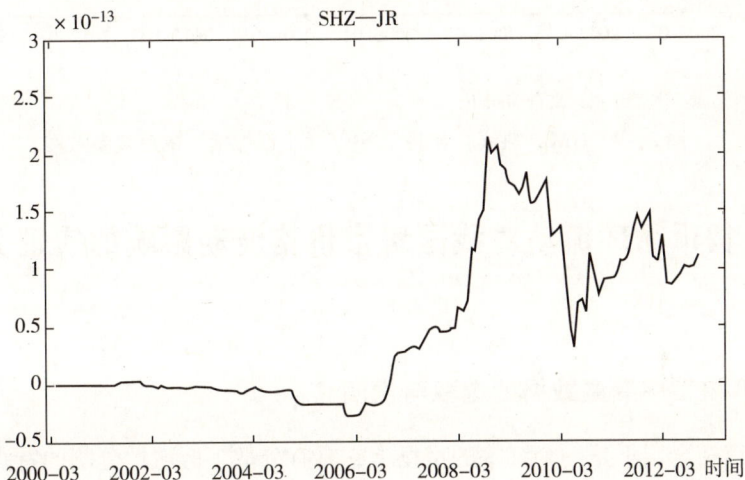

资料来源：作者编制，来自 Matlab。

**图 2 - 8　JR（金融窖藏）作用于 SHZ（上证综指）的时变参数图**

观察图 2 - 8 和图 2 - 9，相比热钱，金融窖藏作用于上证综指的时变参数的数量级微弱至极，不值一提，因此相对来讲可以忽略。仔细分析图 2 - 9，2000 年 3 月至 2008 年 3 月间 HM 的波动弹性区间为 [ - 3, 2]，对股市上证综指的波动显著，其影响比较大；2008 年 3 月至 2012 年 12 月，HM 的弹性表现出了明显的强烈增长波动趋势，最高值达到了 11，范围为 [ - 3, 17]。由此可见股市对热钱的变动具有很强的敏感度。这就意味着金融市场上特别是我国经济发展处于日益世界化的时期，由国外流入我国的带有短期投机性的热钱对股市的影响很大，呈现出一种快速增长且剧烈波动的趋势。

SHZ—HM

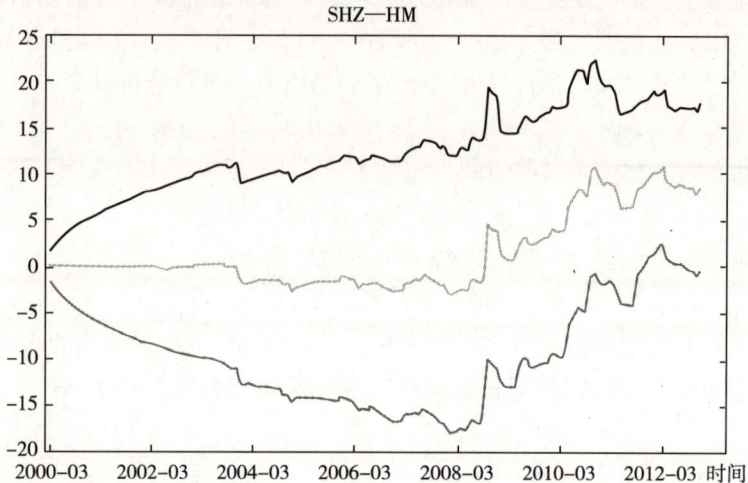

资料来源：作者编制，来自 Matlab。

图 2 - 9　HM（热钱）作用于 SHZ（上证综指）的时变参数图

## 2.6　货币循环流动对我国房市价格波动影响的实证分析

### 2.6.1　模型中变量数据的选取与说明

房市在全国不是一个统一的市场，它具有分散、区域性分割的特点。在我国，由于各地区地理环境、文化背景以及经济状况和收入水平的差异，导致各地房市价格水平、结构及供求的不同。因此，本部分在研究房市价格的波动中选择全国商品房的平均价格指标（SHP）作为以下实证中的房市代表，能够全面地更好地反映房地产市场价格的波动。

对于全国商品房平均价格（SHP），因无法直接获得所需数据，在此通过全国商品房的销售额与销售面积之比计算，这两个变量的数据期间为 2000 年 1 月至 2012 年 12 月，采用月度数据，源于 Wind 数据库。其他变量及所需数据，诸如金融窖藏、热钱以及数据与上一节相同。

### 2.6.2　基于货币循环流动的房价波动实证分析

（一）自相关性及基本回归分析

对商品房平均价格进行相关分析，从而判定该序列对象是否存在自相关问题，来确定线性回归模型中是否该加入其滞后变量作为解释变量，进而提高模型的拟合优度。结果如表2-6所示。

表2-6 商品房均价（SHP）相关图表

| Autocorrelation | Partial Correlation | | AC | PAC | Q-Srat | Prob |
|---|---|---|---|---|---|---|
| | | 1 | 0.947 | 0.947 | 142.73 | 0.000 |
| | | 2 | 0.925 | 0.272 | 279.79 | 0.000 |
| | | 3 | 0.924 | 0.292 | 417.23 | 0.000 |
| | | 4 | 0.886 | −0.231 | 544.43 | 0.000 |
| | | 5 | 0.871 | 0.106 | 668.28 | 0.000 |
| | | 6 | 0.863 | −0.043 | 790.70 | 0.000 |
| | | 7 | 0.829 | −0.113 | 904.33 | 0.000 |
| | | 8 | 0.808 | −0.046 | 1013.1 | 0.000 |
| | | 9 | 0.803 | −0.126 | 1121.1 | 0.000 |
| | | 10 | 0.769 | −0.127 | 1220.8 | 0.000 |

注："Autocorrelation"表示 SHP 的自相关图，"Partial Correlation"表示 SHP 的偏自相关图；右侧第一列自然序数代表从1到10的滞后期值，与 SHP 的自相关图以及偏自相关图相对应；"AC""PAC"两列分别是估计的 SHP 自相关、偏自相关的系数值，它们的数值分别与左侧图相对应；"Q-Stat"表示 Q 统计量数值，"Prob"表示的是 Q 统计量取值大于该样本计算的 Q 值的概率。

观察表2-6，Q 统计量的原假设 $H_0$：序列是非自相关的；备择假设 $H_1$：序列存在自相关性。在1%的显著性水平下，当 $P > 1\%$ 时，就接受 $H_0$，代表序列非自相关；当 $P < 1\%$ 时，就拒绝 $H_0$，接受备择假设 $H_1$，代表序列存在自相关。从表中的 $P$ 值可以看出，该序列对象 SHP（商品房均价）是自相关的。

根据所选取的数据利用 EViews 软件对多元线性回归模型，即式（2.26）进行估计。

$$SHP = \beta_0 + \beta_1 JR + \beta_2 HM + u_i \qquad (2.26)$$

在（2.26）式回归模型中，SHP 代表"商品房均价"；JR 代表"金融窖藏"；HM 代表"热钱"。则未加入 SHP 滞后期变量的线性回归估计结果输出为

$$SHP = 1191.529 + 0.007953JR + 0.008448HM$$
$$(67.78207) \quad (0.000199) \quad (0.015749)$$
$$[17.57882] \quad [40.02613] \quad [0.536431]$$

$(2.27)$

$R^2 = 0.913030 \quad \overline{R}^2 = 0.911893 \quad DW = 1.332083 \quad F = 803.1159$

（2.27）式中，（）内数字代表标准差，[ ] 中数字代表 T 统计量，下同。

从（2.27）式可以看出，在 1% 的显著性水平下，变量 JR（金融窖藏）通过了 t 检验，表明该解释变量 JR 对被解释变量 SHP 具有显著的影响；变量 HM（热钱）没有通过 t 检验，表明该解释变量 HM 对被解释变量 SHZ 没有显著的影响。而且式中 F 统计量值表明方程通过了显著性检验，可决系数以及修正后的可决系数均达到了 0.91 以上，表明模型的拟合优度较高，但 DW 值为 1.332083，表明回归模型仍存在相关性，验证了前面的相关性分析结果。由此根据相关性分析结果，在模型中加入商品房均价的滞后期变量 SHP（-1），重新建模如下：

$$SHP = \beta_0 + \beta_1 JR + \beta_2 HM + \beta_3 SHP(-1) + u_i \qquad (2.28)$$

结果如下：

$$SHP = 537.7492 + 0.003434JR + 0.022676HM + 0.563771SHP(-1)$$
$$(112.6281) \quad (0.000695) \qquad (0.013997) \qquad (0.083367)$$
$$[4.774557] \quad [4.944021] \qquad [1.620000] \qquad [6.762545]$$

$$R^2 = 0.933118 \quad \overline{R}^2 = 0.931789 \quad DW = 2.339545 \quad F = 702.2328$$

$$(2.29)$$

观察上述结果，该模型加入了被解释变量的滞后变量，相比之前，拟合优度达到了 0.93 以上，提高了 0.02 左右，结合变量的显著性检验，可以得出，被解释变量的滞后变量 SHP（-1）和 JR（金融窖藏）对商品房平均价格均具有显著性的影响，DW 值变为 2.339545，表明模型已不存在序列相关性。在 1% 的显著性水平下，方程通过了 F 检验，但变量 HM（热钱）没有通过 t 检验，表明其对 SHP 无显著的影响作用。

由此可以确定，该估计结果对变量数据的描述具有无偏性，表明在历史数据中，商品房均价滞后期变量、金融窖藏对商品房价格具有显著性的影响，热钱对其没有显著性的影响。但在上述模型中，模型预测的有效性因为异方差性的存在而不复存在，因而仅在此基础上不能对变量间是否具有长期均衡的关系作出明确的预测分析。

（二）Johansen 协整检验分析

为研究长期是否存在发展关系，构建 VAR 模型进行协整检验分析。对商品房价格（SHP）、金融窖藏（JR）、热钱（HM）采用 ADF 方法进行单位根检验。经检验发现这三个变量都服从一阶单整 I（1），即进行了一阶差分后的变量 D（SHP）、D（JR）、D（HM）都是平稳的。从而可以进一步判断变量间是否存在一种长期的均衡发展关系。

建立商品房均价（SHP）、金融窖藏（JR）和热钱（HM）三个变量间的无约束 VAR 模型，根据 SC 准则确定最优滞后阶数为 1 期，从而确定滞后区间是 "1 1"，VAR 模型结果如下：

$$SHP = 551.4622 + 0.550079SHP(-1) + 0.003594JR(-1) + 0.013968HM(-1)$$

$$(101.041) \quad (0.06939) \quad\quad (0.00058) \quad\quad (0.01358)$$

$$[5.45781] \quad [7.92682] \quad\quad [6.20559] \quad\quad [1.02882]$$

$$R^2 = 0.936312 \quad \overline{R}^2 = 0.935046 \quad F = 739.9735 \quad L = -1113.009 \quad (2.30)$$

该 VAR 模型的拟合优度较高，达到了 0.93 以上，另外图 2 - 10 为该 VAR 模型的 AR 根图，图中显示全部的单位根都落在了单位圆里，这就意味着 VAR 模型满足稳定性的条件。

Inverse Roots of AR Characteristic Polynomial

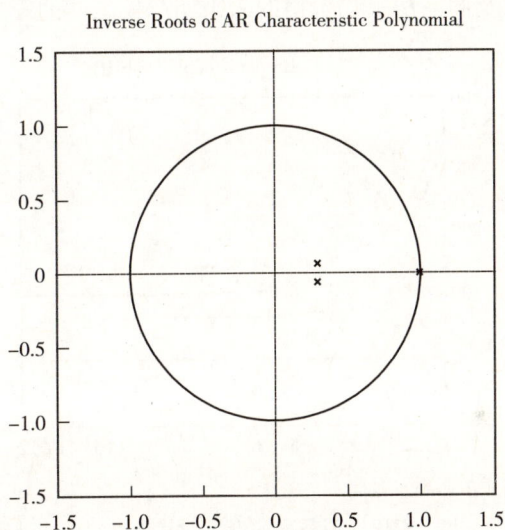

资料来源：作者用 EViews 软件编制。

**图 2 - 10   VAR 模型（2）中 AR 根的图**

对变量之间进行协整检验分析。检验结果如表 2 - 7 所示。

表 2 - 7                               变量的协整检验结果

| 原假设 | 特征值 | 迹统计量 | 5% 临界值 | P 值 |
|---|---|---|---|---|
| 不存在协整关系 | 0.266374 | 78.30243 | 29.79707 | 0.0000 |
| 最多存在一个协整关系 | 0.180203 | 30.60007 | 15.49471 | 0.0001 |
| 最多存在两个协整关系 | 3.17E-06 | 0.000489 | 3.841466 | 0.9839 |

资料来源：作者用 EViews 软件编制。

表 2 - 7 的协整分析结果显示，在 5% 的标准水平下这三个研究对象变量

之间含有两个协整关系，其中一个协整方程为

$$SHP = 0.008288JR - 0.198059HM$$
$$(0.00037) \qquad (0.03708) \qquad\qquad (2.31)$$

因此，可以断定研究的变量在长期上是存在均衡稳定关系的，即商品房平均价格代表的房市与金融窖藏及热钱之间存在长期的均衡稳定关系。

（三）脉冲响应及方差分解分析

1. 房市商品房均价对各变量冲击的脉冲响应。在确定了商品房均价与金融窖藏和热钱之间的协整关系后，基于（2.30）式中建立的 VAR 模型进行脉冲响应分析。研究当 1 期的新息发生变化时，当期金融窖藏和热钱立刻发生的改变会对其本身以及商品房平均价格的未来期产生怎样的影响。结果如下：

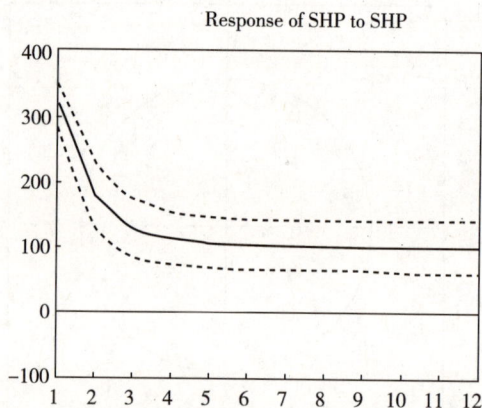

Response of SHP to SHP

资料来源：作者用 EViews 软件编制。

**图 2 – 11　SHP（商品房均价）对其自身的脉冲响应**

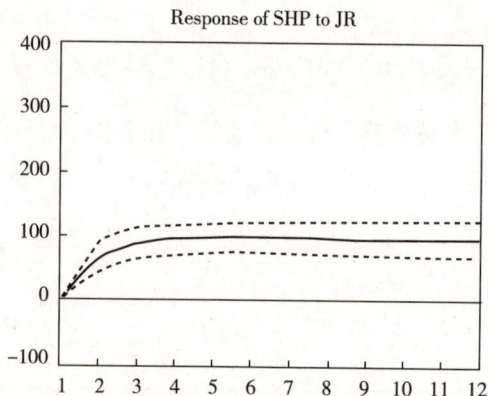

Response of SHP to JR

资料来源：作者用 EViews 软件编制。

**图 2 – 12　SHP（商品房均价）对 JR（金融窖藏）的脉冲响应**

ResPonse of SHP to HM

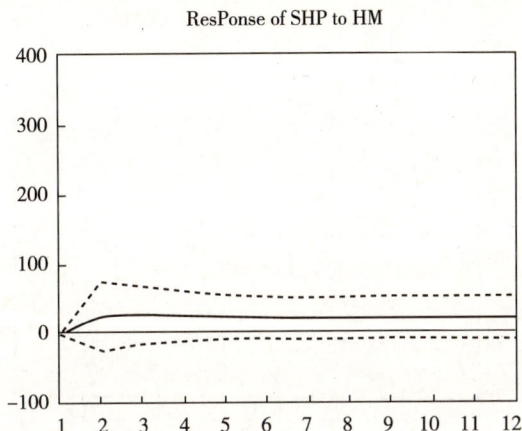

资料来源：作者用 EViews 软件编制。

**图 2-13 SHP（商品房均价）对 HM（热钱）的脉冲响应**

从图 2-11 能够看出，商品房均价在对其自身施加一个标准差的冲击时，商品房均价当期便会产生巨大反应，在 1 期之后作用便急剧下降直至 5 期，但下降过程中作用在边际递减，5 期之后，长期基本会一直保持一个稳定的较大促进作用；图 2-12 表明在对金融窖藏施加一个标准差冲击时，商品房均价当期没有立刻做出反应，自 1 期后迅速上升，上升过程中边际递减，直至 5 期达到最大，之后保持一个稳定的较大正效应，且该促进作用与商品房均价自身标准差冲击对商品房均价产生的促进作用基本同值，反映了金融窖藏对商品房均价代表的房市具有越来越大的影响；图 2-13 说明在给热钱施加一个标准差冲击后，商品房均价当期没有任何效应，但长期上会小幅上升，在 2 期达到最大之后略微下降，在 5 期后达到平衡，之后以该微小促进作用得以保持。对比图 2-12 和图 2-13，可以得出相比热钱，金融窖藏更容易对商品房均价代表的房市产生并保持较大的正向促进作用。

2. 商品房均价波动的方差分解分析。基于（2.30）式中建立的 VAR 模型进行方差分解，研究模型中每个变量的结构冲击对商品房均价波动的贡献度，从而进一步分析不同结构变量冲击的重要性。方差分解结果如图 2-14 所示。

从图 2-14 能够很明显地看到，金融窖藏对商品房均价波动的贡献率在不断加大，在 2 期时便上升到 3.15%，而 10 期时已达到了 24.97% 的水平，上涨了将近 7 倍；同时热钱对商品房均价波动的贡献度也在微幅上升，2 期时为 0.47%，在 10 期时达到了 1.70%，上涨了将近 3 倍。相比之下，显而易见，金融窖藏对商品房均价的贡献度要高于热钱的贡献度，且该贡献度的差距在不

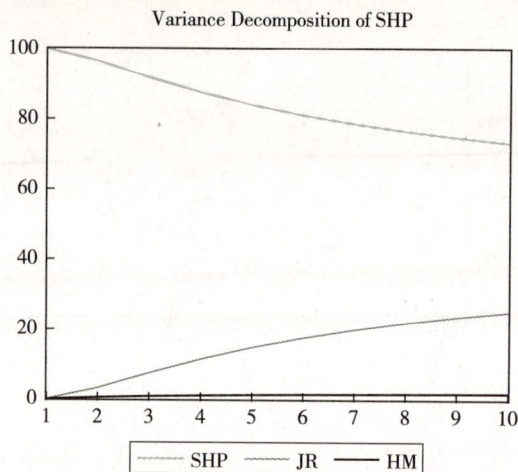

资料来源：作者用 EViews 软件编制。

**图 2 - 14　商品房价格（SHP）的方差分解图**

断加大，即相比热钱，金融窖藏更容易对商品房均价代表的房市产生较大推动作用。

（四）基于 GARCH 的状态空间模型分析

在前面实证数据的基础上，对数据作更深层次的处理，使得接下来的实证更切合研究方向，得到更确切有效的反应。对于代表房市的商品房平均价格，取原商品房均价的同比增长率，然后进行季节性处理；对于两个解释性变量——金融窖藏和热钱，采用 HP 滤波，除去二者自身的趋势性成分，再进行季节性处理，以着重研究二者的波动成分对房市商品房价格的影响。

将代表金融资产价格的房市商品房平均价格（SHP）、金融窖藏（JR）、热钱（HM）用变量 $Y$、$X_1$、$X_2$ 表示，建立量测方程如下：

$$Y_t = \beta_{0,t} + \beta_{1,t} X_{1,t} + \beta_{2,t} X_{2,t} + \theta_t Y_{t-1} + v_t \qquad (2.32)$$

式中，$\beta$、$\theta$ 为方程各变量参数，$v$ 为随机误差项，设定：

$$\theta_t = \frac{1}{1 + \exp(-\beta_{3,t})} \qquad (2.33)$$

关于金融市场上的时间序列通常具有波动聚集性的特点，即同方差的假定往往难以得到满足，在此对房市商品房均价的 SHP 的时间序列数据进行 Lung - Box 和 ARCH - LM 检验，观察是否存在 ARCH 效应，检验结果如表 2 - 8 所示。

表2-8　　　　　　对金融资产价格时间序列的波动聚集性的检验结果

| 序列 | Lung - Box | ARCH - LM |
|------|-----------|-----------|
| SHP | 125.7170 *** | 42.3351 *** |

注: *** 表示在1%的水平上显著,该检验是基于滞后15阶而作。

从表2-8可以看出,在1%水平上,SHP的Lung-Box检验结果在1%的水平下是显著的,表明其残差不存在自相关问题,且其ARCH-LM检验统计值是显著的,认为是不存在ARCH效应,这说明用GARCH(1,1)模型拟合样本数据可以消除序列的异方差效应。因此,在这里设定上述模型中随机误差项的条件方差依赖于其前期值的大小,如此可以很好地刻画量测方程中变量数据的特征,对该模型中随机误差项的条件方差采用广义自回归条件异方差模型(GARCH)进行分析设定如下:

$$v_t \mid \psi_{t-1} \sim N(0, \sigma_{v,t}^2), \sigma_{v,t}^2 = \alpha_0 + \alpha_1 v_{t-1}^2 + \alpha_2 \sigma_{v,t-1}^2 \tag{2.34}$$

对应(2.34)式建立转移方程如下:

$$\beta_{i,t} = \beta_{i,t-1} + u_{i,t}, i = 0,1,2,3 \tag{2.35}$$

同时各随机误差项 $u$ 均相互独立并且同分布:

$$u_{i,t} \sim i.i.d. N(0, \sigma_{u,i}^2) \tag{2.36}$$

基于以上模型结论,相比热钱,金融窖藏对房市波动的影响更为显著,利用Matlab软件进行编程,运行所得如图2-15所示。

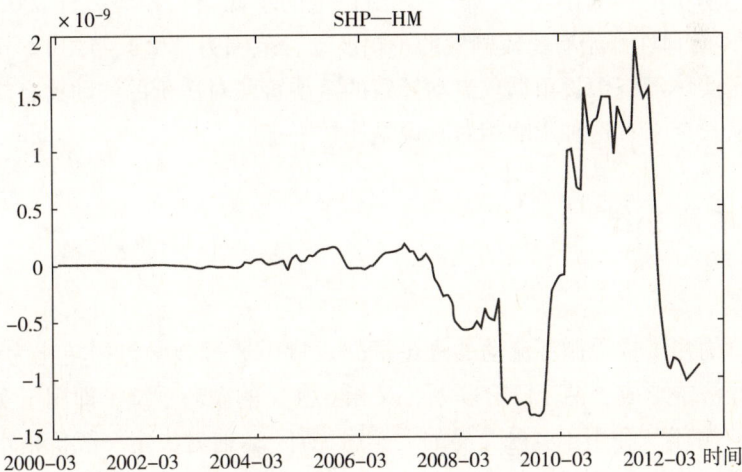

资料来源:作者编制,来自 Matlab。

**图2-15　HM 作用于 SHP 的时变参数图**

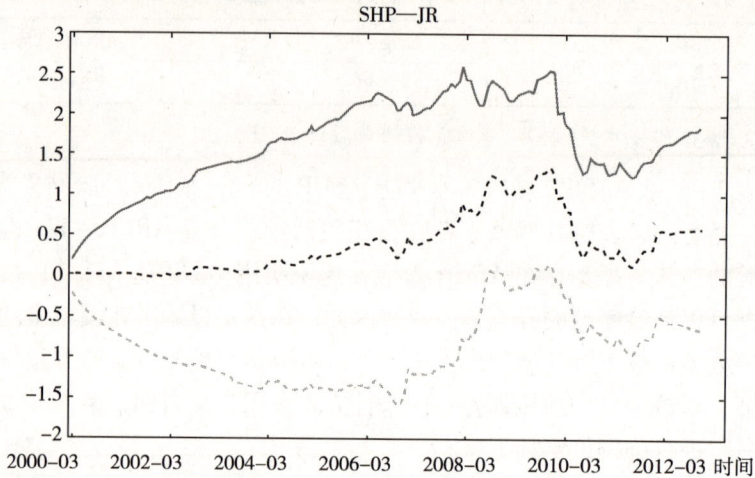

资料来源: 作者编制, 来自 Matlab。

**图 2 - 16   JR 作用于 SHP 的时变参数图**

对比以图 2 - 15 和 2 - 16, 由参数运行轨迹纵轴数值的数量级可以明显地发现, 相比金融窖藏而言, 热钱对商品房均价所起到的作用微弱至极, 可以忽略不作考虑。根据图 2 - 16 的运行轨迹可知, 在样本区间内 JR 对房市商品房均价的弹性均为正值, 2000 年 3 月至 2007 年 3 月 HM 的波动弹性区间为 (0, 0.3], 对房价的影响比较小, 但呈现出稳定的小幅增长趋势; 自 2007 年 3 月开始, JR 的弹性开始有比较剧烈的小幅波动, 范围为 [0.3, 1.3]。这些现象说明我国实体经济中货币循环流动导致的金融窖藏对房价的波动具有持续的正效应, 从长期来看这种影响相对来说是比较平稳的。

## 2.7   本章小结

本章构建了货币循环流动的理论框架, 货币通过金融机构转化为信用后, 在现代经济中形成了两个既有联系, 又相互独立的循环系统, 即用于实体经济的"产业循环"和用于金融交易的"金融循环", 前者决定一般价格水平, 后者决定资产价格水平。伴随着实体经济的增长, 人们对财产类资产的需求不断增加, 导致人们将财富收入配置到资产市场的意愿不断增强, 金融体系的发展既满足了这种需求, 同时也为更多货币资金流入资产市场创造了条件。当金融资产提供的收益率比实物资本投资的收益率更高的时候, 后一个系统就会十分活跃，并将资金从前一个系统中吸收过来，其具体的表象就是"金融窖藏"的增加和热钱的大量涌入。货币资金会不断地脱离实体经济，进入金融虚拟经济领域。这种势态一方面会使得实体经济中各传统工业产业出现资金缺乏难以维持生产的问题，进而不断萎缩出现实体产业的"空心化"；另一方面金融市场上大量资金的涌入，导致房市、股市等金融资产价格不断上涨，这必然产生资产泡沫。一旦金融体系"过度负债"，资产价格高得难以维系，整个经济体系就会变得非常"脆弱"，一次小的外部冲击就能够造成严重的金融危机。

在理论分析的基础上，本章以股市中的上证综指和房市中的商品房平均价格作为金融市场资产价格的代表，基于我国2001年1月至2012年3月的数据建立 VAR 模型进行实证分析，结果表明我国的金融资产价格波动与实体经济货币循环溢出的"金融窖藏"和由国外流入我国的"热钱"之间存在长期的均衡稳定关系。通过方差分解，发现：金融窖藏和热钱虽对金融资产价格波动的贡献率均呈现出上涨趋势，但在股市中，相比金融窖藏，热钱的贡献率更大一些，即从长期来看热钱趋向于进入我国的股票市场；而在房市中，相比热钱的贡献率处于微幅上涨的状态，金融窖藏对商品房价格波动的贡献率却在不断加大，即金融窖藏更倾向进入房市，引起房市的剧烈波动。基于 GARCH 的状态空间模型分析，发现股市对热钱的变动具有很强的敏感度，意味着热钱的流入会对我国股市造成越来越大的波动影响；而金融窖藏对房市的波动具有持续的正效应，从长期来看这种影响相对来说是比较平稳的。

通过上文分析，我们发现"热钱"是我国股市波动的重要因素，"金融窖藏"是引致房地产价格持续上涨的因素，而"热钱"和"金融窖藏"正是构成货币循环的重要因素。

# 第3章
# 热钱流动、资产价格波动与金融脆弱性①

热钱以追求投机利润为目的，主要进入的是股票、房地产和借贷市场。从上一章构建的货币资金循环流动的五部门模型可知，热钱是由外国进入本国金融循环的重要流量。通过实证分析，发现热钱是我国股市波动的重要因素。本章将进一步讨论热钱进入的动机、途径以及热钱流动对金融脆弱性的影响机理，在此基础上构建 SVAR（结构向量自回归模型），分析热钱流动对资产价格波动与金融脆弱性的影响。

## 3.1 引言

20 世纪 80 年代以来，美国等发达国家在全球范围内积极倡导金融自由化，促使发展中国家加大了金融市场开放的力度。随着金融自由化进程的加快，国际资本频繁流动已成为世界经济的一个显著特征，与此相伴随的是，金融危机在不同国家和地区频繁爆发。20 世纪 80 年代初的拉美债务危机、1994 年的墨西哥金融危机、1997 年的东南亚金融危机，以及 2008 年由美国次贷危机引发的国际金融危机，尽管爆发的诱因各不相同，但有一个共同的特征是，都伴随着国际资本的大量流动及资产价格的剧烈波动。例如，在 1997 年亚洲金融危机中，国际资本首先大量涌入泰国，泰铢贬值后，这些短期国际资本迅速逃离，进入其他东南亚经济区，这是造成泰国经济大厦轰然倒塌的重要原因。在我国资本项目尚未开放的背景下，国际金融资本的流动在很大程度上表

---

① 本章部分内容首次公开发表于马亚明，赵慧. 热钱流动对资产价格波动和金融脆弱性的影响——基于 SVAR 模型的实证分析 [J]. 现代财经，2012 (6): 1 – 15.

现为热钱在我国的流进与流出。基于"套利""套汇"和"套价"的动机，2003年以来，国际热钱流入我国的规模迅速扩大。2003年至2004年，境外热钱较多地涌入到房地产市场，因为那段时间股市低迷，而房地产收益率高达50%。2005年至2006年，热钱既流入房地产市场也流入股票市场，但股市可能更多。2007年10月以后，美国次贷危机爆发，热钱开始撤出。随着人民币对美元加速升值，在2008年初热钱又有回流的迹象。2008年4月，资本市场趋冷，部分热钱进入民间借贷市场，或直接存入中国的商业银行。2009年，国家外汇管理局出台《关于进一步完善个人结售汇业务管理的通知》，堵截热钱流入境内。2011年，随着人民币兑美元的连续下跌和股市的低迷，大批热钱开始流出。伴随着热钱的流动，我国的房市与股市也经历大幅的波动。上证综指从2005年的1 000多点上升到2007年10月的6 000点，之后到2008年10月仅经过一年时间又跌到1 664点；房地产价格则一路飙升，仅2009年上半年，北京、上海、深圳等主要楼盘价格就上涨了30%～40%①。

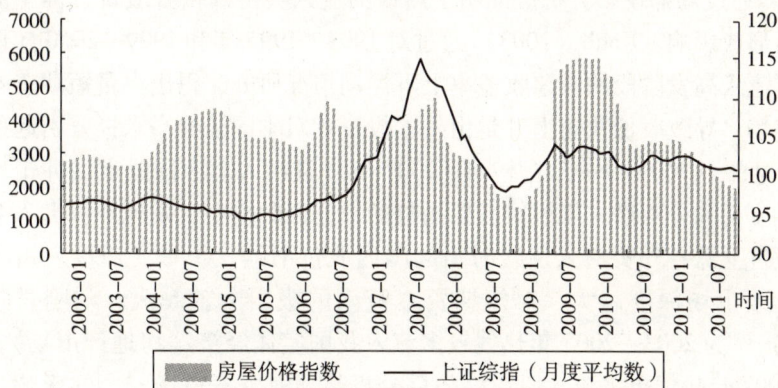

资料来源：作者根据 Wind 数据库数据编制。

图3-1　2003年1月到2011年12月房屋价格指数和股票指数

国际热钱的流入与我国股市、房市波动之间到底有无关系？有何关系？热钱的流动对我国金融稳定与脆弱性的影响机理如何？这些问题是学界和实务界共同关心的话题，也是本章研究的出发点和主要内容。

---

①　资料来源：中国经济网综合。

## 3.2　文献回顾

国内外对热钱的研究大体可分为两类：

1. 从国际资本流动的视角，分析热钱的流入动因与途径，如 Renu（2001），张谊浩、裴平、方先明（2007），李衡、周菁、李劭钊（2008）等的研究，他们分析的结论大体一致，认为热钱流入主要基于套利、套汇或套价的动机，流入的途径主要包括在经常账户项下进行实体经济虚假贸易、资本账户项下的虚假投资和通过地下钱庄的形式等，Cheung 和 Qian（2010）在抛补套利平价理论框架的基础上引进多项控制指标，发现抛补套利利差和短期资本流动的历史值是热钱流动最重要的解释因子。

2. 考察热钱流入对宏观经济，特别是对资产价格的影响。Ling Feng（2011）通过局部投影分析法证明了热钱的流入会持续抬升股价，但不会对房屋价格形成影响。Kohli（2003）通过对 1993—1995 年和 1999—2000 年两个时期资本流入高发阶段的股票收益率上下浮动情况研究，得出大量短期资本涌入资本市场，导致股价快速上升是由外国投资者对本国证券需求提升引起的。梅鹏军、裴平（2009）分析了 1994—2007 年外资潜入对中国股市的冲击，建立货币供应量和外资潜入规模对股票指数的二元回归模型，发现外资潜入会推动国内股价上涨，外资潜入反转时引起国内股价下跌。Peter（1999）指出一个国家股票市场深度越大，对短期资本流入的吸引力就越大。刘刚、白钦先（2008）认为 2003—2005 年热钱较多流入我国实体经济（房地产市场），2006年和 2007 年热钱更多流入股市，随后分析热钱对资本市场安全的影响，提出热钱利用 H 股市场的做空机制及 A 股与 H 股的价格联动关系，间接做空 A 股市场，并分析了三种威胁我国房地产市场的传导机制。还有部分学者认为热钱的流动对房地产市场影响大于对股市的影响，如邓永亮（2010）、Michael（2008）分别在热钱问题研究中指出热钱主要流入房市而不是股市，并推动房价的上涨，房价的上涨会进一步吸引热钱的流入，同时指出由于受中央银行的货币冲销和宏观经济政策的影响，短期内热钱流入使房价下跌，但长期情况下热钱会推动房价上涨；另外，房价对热钱增加的贡献度很大，热钱与房价之间存在正反馈效应。刘轶、史运昌（2009）运用 VAR 模型研究北京、上海、广州和深圳四个城市的房价与热钱流入量的均衡关系，证明了热钱是房价上涨的格兰杰原因，并与房价形成持续的正向冲击。刘莉亚（2008）把房地产市场分为普通住宅和豪华住宅，发现热钱显著推动豪华住宅价格指数上升，并且住宅价格指数变化波动中约 20% 是由热钱的异动引起的，即境外投机资金进入国内市场，在等待人民币升值的同时会涌入房地产市场，尤其是豪华住宅商品市场，热钱的变动同时引发商品住宅市场价格异动。Jansen（2003）对泰国金融危机前流入的投机资金进行研究发现境外资本流动对股市影响相对较小，对房价影响显著。

上述文献对本章所做的研究具有启发和借鉴意义，但存在三个问题：一是对热钱流动对资产价格波动，乃至金融脆弱性的影响缺乏系统性的论述；二是对热钱的估计值得商榷；三是多数实证研究建立的是 VAR 或 VECM 模型，忽视了热钱对当期资产价格的即期影响。本章在对热钱流动导致资产价格波动进而影响金融脆弱性的理论进行详尽分析的基础上，借鉴文献中关于热钱的估算方法，并考虑了外汇储备变化中由汇率变化引起的资本损益和外汇储备的投资收益，来计算通过非法途径流入的热钱，将热钱流入途径分为合法和非法两部分的基础上对热钱测度，进而建立 SVAR 模型对热钱对我国资产价格和金融稳定性的影响进行了实证分析，以期对防范国际热钱流入以及维护我国金融稳定提供一些参考建议。

## 3.3　热钱流入我国的动因与途径

张谊浩、裴平（2007）等在利率平价拓展模型的基础上，构建了基于利率、汇率和价格的三重套利模型，他们认为热钱进入我国的主要动机为套利、套汇和套价。事实上，2003 年后，短期国际资本大量流入我国主要是基于上述几种动机：

1. 套利，即赚取利差收益。利率差异是热钱流动的首要动因。人民币与主要外汇之间存在的利差导致了热钱在我国的进出。以美元为例，当人民币利率高于美元利率时，美元资本就会大量进入我国获利。以人民币一年期存款利率与美联储联邦基金利率为代表，2001 年之前，人民币利率低于美元利率，2001—2005 年出现倒挂。由于受次贷危机的影响，美国从 2007 年开始连续降息，从 2008 年开始，中美利差再次出现倒挂，延续至今。特别是 2010 年，为抑制通货膨胀，我国央行多次提高存款准备金率并加息，导致我国与发达经济国家的利差进一步扩大，导致更多的短期投机性资金进入我国。

2. 人民币升值预期吸引热钱套汇。2005 年之前，中美汇率处于平稳阶段，2005 年 7 月 21 日开始，由于我国开启了人民币汇率形成机制改革，实行以市场供求为基础、参考一篮子货币进行调节、有管理的浮动汇率制度，人民币汇率不再盯住单一美元，使得人民币对美元汇率出现不断升值的走势，仅 2008 年人民币对美元升值就达到 6.87%。美国发生次贷危机后，美元、欧元持续贬值，美欧日等发达国家采取量化宽松货币政策，加大了人民币升值压力，使得人民币升值预期进一步加强，也使得中国市场成为更多热钱追逐的对象。

3. 资产溢价吸引热钱进入。境内"金融窖藏"与境外热钱交织在一起涌入并聚集于我国房地产和股票市场，进一步推升了房地产与股票价格的上涨，然后相机脱手获利就是一种典型的套价行为。

由于我国相对比较严格的外汇管制，境外热钱主要通过非正常渠道进入：一是在进出口商品价格上实行"出口商品价格高报，进口商品价格低报"策略，从而增加外汇收入，减少外汇支出，引入热钱；二是外商投资企业虚假扩大投资规模、虚假增加实际投资量来获取外资批准额度，进而为引进热钱披上"合法"的外衣；三是外商投资企业利用我国会计制度的不完善漏洞，通过报低盈利甚至报亏本的方式，把实际利润转化为境内热钱。黄卫红（2010）认为热钱主要通过在经常账户项下进行实体经济虚假贸易、资本账户项下的虚假投资和通过地下钱庄的形式流入境内。李衡、周菁、李劭钊（2008）同样也认为热钱主要通过经常账户项下的进出口贸易渠道、经常转移和资本项目下的虚假投资等三种主要渠道流入境内，而仅就贸易渠道而言，非正常外资利用会计方式，通过延迟付款、预收货款、贸易价格转移、制造虚假贸易合同等方式进入境内。热钱注入一国经济的载体比较隐蔽，可分为合法途径和非法途径，合法途径包括在经常账户项下进行实体经济虚假贸易、资本账户项下的虚假投资，而非法途径主要指通过地下钱庄的形式。

（一）经常账户项下

该方式通过进出口贸易公司虚报进出口价格（高报出口商品价格，低报进口商品价格）、预收货款、延迟付款和伪造虚假贸易合同等方式来实现。由于人民币升值预期受到进口目的国的关注，进口时尽量采用延期付款方式，以获取利率和汇率的双重收益。部分外商投资企业在原有注册资金基础上，以"扩大生产规模""增加投资项目"等理由申请增资，资金进来后实则游走他处套利，在结汇套利以后要撤出时，只需另寻借口撤销原项目合同，这样热钱的进出都很容易。例如，A 公司于 2012 年 3 月在美国注册 1 家全资子公司 B 公司；2012 年 7 月至 2013 年 5 月，A 公司为 B 公司出具总计 3 300 万美元的两份保函，B 公司凭此在境外融资；随即 A 公司与 B 公司签订了两份总价为 5 447 万美元的贸易出口合同，并通过 100% 预收货款方式将境外融资款全额调回境内。A 公司预收货款数据明显异常，2010 年、2011 年、2012 年、2013 年 1 - 5 月分别为 6 万美元、15 万美元、1 972 万美元和 2 356 万美元。

（二）资本账户项下

热钱流入境内的另外一种方式是虚假投资开办企业。将注册资金快速到位，但不用于企业运作；同时，外方还可以采用追加投资的方式，将更多的外币调进来。根据各地相关部门估计的结果显示，外商直接投资流入中约30%实际上是短期的套利资本流入。

此外，外资在并购境内企业的对价支付中，采取实际交易价格远高于其权益净值的方式，将大量资金引入境内。例如，某内资公司2006年成立，注册资本1 000万元人民币。2011年美国某私募股权投资基金掌握的香港某公司出资1 000万美元（折合人民币6 512.30万元）溢价并购该公司1 666.7万元人民币的增资，净资产溢价率近5倍。股权收购的定价和评估机制模糊，缺乏客观、合理的评估标准，使得外资溢价并购存有很大的操作空间，易成为境外热钱流入的一种重要渠道。

（三）其他渠道

地下钱庄是热钱进入最为快捷的方式。由于外汇管理部门难以鉴别个人账户收汇真实性，这就导致了热钱很容易通过该方式流入目的国。另外，海外华侨给国内亲属汇款（赡家款）也是热钱流入的方式之一，这几年赡家款流入数字大幅增加，但相当多的热钱是通过赡家款这一渠道进来炒股、炒房地产。还有珠三角地区很多企业以为员工发工资为由，通过货柜车夹带现金进出港粤两地，这些企业慢慢就演变成"地下钱庄"。

## 3.4　热钱流动对资产价格与金融脆弱性的影响机理分析

在当前我国外汇管理制度下，热钱无论是通过哪条渠道流入，都将引起相应的一定外汇储备从而外汇占款的增长，而外汇储备的增长最终会引起货币供应量的增加，因此通过各种渠道流入的热钱将引起相应的一定货币供应量的增加。这部分增加的货币供应量在等待人民币升值的同时就会流入股市和房市，以期获得资产价格上涨和人民币升值带来的双重收益，从而推动股价和房价上涨。因此，从热钱流入到外汇储备增长，到货币供应量增加，最终到股价和房价上涨，反之，热钱的大量流出导致股价与房价的下跌，其中的机理可以用图3-2进行概括。

金融资产相对于实物资产具有高度的流动性，这使得金融体系成为经济领域中最容易受到冲击的部门，从而引发金融不稳定问题。世界范围内频繁发生的金融危机也从反面充分论证了这一点，学界把金融领域的这种现象归因于金

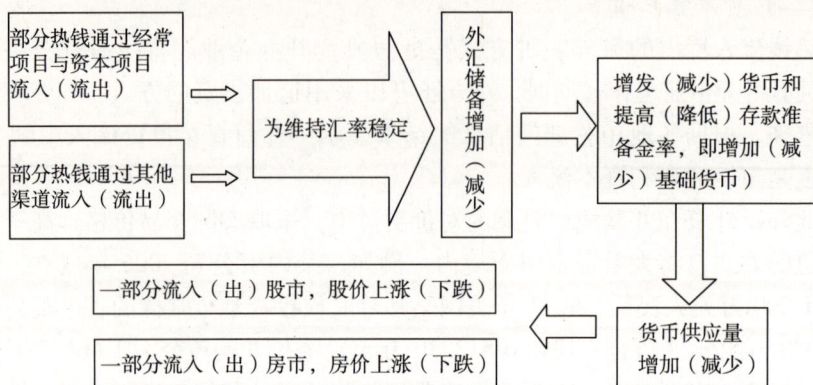

**图 3 - 2　热钱对股价与房价的影响机理**

融本身的脆弱性。戴维斯（Davis，1995）认为，金融体系的脆弱性是指金融市场上出现这样一种冲击，它们导致信贷市场或资产市场上价格和流量发生无法预期的变化，从而使金融机构面临倒闭的风险。金融脆弱性的根源在于银行等金融企业的高负债经营以及金融市场的不完美，在信息不对称的条件下，一国金融也更容易受到外部冲击的影响，从而使整个金融体系表现为脆弱性。

　　热钱流动对金融脆弱性的作用机理主要表现在两个方面：一是导致资产价格的剧烈波动（如上文所述）；二是影响货币政策独立性（见图 3 - 3）。

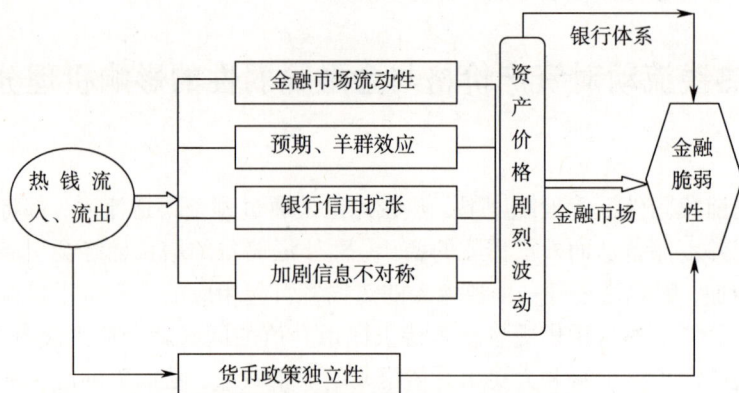

**图 3 - 3　热钱流动对金融脆弱性的影响机理**

　　大量的境外热钱涌入会大大增加资本流向国的流动性，当这些由国际热钱所带入的流动性无法被实体经济所吸收时，它就涌向金融市场（股票市场、外汇市场）和房地产市场，从而导致资产泡沫的形成与迅速膨胀。随着泡沫的膨胀过程，市场参与者的预期也变得越来越乐观，并且产生"羊群效应"，使得更多的资金流入股票市场和房地产市场。投资热潮的兴起必然导致银行的授信额度提高和信用扩张，因为当资产价格上涨时，借款者净财富增加，可供抵押资产价值上升，提高了其获取银行贷款的能力，但也扩大了银行资产的风险敞口，加剧了金融体系的脆弱性。一旦热钱大规模外逃，资产价格会大幅度下跌，银行和借款者的资产负债表状况恶化，进而影响到银行的信贷扩张能力和借款者的信用获得能力，造成信贷紧缩，这会导致资产价格的进一步下跌和加速贷款损失，当银行资金本损失殆尽时，严重的金融危机可能发生。此外，热钱的涌入与撤离会加剧信息不对称问题。当资产价格大幅下跌时，借款者抵押品和净资产价值下降，信息不对称问题会恶化，导致信贷收缩和经济紧缩。当金融市场中的道德风险与逆向选择积累到一定程度，如果金融市场不能有效地进行资金配置时，金融不稳定甚至金融危机就会发生。

热钱的流入使得一国的外汇储备快速增长，外汇储备的急剧增长，必然会使得外汇占款增加。外汇占款的增长最终导致了基础货币相应的增长，在货币乘数的作用下进而导致了货币供应量的增长。以我国为例，截至 2011 年末，我国外汇储备达 31 811.48 亿美元，外汇占款余额为 25.3587 万亿元①。中央银行在被动接收外汇的同时，又被动向市场投放人民币，2011 年 12 月末，广义货币供应量 $M_2$ 余额为 85.16 万亿元，同比增长 13.6%；狭义货币（$M_1$）余额 28.98 万亿元，同比增长 7.9%。这实际上是一种被迫发行货币，向市场注入流动性的行为，因为 2011 年我国货币政策的基调是从紧的。热钱流入还会降低我国货币政策的独立性，因境外热钱流动方向与货币政策方向和目标往往不一致。当中央银行为抑制通货膨胀而提高利率水平时，境外热钱会大量涌入，迫使其被动增加货币投放量，从而抵消了货币政策的效应。而当中央银行采取放松银根、降低利率的政策时，境外热钱又会转换成外币迅速撤离，使增加货币供应量的政策操作效应减弱，抵消了扩张性货币政策的效果。一旦货币政策的独立性受到影响，其在防范系统性金融风险中的作用就受到一定的制约，从而使金融体系更容易受到外部的冲击。

2013 年 6 月，我国银行业出现的"钱荒"现象的一个重要原因就是热钱的大量撤离。2013 年 5 月 3 日，标准普尔指数首次突破 1 600 点，道琼斯工业平均指数也刷新历史纪录，站上 16 000 点的高位，一周后，美联社发布新闻称美联储官员正在筹划退出 QE 的策略。美联储一直以各种不同的口径向市场吹风："量化宽松政策将逐步退出"。加上美国经济复苏数据的日益走强，美国对全世界资本的吸引力增强，造成新兴国家资金外流，中国也不例外，2013

---

① 2011 年，我国金融机构外汇占款连续 3 个月下降，其中一个重要的原因可能是部分热钱的撤离。

年上半年，我国银行结售汇余额逐月下降（2 月份由于季节性因素除外），从 2012 年 12 月的 509 亿美元下降到 5 月的 104 亿美元。热钱的大量撤离一方面影响了银行的流动性，同时导致股市的暴跌，持续了一个月的银行"钱荒"让股市心慌，在 6 月的前 15 个交易日内，上证指数累计暴跌 349 点，跌幅达 15.17%，A 股市值累计蒸发 3.6 万亿元。6 月 24 日爆发的罕见股灾当天，两市就蒸发掉 1.34 万亿元。

## 3.5　热钱对我国资产价格影响——基于 SVAR 模型的实证分析

从上文的分析可知，热钱对金融脆弱性的影响主要是通过资产价格渠道，因此，下文运用 SVAR 模型，主要就热钱对我国股票和房地产价格的影响进行实证分析。

### 3.5.1　热钱的估计

关于热钱估计方法的选择一直都是学术界争论的焦点。大部分文献采用"热钱流入规模＝外汇储备增量－贸易顺差－外商直接投资"这一公式（以下称方式一）估算热钱规模，但是方式一对热钱的估计并不完善，主要表现在：（1）没有考虑汇率变化引起的资本损益和外汇储备的投资收益也会导致外汇储备的变化；（2）没有考虑热钱通过外商投资或贸易渠道流入境内这种占有很大比例的方式；（3）国际收支平衡表中除了贸易项目和外商直接投资外，其他项目并不全是热钱；（4）该估计方式没考虑热钱通过地下钱庄等非法渠道流入的途径，将会在计算过程中缺少一定比例的数据。刘莉亚（2008）提出将与净增外汇相对应的人民币外汇占款折算成美元，作为衡量本期交易净增外汇的指标，这样方式一就调整为"热钱流入规模＝外汇占款增量－贸易顺差－外商直接投资"（以下称方式二），将这两种估算结果进行对比（见图 3－4）。

此外，邓永亮（2010）提出由于外汇储备的增长最终导致基础货币的增加，所以用基础货币变化代替热钱流动规模的变动，这一估算方法虽然简便，但与热钱的实际变动量存在相当大的误差。刘轶、史运昌（2009）改进方式一为"热钱流入规模＝调整后的外汇储备增量－贸易顺差－外商直接投资＋特殊调整项"，其中调整后的外汇储备增量＝外汇储备增量－外汇储备中非美元资产的升值受益，该方法排除了由汇率变化带来资本损益的那部分外汇储备增量。还有一些文献研究贸易差额和外商直接投资中的热钱，如张明、徐以升（2008）对国

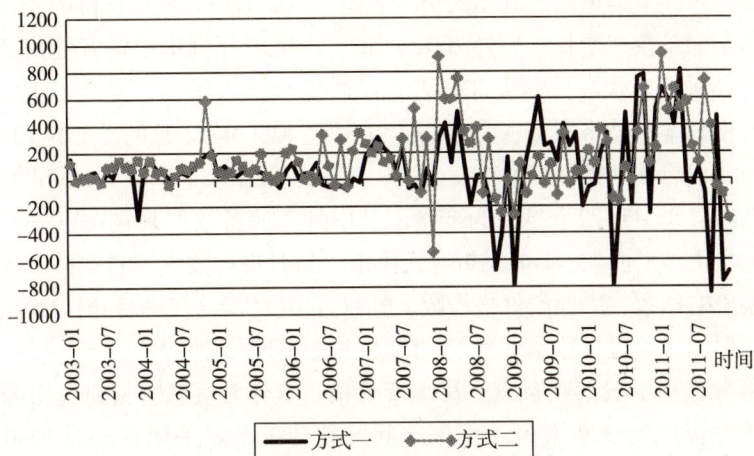

**图3-4 两种估计方法的结果对比**

内热钱进行全口径测算，对外汇储备增加额进行调整，并估算通过贸易顺差和外商直接投资流入的热钱规模，他假定2005年到2008年贸易顺差的真实增长率分别是前一年真实贸易顺差的30%、35%、40%、45%，每年的外商直接投资税后利润加折旧等于上一年外商直接投资余额的20%，每年外商直接投资的净现金流入减去汇出利润，等于每年外商直接投资未汇出利润及折旧。

　　基于上文对热钱估计的几种思想，综合考量这些方法的优点，兼顾数据的可获得性等条件，本部分在方式二的基础上加入通过非法渠道流动的热钱规模，由于精确的数据无法得到，此处用国际收支平衡表中"错误与遗漏项"近似代替，但是从国家外汇管理局我们只能查到半年度或季度的国际收支平衡表数据，于是本部分采用插值法对月度数据进行估计，合法渠道进出的热钱规模可用国际收支平衡表中相关数据得到。考虑到估计的简便性，这里假定贸易投资项目是合法、合规的，并且其交易中外商直接投资与贸易差额都是真实的。综合上述分析，热钱的估计表达式为"热钱流入规模（TZHM）=外汇占款增量-贸易顺差-外商直接投资+错误与遗漏"（以下称方式三）。

　　本部分选取上证综合指数作为研究对象，在实证分析中用收益率度量股票价格的波动性，市场月收益率定义为：$LNAVSP = \ln(I_t) - \ln(I_{t-1})$，其中 $I_t$ 为股票第 $t$ 月的平均价格指数，$I_{t-1}$ 为股票第 $t-1$ 月的平均价格指数。

### 3.5.2 指标选择与理论分析

　　2002年国际收支平衡表中净误差与遗漏项在连续12年呈现负数后首次转正（当年为78亿美元），净误差与遗漏项的符号转正意味着官方统计之外的资本内流，热钱通过地下渠道由外逃转为流入我国，2002 年以来我国国际收支持续大额顺差、外汇储备快速增长。另外 2002 年底《合格境外机构投资者境内证券投资管理暂行办法》正式出台，从 2003 年起境外资金流入增加，提高了国内股票和房产的价格。本部分将样本选为 2003 年 1 月至 2011 年 12 月的月度共 108 组数据进行分析，以热钱规模（TZHM）、汇率（ER）、股票收益率（LNAVSP）和房地产价格指数（RPD）四个指标为变量，其中外汇储备数据来自国家外汇管理局网站，人民币外汇占款、1 美元折合人民币（每月平均数）来自中国人民银行网站，股票价格指数、房地产价格指数、外商直接投资、进口额和出口额来自中经网产业数据库，同时对数据采用 X－12 方法进行季节调整。

本部分选择了股票收益率、房地产价格指数作为资产价格研究对象，分析热钱规模对资产价格和人民币汇率之间的波动关系。采用 Sims（1980）提出的向量自回归模型分析变量之间的动态相互关系，在模型的每一个方程中，内生变量对模型的全部内生变量的滞后项进行回归，从而估计全部内生变量的动态关系。但是 VAR 模型忽略了变量之间的经济结构关系，把当期关系隐含到了随机扰动项之中（内生变量间存在着同期相关）。为了使模型的经济意义更加明确，在 VAR 模型的基础上构造了 SVAR 模型作为该问题的计量模型。SVAR（p）模型的基本形式为

$$C_0 Y_t = \prod{}_1 Y_{t-1} + \prod{}_2 Y_{t-2} + \cdots \prod{}_p Y_{t-p} + \varepsilon_t$$

且 $Y_t = (TZHM, LNAVSP, RPD, ER)'$，$\varepsilon_{1t}, \varepsilon_{2t}, \cdots, \varepsilon_{kt}$ 之间不相关。

对于 VAR 模型 $Y_t = \prod{}_1 Y_{t-1} + \prod{}_2 Y_{t-2} + \cdots \prod{}_p Y_{t-p} + \mu_t$，移项得到：

$$(1 - \prod{}_1 L - \prod{}_2 L^2 - \cdots \prod{}_p L^p) Y_t = \mu_t \Rightarrow \varphi(L) Y_t = \mu_t$$

两边同时乘以 $K \times K$ 阶矩阵 $A$，得到 $A\varphi(L)Y_t = A\mu_t$，如果 $A\mu_t = B\varepsilon_t$，并且 $E(\varepsilon_t) = 0, E(\varepsilon_t \varepsilon_t') = I_k$，则称为 AB 型 SVAR 模型，这里 $A = C_0, B = I_k$。由于 SVAR 模型存在识别问题，因此需要对 $C_0$ 施加约束，通过 EViews6.0 对矩阵的显著性检验，最终把 $C_0, I_k$ 定为

$$C_0 = \begin{pmatrix} 1 & NA & NA & NA \\ 0 & 1 & NA & 0 \\ 0 & 0 & 1 & NA \\ 0 & 0 & 0 & 1 \end{pmatrix}, I_k = \begin{pmatrix} NA & 0 & 0 & 0 \\ 0 & NA & 0 & 0 \\ 0 & 0 & NA & 0 \\ 0 & 0 & 0 & NA \end{pmatrix}$$

### 3.5.3 实证检验

（一）单位根检验

数据平稳性检验是建立计量模型的开始，对变量进行格兰杰因果检验和建

立 SVAR 模型之前，需要检验变量的平稳性，由于单位根的问题，容易出现伪回归情况，使得模型的回归结果无意义，当变量满足 t 阶单整时，才能进一步分析，下面采用 ADF 单位根检验方法来检验各变量的平稳性，结果如表 3 - 1 所示。

表 3 - 1　　　　　　　　　　　变量的平稳性检验

| 检验变量 | 检验形式（c, t, 1） | ADF 检验值 | 临界值 | 平稳性 |
|---|---|---|---|---|
| TZHM | （c, 0, 1） | - 4.346428 | - 3.452764 | 平稳 |
| RPD | （c, 0, 2） | - 3.149638 | - 2.889200 | 平稳 |
| LNAVSP | （0, 0, 0） | - 6.365535 | - 1.943872 | 平稳 |
| ER | （0, 0, 1） | - 3.053134 | - 1.943882 | 平稳 |

注：c、t、1 分别表示常数项、时间趋势项和滞后阶数，滞后阶数按 SC 最小原则确定。

ADF 结果表明，在 5% 的显著性水平下，热钱流入规模、房地产价格指数、股票收益率和人民币汇率均为平稳序列。

（二）格兰杰因果检验

格兰杰因果关系模型所解释的是变量 $Y$ 和 $X$ 是否具有因果关系，主要看 $X$ 多大程度上能被过去的 $Y$ 解释，如果 $Y$ 在 $X$ 的预测中有帮助，则加入 $Y$ 的滞后项后预测 $X$ 的均方误差将减小，则称 $Y$ 能够格兰杰引起 $X$。这种关系只是时间上的因果关系，重在影响方向的确认，而非完全的因果逻辑关系。本部分分别检验 RPD、LNAVSP、ER 和 TZHM 之间可能存在的格兰杰因果关系，结果如表 3 - 2 所示。

表 3 - 2　　　　　　　　　　　格兰杰因果检验结果

| 原假设 $H_0$ | $K=1$ P 值 | $K=2$ P 值 | $K=3$ P 值 | $K=4$ P 值 | 结论 |
|---|---|---|---|---|---|
| TZHM 不是 RPD 变化的格兰杰原因 | 0.6059 | 0.3029 | 0.1542 | 0.1061 | 接受 |
| RPD 不是 TZHM 变化的格兰杰原因 | 0.2871 | 0.3986 | 0.5847 | 0.6096 | 接受 |
| TZHM 不是 LNAVSP 变化的格兰杰原因 | 0.3064 | 0.0412 | 0.1339 | 0.0680 | 拒绝 |
| LNAVSP 不是 TZHM 变化的格兰杰原因 | 0.6876 | 0.5290 | 0.9868 | 0.9078 | 接受 |
| TZHM 不是 ER 变化的格兰杰原因 | 0.1285 | 0.0153 | 0.1730 | 0.0266 | 拒绝 |
| ER 不是 TZHM 变化的格兰杰原因 | 0.1932 | 0.4402 | 0.4186 | 0.2650 | 接受 |
| LNAVSP 不是 RPD 变化的格兰杰原因 | 0.0002 | 0.0190 | 0.0463 | 0.0940 | 拒绝 |
| RPD 不是 LNAVSP 变化的格兰杰原因 | 0.3406 | 0.4925 | 0.5498 | 0.2629 | 接受 |
| ER 不是 LNAVSP 变化的格兰杰原因 | 0.4396 | 0.7576 | 0.1180 | 0.1704 | 接受 |
| LNAVSP 不是 ER 变化的格兰杰原因 | 0.9114 | 0.9605 | 0.9803 | 0.9462 | 接受 |
| RPD 不是 ER 变化的格兰杰原因 | 0.5860 | 0.6687 | 0.6006 | 0.6807 | 接受 |
| ER 不是 RPD 变化的格兰杰原因 | 0.8694 | 0.5406 | 0.7357 | 0.8764 | 接受 |

　　从格兰杰因果关系的意义上看，热钱流动规模与股票收益率之间存在单项因果关系，说明热钱变动显著影响了股票收益率的变化，同时热钱变动也是人民币汇率的格兰杰原因，此外热钱对房价的影响具有滞后性。从表3－2还可以看出股票收益率对房价的变动存在显著的因果关系，换言之，股票收益率的变化显著影响了房地产市场价格的变化。

　　另一个问题是对 SVAR 模型滞后阶数的确定，综合考虑 LR 统计量、FPE（最终预测误差）、SC 信息准则、AIC 信息准则与 HQ（Hannan－Quinn）信息准则五个指标和最终模型平稳性等因素，确定了模型滞后阶数为4。

　　基于以上对 SVAR 模型讨论的基础上，利用极大似然估计方法，得到变量间的同期相关关系矩阵和长期约束矩阵分别为

$$
C_0 = \begin{pmatrix} 1 & 6.370341 & 16.65554 & 4214.194 \\ 0 & 1 & 1.377726 & 0 \\ 0 & 0 & 1 & -3.768574 \\ 0 & 0 & 0 & 1 \end{pmatrix}
$$

$$
I_k = \begin{pmatrix} 193.8484 & 0 & 0 & 0 \\ 0 & 5.487538 & 0 & 0 \\ 0 & 0 & 1.138380 & 0 \\ 0 & 0 & 0 & 0.021671 \end{pmatrix}
$$

　　至此就可得到 SVAR 模型中各期滞后变量的系数，其中 TZHM（－1）、TZHM（－2）对 LNAVSP 和 RPD 的系数分别为 0.005334、0.004720 和 0.003863、0.000227，表明热钱波动对股票收益率的影响较房价大些。为得到更确切的结论，下面进行脉冲响应和方差分解分析。

　　（三）脉冲响应分析

　　脉冲响应函数是用来刻画来自随机扰动项的一个标准差冲击，对内生变量当前和未来取值的影响变动轨迹，通过它可以获知这些变量之间动态关系。为研究房价和股票收益率对热钱的非预期或突发性变化的反应，本部分给热钱一个广义脉冲，考察股票收益率、房价和人民币汇率的脉冲响应函数。横轴表示冲击作用的滞后期数（一个单位表示约6个月），纵轴刻画了反应程度，实线表示脉冲响应函数，代表了各影响因素对热钱流入规模冲击的反应，虚线表示正负两倍标准差偏离带。

　　从图3－5可看出热钱流动规模对本身相关的非预期或突发事件反应最为强烈（第一行第一个图），影响持续到第4期后会随着时间逐渐减弱。观测不同变量之间的脉冲响应函数可发现，房价对热钱的非预期或突发性变化的反应并不是十分显著（第二行第一个图），在第2期达到最高点0.42后该冲击迅速

Response to Structural OneS.D. Innovations ± 2S.E.

Response of TZHM_SA to Shock1

Response of LNAVSP_SA to Shock1

Response of RPD_SA to Shock1

Response of ER_SA to Shock1

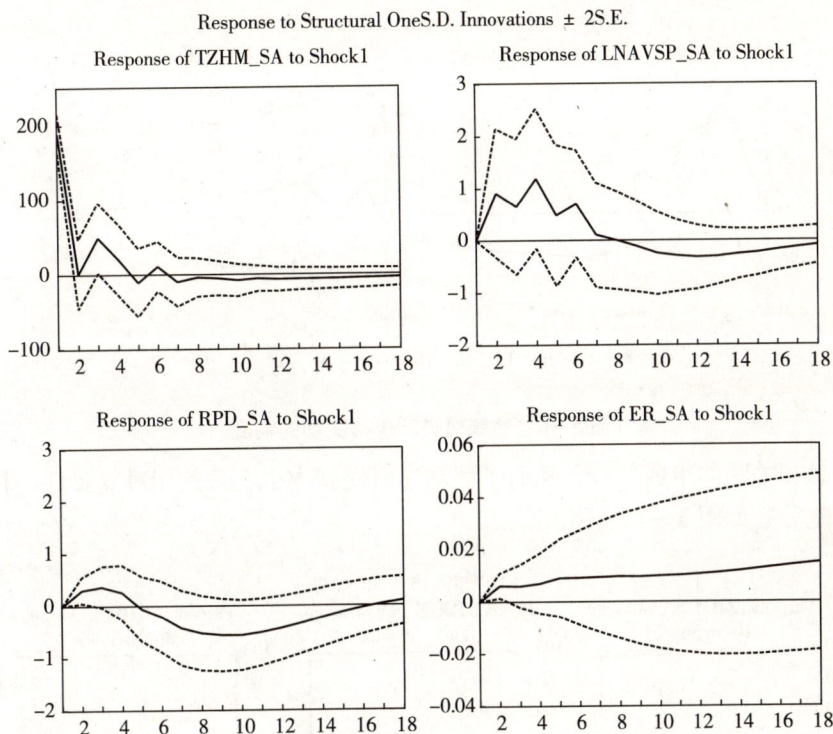

图3-5 各变量对热钱变动的脉冲响应函数

衰减至 -0.83，反应函数大致呈正弦变化，到第15期以后冲击效果逐渐减弱，这说明热钱的流入并不能显著影响到房价的变化；与房屋价格指数表现不同，股票收益率对热钱的一个正冲击产生正向影响（第一行第二个图），该影响存在一定的滞后性，随着时间的推移大概在第4期（一年半后）达到最高点，之后影响逐渐衰减；人民币汇率对热钱变动存在一定的反应，当热钱发生非预期变化时，人民币汇率在第3期有一个小波动，之后反应持续加强，说明以套利为目的的热钱非常重视通过汇率差赚取利润（第二行第二个图）。不难发现以上脉冲响应函数分析结果与格兰杰因果检验相一致。

下面，考察热钱流动对资产价格的非预期或突发事件的反应，由图3-6可看出热钱对房地产市场和股票收益率的一些突发性或非预期性事件的反应较为显著，特别是热钱对房价的正冲击产生正向影响（右图），该影响一直持续到第10期左右才逐渐减弱，说明被抬高的房价会进一步吸引热钱的流入。

（四）方差分解分析

Sims方差分解是把系统中的每个内生变量的波动按其成分分解为与各方

Response to Structural One S.D. Innovations ± 2 S.E.

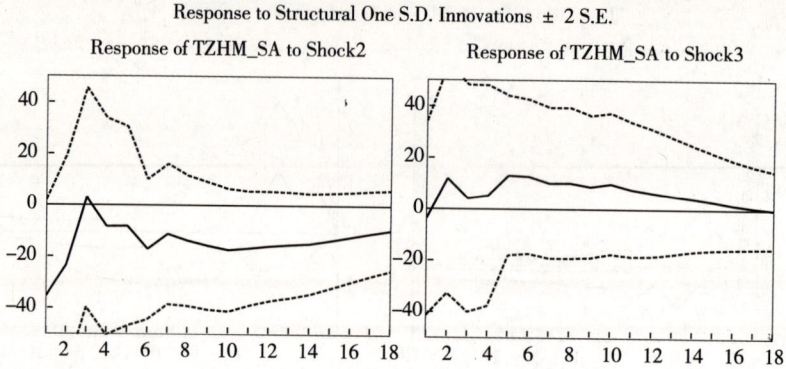

**图3-6 热钱对资产价格变动的响应**

程新息相关联的组成部分，从而了解新息对模型内生变量的相对重要性。相应的方差分解如图3-7所示。

Variance Decomposition

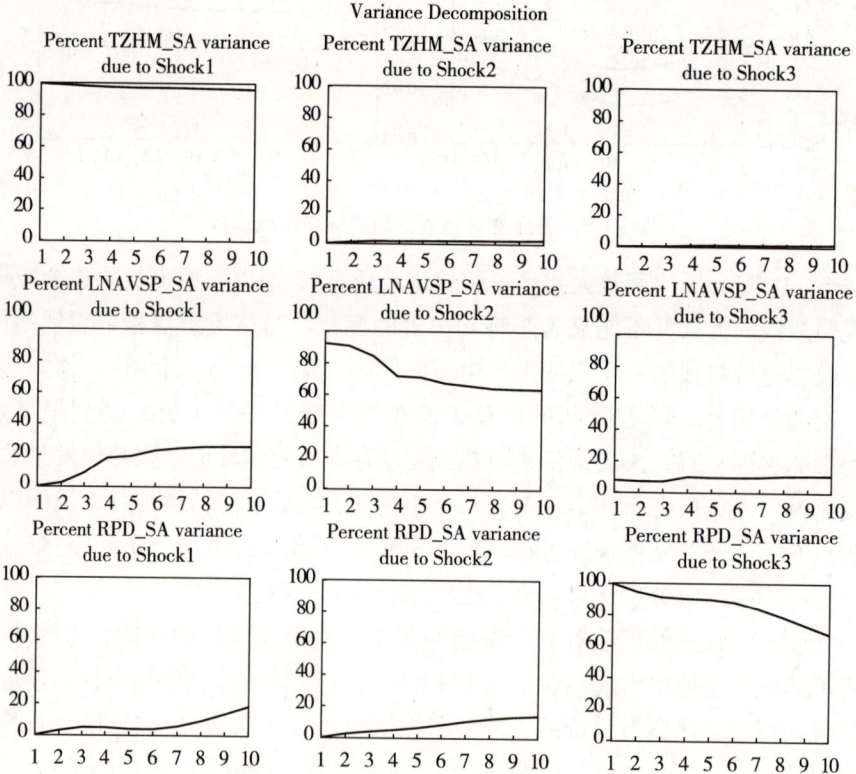

**图3-7 热钱规模、股票收益率、房屋价格指数变化的方差分解图**

从图 3 – 7 可观察到热钱发生波动变化基本上是由自身新信息造成，与股票市场和房地产市场的变动没有显著关系（图 3 – 7 第一行）；造成股票收益率剧烈变化的有 60% 左右与股票市场本身的信息有关，30% 与热钱波动有关（图 3 – 7 第二行）；造成房屋价格指数变动的有 70% 左右与房地产本身的新信息有关，20% 左右与热钱流动规模有关（图 3 – 7 第三行）。

## 3.6　结论与政策建议

本章通过建立 SVAR 模型，对热钱对股票、房地产等资产的价格变动进行了实证分析，结果表明：

首先，格兰杰因果检验显示热钱是股票收益率和人民币汇率变化的格兰杰原因，其中热钱对股票价格的格兰杰因果检验 P 值尤为显著，且持续时间长。热钱对房地产价格指数变化的格兰杰检验具有滞后性，说明热钱对房地产价格的影响不是即期的，具有一定的时滞，这与房地产建设有一定的周期是吻合的。但是股票收益率的变化与房价之间存在因果关系，表明股票收益率变化影响到房地产市场。总的来说热钱大量涌入股票市场，致使股价上升，股价上升的同时带动房地产市场的发展，加之人民币升值预期又吸引大量热钱流入国内。

其次，脉冲响应分析观测到股票收益率对热钱的一个正向冲击反应尤为显著，持续到第 7 期后才逐渐减弱，而房价对热钱的正向冲击反应相对较弱，说明大量热钱主要流入股票市场使股价提升；反过来观察热钱对房价的突发性或非预期事件冲击反应的脉冲图像，可得到热钱对房价产生正向影响，说明被抬高的房价进一步吸引热钱的流入。

最后，方差分解分析使结论量化，造成股票价格指数变化的原因中有 30% 源于热钱流动规模，房屋价格波动原因中有 20% 左右来自热钱流动规模。结合全文发现，热钱对股票市场和房地产市场有着长期均衡关系，特别是热钱对股票价格指数有着明显的正向影响。

由此可见，热钱确实是影响我国股票和房地产价格剧烈波动的一个重要推动因素，境外资金的大量涌入，导致房价、股价持续攀升，在预期机制的作用下，导致大量民间资本纷纷进入资本市场，银行资金也出现错配，而实体经济则出现产业"空心化"。热钱的流入造成我国宏观经济失衡，形成资产泡沫，一旦热钱大量撤离本国，股市和房市价格就会发生剧烈波动，加剧了我国金融体系的脆弱性。因此，对热钱的治理和监管，是关系我国金融稳定和安全的重要举措。

1. 加强对热钱的监测，合理疏导。对热钱的监测主要是加强对外汇收支账户的监管，审查各种进出口交易是否真实存在，了解这些企业资金流动的意图，对大额、频繁异常流动的资金要进行重点跟踪，建立专门的信息监测网络并设置预警系统。由于热钱具有短期、投机的特性，对一国经济金融秩序冲击较大，所以要以"堵"为主。但在"堵"的同时，还要强调疏堵结合，合理引导，使其投资周期长期化、投资方式合理化。例如，国家可以加紧产业结构的调整，出台相关政策吸引热钱进入到新兴产业等实质的投资领域，为我国经济发展发挥积极作用。

2. 进一步完善人民币汇率和利率机制，减少热钱套汇和套利的空间。热钱涌入我国的一个重要原因是国际投机资本基于人民币升值的预期。只要打破人民币单边升值趋势，适当扩大人民币汇率的浮动区间，增大人民币汇率弹性，实现其双向浮动，并在一定的可控范围内有升有降，境外热钱就无法获足够回报，其涌入我国的动力就会大大削弱。同时，要提高我国的利率市场化水平，强化市场利率的杠杆效应，疏导货币政策的利率传导机制，挤压热钱的套利空间，使得短期热钱被控制在合理的规模之内。

3. 运用税收手段，增加热钱进出的风险和成本，缩小其获利空间。如对短期跨境流入的资本征收"托宾税"，针对投机性购房需求，逐步开征房地产税，大幅度提高增值税、交易税等。

# 第4章

# 资产价格波动与金融稳定：
# 银行信贷视角的再思考

历史经验说明，金融危机总是与两个现象如影相随；一是资产价格的剧烈波动（资产泡沫的生成与破灭），二是银行信贷的扩张与收缩。大量证据表明，资产价格泡沫、信用扩张和金融稳定之间存在着某种复杂的内在联系，银行信贷已成为资产价格波动影响金融稳定的最重要的渠道之一。但问题是为什么资产价格波动会对宏观经济、金融稳定造成重大甚至是毁灭性的影响？其中的机理是什么？从理论上来讲，资产价格、银行信贷与金融稳定之间有着非常密切的联系。这是因为当资产价格上涨时，投资者会形成资产价格将进一步上涨的预期，使得投资者更加愿意通过借贷融资投资于资产市场，而银行资产价值的不断提升也进一步扩大了银行发放贷款的能力，因此在银行不断扩大信贷规模的推动下，资产价格进一步上升。当然在这一过程中银行信贷风险也在逐渐累积。当资产价格上涨远离其基础价值时，一次外来的冲击可能很容易就损害了市场信心，资产价格骤然下跌，那些过度负债的投资者可能因为资金头寸不足而破产，这些投资者的债务危机很快就会传导给银行。当银行的资产和资本充足率出现问题时，银行开始抬高贷款标准并收紧银根，而这又会进一步加剧资产价格下跌趋势和银行资产负债表的恶化，并将引发银行信贷风险，进而影响金融稳定。本章在梳理资产价格波动与银行信贷的相互作用机理，并对资产价格波动与银行信贷之间的关系进行实证分析的基础上，从货币循环的视角重新审视资产价格波动影响金融稳定的银行信贷渠道。

# 4.1　资产价格波动、银行信贷与金融稳定[①]

研究资产价格波动与金融稳定的关系必须厘清资产价格泡沫和银行信用扩张之间的关系，这是研究资产价格波动通过银行信用扩张引发金融不稳定的出发点。从第1章第3节相关的文献可知，国内外学者关于资产价格波动影响银行信贷的理论与经验分析表明资产价格上涨会导致信用规模扩张，而资产价格下跌会导致银行信贷紧缩。那么下一步，就是信贷规模的扩张与紧缩如何引发金融系统性风险，进而影响整个金融体系的稳定性和安全性。Mishkin（1999）认为当股票价格、房产价格等资产价格大幅度下降时，抵押品价值和公司净资产就会降低，这会加剧信息不对称问题，金融市场上的逆向选择和道德风险问题会更加严重，导致信贷收缩和经济紧缩。当金融市场中的逆向选择和道德风险问题积累到一定程度，使得金融市场不能将资金有效融通给有生产性投资机会的企业时，金融不稳定甚至金融危机就发生了。此外，如果资产价格波动幅度过大至形成泡沫，则泡沫破裂对于金融稳定带来重大不利影响。信贷资金大规模入市，催生资产价格泡沫，其持续性是值得怀疑的。经济一旦反弹受阻，或银行利率短期大幅上升，导致人们的预期发生改变，资本市场泡沫必然破裂。本章在全面论述资产价格波动影响金融稳定的途径和渠道的基础上，延续以往的研究逻辑，侧重以我国金融危机后的数据为对象，对银行信贷规模与股票价格波动的相互作用的机理进行理论与实证分析。

## 4.1.1　资产价格波动影响金融稳定的途径和渠道

资产价格波动主要通过两种方式对金融稳定产生影响：

第一种是直接方式。资产价格的过度波动本身就是金融市场不稳定的表现之一。一些研究文献认为，股票等资产价格包含在金融稳定的定义之中，股票市场脆弱性与金融稳定之间有很强的相关性。Crocket（1996）认为，金融稳定包括关键性的金融机构保持稳定以及关键性的市场保持稳定。Michael Foot（2003）给出的金融稳定要具备的条件中，就包括经济中的实际资产或金融资产的相对价格变化不会影响货币稳定和就业水平。资产价格受诸多因素的影响，因而表现出一定的易变性的特征，这实质上也体现了金融市场的脆弱性。

---

① 本节部分内容首次公开发表于马亚明，邵士妍.资产价格波动、银行信贷与金融稳定［J］.中央财经大学学报，2012（1）：45-51。

只要资产价格波动控制在一定范围，没有出现过度的泡沫，其对金融稳定的影响就是有限的。

第二种是间接方式，主要通过作用于影响金融稳定的一些因素，间接地对金融稳定产生作用，其途径主要包括通过银行信贷而影响金融稳定，通过影响宏观经济运行而影响金融稳定的环境，通过对货币政策的影响而对金融稳定形成冲击等渠道（见图4-1）。其中，第二回合渠道是指资产价格波动除了可能对银行资产负债表和借款者还款能力产生直接影响效应外，还可能通过对宏观经济和金融环境的损害作用来引起银行信贷的变化。资产价格、银行信贷、宏观经济三者之间存在着一种自我强化的反馈机制，呈现顺周期运行态势。经济繁荣时期，资产价格上涨、银行信贷扩张与投资增长相互推动，加快经济增长速度，形成一种正向互动机制；反之，经济萧条时期，资产价格下跌、银行信贷收缩与投资下降相互强化，导致经济增长放缓，进而影响金融稳定。

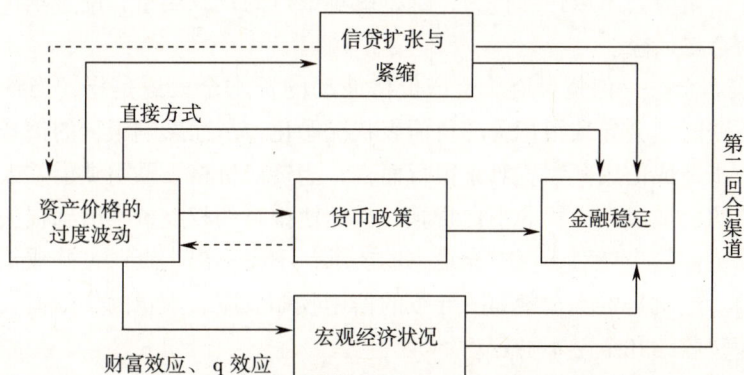

**图4-1　资产价格过度波动影响金融稳定的途径与渠道**

## 4.1.2　资产价格和银行信贷相互影响机制的理论分析和假设

（一）资产价格波动对银行信贷规模的影响机制

资产价格波动对银行信贷的影响渠道主要有抵押品价值——信贷渠道、流动性——信贷渠道和资本金——信贷渠道。

1. 抵押品价值——信贷渠道。资产价格波动通过资产负债表——信贷渠道，是其对金融稳定最直接的影响。资产负债表——信贷渠道是指资产价格波动通过影响抵押物价值造成资产负债表失衡，进而直接影响金融体系中的信贷规模大小和信贷质量好坏。一方面，对借款者而言，当资产价格上升时其持有的流动资产和抵押品价值上升，企业的资产价值增加和资产负债表项目改善，偿债能力增加，因而容易从银行获得更多的贷款。反之，当资产价格下降导致借款者的资产负债表状况恶化，银行贷款风险上升时，银行将倾向于紧缩银根和减少贷款，导致信贷市场的紧缩，即资产价格波动影响了银行信贷规模的扩张和紧缩。另一方面，对银行而言，当资产价格持续或大幅度下挫，借款人的抵押品价值减少，导致银行借贷者的大面积违约，银行就会出现不良资产和资本充足率不足等问题，即资产价格波动影响了银行信贷质量好坏。

2. 流动性——信贷渠道。金融市场足够的流动性对金融机构的稳定经营至关重要。对于银行而言，当银行面临流动性风险时，银行可通过资产证券化的方式，或将其持有的非流动性资产在金融市场上变现，转化为流动资产。但是，当资产价格大幅度下跌时，银行难以迅速和以合理价格将非流动性资产在金融市场上卖出，影响银行的偿付能力。也就是说资产价格波动导致的资本市场的风险传导至银行业，并产生银行间的连锁反应，甚至产生系统性金融风险。对于上市企业而言，当资本市场的流动性不足时，直接融资困难，从而减少投资，严重时会采取违约行为，这将影响银行的贷款质量，使资本市场的风险发展为金融风险。

3. 资本金——信贷渠道。资产价格波动的资本金渠道是指，当资产价格大幅度下跌时，会导致银行资产负债表状况恶化，从而影响银行的信贷供给能力，进一步造成信用紧缩。对于银行而言，当资产价格下跌引致借款人大范围的贷款违约，造成大面积的不良贷款，从而使银行的权益资本遭到损失时，银行为了满足监管当局对于资本充足率的要求，不得不出卖资产，并成倍地缩减贷款供给。这就是资本金紧缩所导致的信用收缩效应，大量的贷款损失导致不稳定的信贷收缩和金融不稳定。

综上所述，资产价格波动之所以对金融稳定造成影响，是以银行信贷为渠道传导的。而当银行信用出现规模紧缩和质量的下降时，银行面临的信用风险是显而易见的，由于银行系统的脆弱性并且累积了大量的风险，这种信用风险很快会转化为多种形式，并扩散到金融体系的其他部门，引发金融不稳定。可见，研究资产价格波动对金融稳定作用机理就转变为研究资产价格波动与银行信贷的关系。更直观地，就是研究资产价格波动对银行信用的影响。由此，我们提出本部分的第一个理论假设。

**假设 1：**资产价格波动会对银行信贷产生正向影响。即如果资产价格上涨，则信贷规模扩张；如果资产价格下跌，则会导致信贷规模紧缩。

（二）银行信贷规模对资产价格波动的影响机制

银行信贷影响股票价格的机制可以分为两种，第一种机制是直接影响，即银行信贷资金直接进入房地产市场或者股票市场，增加市场中资金供给和流动性，从而推动股价和房价上涨。第二种机制是间接影响，随着银行信贷的增加，实体经济中的投资机会增多，经济情况随之好转。上市公司在经济发展的顺周期中利润大幅增加，反映在股票市场中，就是股票价格的上升。

第二种渠道，即间接影响是显而易见的。然而对于第一种渠道而言，虽然我国《贷款通则》明文规定银行贷款不得用于股权投资，但是在现实经济活动中，难免有部分机构利用法律的漏洞，以票据融资、"过桥贷款"、资金"腾挪"等方式将从银行贷出的资金流入股票市场，增加股票市场中的流动资金，推高股票价格。综上所述，我们提出本部分的第二个理论假设。

**假设 2**：银行信贷规模扩张会对股票价格产生正向影响，即如果银行信贷扩张，那么股票价格也上涨；如果银行信贷紧缩，则会导致股票价格下跌。

### 4.1.3 资产价格和银行信贷关联性的实证分析

（一）变量选择、平稳性检验及数据处理

考虑到数据的可获得性，本部分以股票作为资产的代表，即采用上证综合指数的月度收盘价来代表资产价格，以全部商业银行信贷余额代表银行信贷规模。另外，为了过滤实体经济水平、利率、通货膨胀率等因素对于银行信贷和上证综合指数的影响，本部分还选取工业总产值代表实体经济水平，选取银行间 7 日同业拆借利率代表金融系统的利率水平，并将涉及金额的数据用消费者价格指数 CPI 进行了处理。

文中数据均为月度数据，时间跨度从 2002 年 1 月至 2010 年 6 月。为消除异方差的影响，除利率外的其他变量均取自然对数，并采用季节调整的方法消除了变量工业总产值的季节影响问题。

本部分所选变量分别为上证综合指数（LSZ）、全部商业银行信贷余额（LZDK）、利率（R）、工业总产值（LGYZZ）。采用 ADF 检验方法对各个变量的平稳性进行检验，经检验，所有变量在差分前都是非平稳序列，而在一阶差分后（一阶差分后为 DLSZ、DLZDK、DR、DLGYZZ）都是平稳的，即 LSZ、LZDK、R、LGYZZ 四个变量都是一阶单整。根据 AIC、FPE 和 HQ 准则，确定在建模时，变量的滞后阶数为 2 阶。

（二）变量的 Johansen 协整检验

ADF 检验表明 LZDK、LSZ、R、LGYZZ 四个变量都是一阶单整，且确定滞后项为 2 期，因此建立这四个变量的无约束的 VAR 模型。此时，可以对上述各个变量之间进行协整分析。如果变量间是协整的，证明它们之间存在着一种长期稳定的均衡关系，也就是说满足协整的经济变量之间不能相互分离太远，一次冲击只能使其短时间内偏离均衡水平，而在长期中它们会恢复到均衡的水平。

采用 Johansen 极大似然法进行协整检验（见表 4－1）。表明，这四个变量之间含有 1 个协整关系，它们存在长期均衡关系。

表4－1　　　　　　　　　变量的协整检验结果

| 原假设 | 特征值 | 迹统计量 | 5%的临界值 | P 值 |
|---|---|---|---|---|
| 不存在协整关系 | 0.378190 | 78.08559 | 54.07904 | 0.0001 |
| 最多存在一个协整关系 | 0.214452 | 30.57359 | 35.19275 | 0.1447 |
| 最多存在两个协整关系 | 0.042731 | 6.436283 | 20.26184 | 0.9295 |
| 最多存在三个协整关系 | 0.020480 | 2.069212 | 9.164546 | 0.7639 |

将协整关系式进行标准化处理，得到在存在一个协整关系的前提下，被标准化的协整向量。

$$LZDK = 1.247 - 0.334LSZ + 0.512R + 0.955LGYZZSA \qquad (4.1)$$
$$(4.918) \qquad (0.967)(0.533) \qquad (0.676)$$

式中，（）内数字代表标准差。

Johansen 协整检验表明这几个变量之间存在长期稳定的关系。（4.1）式表明，上证综合指数（SZ）对贷款规模（ZDK）会产生影响，但是影响是负向的；而利率 R 和工业增加值总值（GYZZ）会对银行贷款规模（ZDK）产生正向影响，但是各统计量的 T 值表明，这种影响程度不强烈且不显著。结合各变量在本部分中的含义，可以看出，（4.1）式表达的协整关系与本部分的第一个理论假设——股票价格对银行信贷规模产生正向影响和经济学基本理解——利率对银行信贷产生负向影响并不一致。

$$LSZ = 3.734 - 2.995LZDK + 1.533R + 2.860LGYZZSA \qquad (4.2)$$
$$(74.918) \quad (11.867) \quad (1.613) \qquad (7.515)$$

式中，（）内数字代表标准差。

（4.2）式表明，银行贷款规模（ZDK）会对上证指数（SZ）产生显著的、负向的影响，工业总产值（GYZZSA）会对上证指数（SZ）产生显著的、正向的影响，而利率 R 对上证指数（SZ）的影响是正向的非显著的。结合各变量在本部分中的含义，（4.2）式所反映的与本部分的第二个理论假设——信贷规模会对股票价格产生正向的影响相悖，与经济学基本理解——利率上升，股票价格下跌相悖。

（三）建立 VEC 模型

本部分选取的四个变量存在协整关系且在一阶差分后平稳，因此可将协整关系方程中的误差修正项引入到由四变量建立的 VAR 模型中，建立向量误差修正模型（VECM），研究变量间的短期相互作用。根据协整方程（4.1）和

（4.2）式可以得到如下的 VEC 模型。

D（LZDK）＝－0.003ECM（－1）

－0.326D(LZDK(－1))－0.021D(LSZ(－1))＋0.008D(R(－1))＋0.047D(LGYZZSA(－1))　　（4.3）

（0.0006）　　　（0.0954）　　　　（0.0128）　　　　　（0.0027）　　　（0.0317）

［5.6784］　　　［3.4191］　　　　［1.6413］　　　　［－2.7553］［－1.4673］

式中，（）中数字为标准差，［］中数字为 T 统计量，下同。

　　（4.3）式表明，该模型的拟合优度较差，方程并不显著，但对数似然值很大，且 AIC 和 SC 值不大，所以整体方程的拟合效果比较一般。从该 VECM 可以看出，上一月度的银行贷款规模 ZDK(－1) 和上证指数SZ（－1)都会对这一月度的贷款规模 ZDK 产生不显著的负向影响。这表明，在短期内，贷款规模不会因为股票价格的上涨而立即减少。误差修正项 ECM（－1）的系数为－0.003，说明滞后一期的均衡误差以 0.003 的比率对本期银行贷款 ZDK 的变化作出反向修正。

D（LSZ）＝0.002ECM（－1）

－0.563D(LZDK（－1))－0.087D(LSZ(－1))－0.017D(R(－1))－0.162 D(LGYZZSA（－1))

（4.4）

（0.0048）　　　（0.7577）　　　　（0.1021）　　　　　（0.0218）　　　（0.2524）

［－0.3702］［0.7426］　　　　［0.8487］　　　　　［0.8022］　　　　［0.6437］

　　（4.4）式表明，该模型的拟合优度很差，方程也不显著，虽然对数似然值很大，但是 AIC 和 SC 值比较大，所以整体方程的拟合效果非常不理想。从该 VECM 可以看出，上一月度的银行贷款规模 ZDK（－1）和上证指数 SZ（－1)都会对这一月度的上证指数 SZ 产生不显著的负向影响。这表明，在短期内，股票价格不会因为银行信贷规模的扩张而立即下跌。误差修正项 ECM（－1）的系数为－0.002，说明滞后 1 期的均衡误差以 0.002 的比率对本期上证指数 SZ 的变化作出反向修正。

　　（四）基于 VEC 模型的格兰杰因果关系检验

　　经过 ADF 平稳性检验和 Johansen 协整检验，得知变量上证指数 SZ、银行贷款总额 ZDK、利率 R 和工业总产值 GYZZSA 都是一阶单整序列，且存在 1 个协整关系，可以基于 VEC 模型考察上述变量间的短期 Granger 因果关系（见表4－2）。

表 4 - 2　　　　　　　　基于 VECM 的 Granger 因果检验

|  | 原假设 | 统计量 | 自由度 | P 值 |
|---|---|---|---|---|
| ZDK 方程 | SZ 不能 granger 引起 ZDK | 2.694 | 1 | 0.1007 |
|  | R 不能 granger 引起 ZDK | 7.592 | 1 | 0.0059 |
|  | GYZZ 不能 granger 引起 ZDK | 2.153 | 1 | 0.1423 |
|  | SZ、R、GYZZ 不能同时 granger 引起 ZDK | 11.806 | 3 | 0.0081 |
| SZ 方程 | ZDK 不能 granger 引起 SZ | 0.552 | 1 | 0.458 |
|  | R 不能 granger 引起 SZ | 0.644 | 1 | 0.422 |
|  | GYZZ 不能 granger 引起 SZ | 0.414 | 1 | 0.520 |
|  | ZDK、R、GYZZ 不能同时 granger 引起 SZ | 1.900 | 3 | 0.494 |
| R 方程 | ZDK 不能 granger 引起 R | 0.0005 | 1 | 0.982 |
|  | SZ 不能 granger 引起 R | 0.015 | 1 | 0.902 |
|  | GYZZ 不能 granger 引起 R | 2.640 | 1 | 0.104 |
|  | ZDK、SZ、GYZZ 不能同时 granger 引起 R | 2.820 | 3 | 0.420 |
| GYZZ 方程 | ZDK 不能 granger 引起 GYZZ | 0/507 | 1 | 0.477 |
|  | SZ 不能 granger 引起 GYZZ | 3.331 | 1 | 0.068 |
|  | R 不能 granger 引起 GYZZ | 0.441 | 1 | 0.507 |
|  | ZDK、SZ、R 不能同时 granger 引起 GYZZ | 4.192 | 3 | 0.241 |

注：ZDK 方程指 ZDK 为被解释变量的那个方程（其他可类似解释）。

由表 4 - 2 可知，在 0.05 的置信概率下，ZDK 方程的 Granger 因果检验分析表明：上证指数（SZ）、工业增加值总产值（GYZZ）分别都不是总贷款（ZDK）的 Granger 原因，利率 R 是总贷款（ZDK）的 Granger 原因，但是上证指数（SZ）、工业增加值总值（GYZZ）和利率 R 三个变量却可以同时成为总贷款（ZDK）的 Granger 原因，在一定程度上，支持由（4.3）式代表的模型。

SZ 方程的 Granger 因果检验分析表明，总贷款（ZDK）、工业增加值总值（GYZZ）和利率（R）分别都不是上证指数（SZ）的 Granger 原因，这三个变量也不能同时成为上证指数（SZ）的 Granger 原因。这也进一步证明，（4.4）式所表达模型的拟合结果并不理想这一结论。

（五）脉冲反应函数分析

脉冲响应刻画的是内生变量的误差项上施加一个标准大小的冲击对系统产生的动态影响。VEC 模型的稳定性是脉冲响应分析的前提，具体分析如下：

1. 银行信贷规模（ZDK）对其他三个变量的脉冲响应（见图 4 - 2）。在当期给上证指数（SZ）一个正向冲击后，银行信贷规模（ZDK）在前 3 期向上波动，之后开始稳定增长，在第 12 期达到 4% 的波动幅度；在当期给利率

（R）一个正向冲击后，银行信贷规模（ZDK）会立即产生负向波动，且随着时间的增长波动幅度逐渐加大；在当期给工业总产值（GYZZ）一个正向冲击后，银行信贷规模（ZDK）也会产生负向影响。基于 VEC 模型的脉冲响应函数分析表明，股票价格的上涨会对银行信贷规模产生稳定的拉动作用，反应迅速且在 3 个月后达到稳定幅度 4%，支持本部分提出的第一个假设——股票价格的上涨会导致银行信贷规模的扩张。

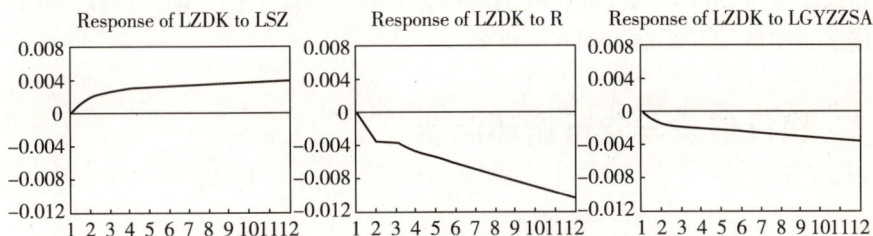

**图 4-2  银行信贷规模（ZDK）对其他三个变量的脉冲响应**

2. 上证指数（SZ）对其他三个变量的脉冲响应（见图 4-3）。在当期给银行信贷规模（ZDK）一个正向冲击后，上证指数（SZ）在前 3 期急速向上波动，之后开始稳定增长，在第 12 期达到 10% 的波动幅度；在当期给利率（R）一个正向冲击后，上证指数（SZ）会立即产生正向波动，且在第 2 期达到最大幅度 7%，之后随着时间的增长波动幅度逐渐减小，在第 12 期趋于消失；在当期给工业总产值（GYZZ）一个正向冲击后，上证指数（SZ）会产生正向影响，同样在第 2 期达到最大幅度 4%，之后幅度减小至 2% 且趋于稳定。基于 VEC 模型的脉冲响应中分析表明，银行信贷规模扩张对持续拉动股票市场行情产生了积极的影响。证明了本部分提出的第二个假设——银行信贷规模扩张会对股票价格产生正向影响。

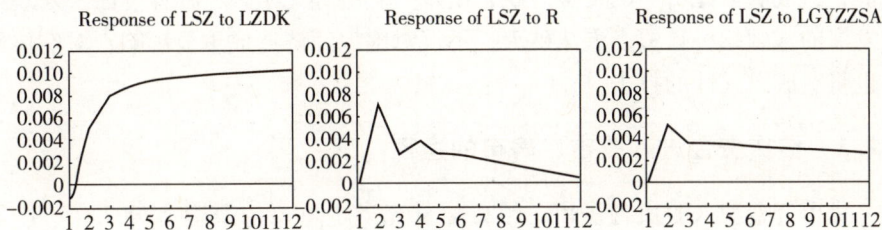

**图 4-3  上证指数（SZ）对其他三个变量的脉冲响应**

（六）主要结论

本节以股票为资产价格代表，建立上证综合指数、银行信贷、利率和工业总产值的向量误差修正模型（VECM），对我国 2002 年 01 月至 2010 年 06 月的数据进行实证分析，得出以下结论：（1）我国资本市场的股票价格和银行信贷具有相关性，且存在长期稳定的关系；从长期看，股票价格的上升不是导致银行信贷规模扩张的必然因素，而银行信贷增加不会必然导致股票价格上涨，也就是说资产价格和银行信贷在长期是相互制约的；（2）短期动态分析表明，股票价格上涨会对银行信贷扩张产生稳定的正向影响，而银行信贷规模的扩张会导致股票市场的大幅波动，股票价格会大幅而持续上扬，即资产价格和银行信贷在短期是相互影响、相互促进的。

## 4.2  银行信贷与货币循环流动

上文从信贷视角分析了资产价格对金融稳定的影响，分析结果表明资产价格与银行信贷之间存在相互作用的关系，资产价格与银行信贷相互推动是资产价格波动影响金融稳定的重要原因。但为什么资产泡沫的生成与破灭对宏观经济会造成毁灭性的影响，日本至今难以从 20 世纪 80 年代泡沫经济的阴影中走出来？银行信贷的扩张与收缩在金融不稳定的形成中到底充当了什么角色？本小节拟从货币循环流动的视角重新审视这些问题。

由于社会保障体系、教育与医疗制度的不够完善，我国居民有很强的储蓄意识，资金不断向银行归集，使银行成为影响货币循环流动的重要中介，而信贷是其介入货币循环流动的重要渠道。当金融资产的收益率持续高于实体经济收益率时，本该进入实体经济的银行信贷流入虚拟经济，进一步推动资产价格的飙升，经济金融化加速。这至少会造成两方面的影响：（1）大量资金囤积在金融市场，在金融领域中形成自我循环与"空转"；（2）大量资金脱离实体经济，造成实体经济中的资金短缺，出现"产业空心化"。后者侵蚀了宏观经济发展的基础，一旦资产泡沫破灭，不仅对虚拟经济造成重要影响，对实体经济也将造成毁灭性的打击。

### 4.2.1  信贷资金进入股市、房市的途径

货币资金流入股市与房市，银行信贷充当了重要的渠道。2007 年，中国银行业监督管理委员会对被企业挪用信贷资金的交通银行、工商银行、北京银行、招商银行、中国银行、中信银行、兴业银行和深圳发展银行等 8 家内地银行开出罚单，两家涉案企业为中国核工业建设集团公司和中国海运（集团）公司，共违规挪用银行贷款 44.6 亿多元，用于证券市场和房地产等方面的投

资。其中，前者挪用20.6亿元投资房地产和证券等，后者挪用24亿元申购新股。[1] 2008年，审计署对国家开发银行总行和19家分行的审计结果共发现违规发放贷款91.04亿元，贷款被挪用245.72亿元，其中58.41亿元贷款违规进入股票市场、房地产市场等领域[2]。2010年，深圳银监局对辖区内9家银行的信贷资金流向进行抽查，调查的930笔共16.92亿元贷款中，有21笔共1 340万元信贷资金以直接或间接的方式流入股市，有7家银行的21家分支机构不同程度地存在个人消费信贷资金流入股市的现象[3]。根据史青青、费方域（2010）的估算结果，2009年上半年流入股票市场的信贷资金主要是个人消费贷款、企业票据融资和企业中长期贷款，流入股票市场的信贷资金规模总量约有1 954亿元。刁思聪、程棵、杨晓光（2011）构建了包括货币供应量、通货膨胀、经济增长、贷款等4个变量的VAR模型，估计2009年上半年大约有1万亿元的信贷资金流入股市和房市，这一数额占2009年上半年新增贷款的15.9%。但问题是我国对银行信贷资金进入股市有严格的规定，对房地产信贷也有严格的控制，信贷资金是通过何种渠道进入股市与房市的呢？

（一）信贷资金进入股市的途径

我国《贷款通则》明确规定，银行贷款不得用于股本权益性投资，且不得违反国家有关规定从事股票、基金、期货、金融衍生产品投资。因而，信贷资金往往为了规避监管历经多次转移后进入股市，具有极强的隐蔽性。银行贷款在进入企业后，与企业自有资金混在一起，很难清楚地分开。相当一部分信贷资金，通过在企业内部和下属子公司间进行复杂的运作，变相进入股市。例如，企业可以利用银行信用额度获得贷款，然后通过委托贷款或民间借贷的方式，借给证券公司或者专业从事股票投资的公司，或者借道子公司购买理财产品、投资基金等方式，从而达到信贷入市的目的。

对于居民而言，他们主要可能通过住房抵押贷款、汽车消费贷款、信用卡套现及其他消费贷款的方式，从银行套出资金，参与新股申购、直接购买股票或进行管理层收购（MBO）。此外，通过各种非法途径套取住房公积金贷款，进而进入股市的情形也屡见不鲜。

从贷款种类看，授信贷款、票据融资和流动资金贷款等最容易被挪入股市炒作。银行授信贷款由于没有指定用途和贷款方向，企业具有较大的自主性，银行的监督力度相对宽松（异地银行授信为监管"盲区"），被挪用的可能性

---

① http://news.xinhuanet.com/fortune/2007-06/18/content_6259336.htm。

② http://stock.hexun.com/2008-08-28/108415538.html。

③ http://www.taoguba.com.cn/Article/270331/1。

较大。

综合起来，目前信贷资金进入股市的主要途径可归纳如表4-3所示。

表4-3 信贷资金进入股市的主要途径

| 途径 | 说明 |
|---|---|
| 授信贷款 | 能获得授信额度的企业，往往都是财务状况良好的企业，由于银行一般不严格限制授信贷款的资金用途，而且企业可以循环使用额度，因此授信贷款进入股市的可能性较大 |
| 票据融资 | 票据融资的成本相对较低，银行审查也不是非常严格，企业通过假的贸易合同向银行开立票据或克隆票据向多家银行贴现，从银行套取资金后，委托给证券公司，收取高达百分之十几甚至二十几的回报率，稳赚不赔 |
| "过桥"贷款 | 企业在并购重组、上市或增发新股等资本运营过程中，向银行申请"过桥"贷款，获取资金后直接投入股市或委托券商间接入市 |
| 资金"腾挪" | 为规避银行贷款不得进行权益投资的规定，企业短期流动资金和固定资产投资完全依赖银行信贷，而将自有资金用于购买股票，变相地使用银行贷款炒股 |
| 非法协议贷款 | 与证券公司达成协议并由证券公司提供担保，企业向银行借款，获得资金后转到证券公司营业部进行股票投资。如果股票价格上涨，盈利按协议分成。如果股票市值降至一定程度，券商即刻进行平仓操作，企业承担损失 |
| 同业拆借市场 | 信托公司等非银行金融机构被准许进入同业拆借市场，它们在同业市场上进行融资，不完全是进行短期、临时性的头寸调剂，而是通过频繁操作，短期资金长期化，将相对规模的资金投入到股票市场 |
| 个人贷款 | 居民个人利用现有财富（房产、债券）等进行抵押贷款或信用卡透支，从银行获取资金，投资于股市。相对企业贷款来讲，个人贷款的用途更难监督 |
| 个人消费贷款 | 尽管银行对个人消费贷款审批非常严格，银行放款往往是将款项直接打入商户的银行账户，但借款人可以与商户达成某种协议或默契，资金到账后，根据借款人的授意商户将款项转到借款人的第三方存款账户，信贷资金几经周转后流入股票市场 |

资料来源：根据姚星垣等（2010）、吴晓求等（2001）整理。

（二）信贷资金进入房地产市场的途径

房地产行业是一个高负债的行业，其大部分资金来源于银行贷款。据统计，2013年，银行信贷资金大量流入房地产领域。前三季度人民币房地产贷款增加1.9万亿元，同比多增9 176亿元，其中，个人购房贷款增加1.37万亿元，同比多增6 931亿元。截至9月末，人民币房地产贷款占全部贷款比重已攀升至20.2%，比2012年同期提高1.2个百分点。房地产行业开发贷款和个人住房按揭贷款是银行信贷资金进入房地产市场的主要合法通道。但由于银监会层层严格监管以及房地产调控政策频频出台，部分信贷资金违规或变相进入房地产市场。这主要表现在以下形式：（1）银信合作下房地产信托形式。银行通过发行理财产品募集资金，然后将资金委托给信托公司，信托公司再将资金贷给房地产开发企业。从2010年第四季度开始到2011年第三季度，房地产信托规模一路上扬，从2010年第四季度的4 323.68亿元快速增长到2011年第三季度的6 797.69亿元，占同期资金信托总规模的比例也从14.95%上升到17.24%。（2）"假按揭"或个人消费贷款的形式，部分信贷资金违规流入房地产市场。（3）与客户分用银行贷款，房地产公司设立信用担保公司，以中小制造业企业的名义，信用担保公司提供担保，从银行获取贷款，然后房地产公司和客户分用贷款资金。（4）委托贷款。委托贷款是一种银行作为中间人存在的业务，在高额利息回报的诱惑下，部分资金充裕的上市公司通过银行将资金贷给房地产公司，银行收取中间业务费。

### 4.2.2　银行信贷与产业"空心化"

现代宏观经济体系主要由实体经济部门和金融部门两大块组成。金融部门是为实体经济部门服务的，宏观经济要实现稳定、健康的发展，实体经济部门和金融部门之间必须合理配置、协调发展。例如，金融部门应该有适度的规模，不能完全脱离实体部门进行无度的扩张。实体经济部门要进行扩大再生产必须得到金融部门的资本支持，实体部门的产业机构优化、升级也必须有资金作为后盾。在我国的融资体系中，银行垄断了大部分金融资源，因而对实体产业的发展与升级起着举足轻重的作用。银行可以调整信贷结构，重点扶持国家发展的战略新兴产业，大力发展"绿色信贷"，加强服务业信贷支持力度，使信贷资金从传统产业逐步向高新技术产业传递，从而促进产业结构的优化升级。在对各个产业调整的支持上，商业银行应优化资金的配置：（1）对国家政策和监管要求明确限制或退出以及产能过剩的行业，提高贷款利率或者控制贷款额度；（2）对新能源、新材料、生物医药、节能环保和高端制造业等新兴产业，一方面银行应充分利用国家的产业政策，通过利息补贴政策来支持其发展，另一方面，根据行业的特点，量身定做金融产品，进一步降低它们的融资成本。如果银行信贷资金在这个配给过程中是高效优化的，就能使资金不断从传统产业向高新技术产业转移，从而实现我国产业结构的升级与优化。

不管对传统产业，还是战略新兴产业，信贷资金的投放力度越大，就越能促进该产业的发展。如果得不到足够的信贷资金支持，该产业就会萎缩或者难以发展壮大。但长期以来，由于政府对金融的高度垄断和压制，我国信贷市场存在扭曲，国有大中型企业很容易从银行获得信贷资金，而中小科技型企业则面临"融资难""融资贵"的问题，特别是美国金融危机后，由于我国货币政策的收紧和银行信贷规模的收缩，这一问题更加凸显，中小企业因为无法得到银行信贷资金而只能借助高利息的民间信贷进行融资，这种信贷市场的扭曲，充分说明银行没有实现高效的金融资源配置。此外，由于用工成本的不断攀升和外围经济的不景气，经营成本越来越高，企业的利润不断被挤压，一方面使得资金紧缺的中小企业在获得高成本的资金后逃离实体经济，通过大量投资股市和楼市来获取高风险收益；另一方面，现金流量充足的企业由于缺乏合适的投资机会，纷纷进入民间信贷市场，以获取高额的利息，形成了庞大的民间灰色金融市场。由于没有实体经济的支持，这种不规范的"地下金融市场"难以持续空转，潜在风险十分巨大。导致的后果是一方面出现倒逼机制，使得产业资本不断退出实业领域，去追逐高风险的收益，产业"空心化"现象发生；另一方面，这些获利颇丰的高利息信贷资金与部分上市公司资金、海外"热钱"以及银行信贷资金通过信托公司、私募基金等"影子银行"体系，一并流向房市或股市等高风险的投资领域，助推股票与房地产价格的攀升，进而吸引更多的产业资本进入，资产泡沫的滋生与膨胀使金融体系蕴含巨大的风险，同时也进一步加剧了产业的"空心化"风险。

### 4.2.3 资产价格、银行信贷与产业"空心化"之间的传导机制

前文分析了信贷资金进入股市和房市的途径，同时还分析了银行信贷对产业结构调整与升级的支持作用和资产价格波动对产业发展的影响。那么银行信贷和资产价格是如何一起共同影响产业"空心化"的？首先，由于资产价格的持续上升，导致实体投资的回报率远远小于股市和房市的回报率。为了追求高回报率，很多企业从将资金从实体投资中抽离，而不顾风险地投向股市和房市，最终导致资产价格越来越高，实体经济回报率则进一步下降，抽离资金的获利不能弥补主营业务减少的利润时，企业财务状况恶化，甚至倒闭。发端于浙江温州并向全国蔓延的"跑路"现象，原因在于企业生产经营的利润微薄甚至亏损，基于逐利的目的，很多经营资金被挪作他用，投向了高风险的股市和楼市。由于次贷危机后的经济形势下滑，股市持续低迷，致使很多企业主无法收回成本，因而无法偿还民间借贷市场的"高利贷"，为躲避债务最终只能选择"跑路"。其次，在我国资本市场尚不发达的情况下，企业经营资金主要依赖于最传统的融资方式，即银行信贷。在货币政策宽松时，企业从银行获得信贷资金相对容易，同时获得的信贷量也较大；而一旦货币政策趋紧，企业的借款条件变得苛刻，从银行获得的信贷量也会大大减少。总之，银根放松，宏观经济整体流动性充裕，企业就较容易得到更多的资金，当股市和楼市维持较高回报率时，部分企业会把这部分从银行获得的信贷资金投放到"民间借贷"

市场或挪用到股市和楼市中（部分央企因钱太多而现身于"地王"竞标中就是典型的例子），造成对资产的"虚假需求"，从而助推了资产价格上涨。当资产价格持续上升时，企业能获取高额的投资收益，或通过"蓬齐融资"①的方式维持资金链，但一旦资产价格大幅下降，泡沫破灭，企业资金链断裂，其生存就会受到威胁，整个产业的发展规模也会逐步萎缩，导致产业"空心化"。图4-4描述了它们三者之间的关系。在上述过程中，无论是产业资本被转移至金融领域，还是企业的破产、倒闭，均对产业的持续发展构成致命的打击，产业"空心化"成为一个必然的结果。

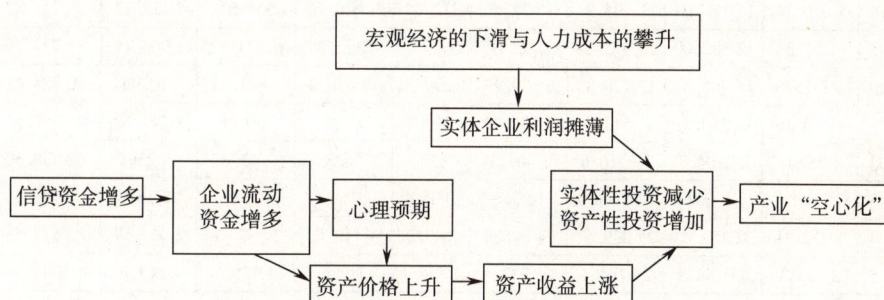

**图4-4　银行信贷、资产价格与产业"空心化"之间关系图**

综合上文分析，银行信贷对资产价格波动起到了助涨助跌的作用，而且资产价格波动也会影响银行信贷的规模，一个重要的原因是银行信贷充当了资金在实体产业与金融产业循环的重要通道②。银行信贷对资产价格波动与金融稳定之所以造成重要的甚至是毁灭性的影响，归根到底也是由于货币循环流动所致（借助了银行信贷通道而已）。在间接融资占主导地位的我国金融结构中，社会资金配置实质上就是信贷资金配置的同义语，以银行为主的信贷机构主导着全社会资金的流向，这也是银行信贷为何对金融与经济稳定影响重大的原因之一。从我国资金流量的分析中可以看到（见表4-4），信贷机构运用资金的流量在社会资金运用总量所占的比重，尽管在1996年以来有一定程度的下降，但基本上都维持在70%以上，最高达93.91%。因此，以银行为主的信贷机构承担了我国社会资金配置的主要中介，银行信贷在一定程度上也决定了从实体经济进入金融产业循环的资金量，进而决定资产价格的变化。

---

① "蓬齐融资"（Ponzi Finance）是指利用新投资人的钱向老投资者支付利息和短期回报，以制造赚钱的假象进而骗取更多的投资。

② 银行创造的信用可以被用于实体经济循环，也可以用于单纯的金融循环。随着股市与房市的发展，资产价格与银行信用可以相互促进，形成了信贷扩张与资产价格泡沫互为因果的局面。

表 4 – 4　　　　　　　　　　　　1992—2005 年我国金融结构分析　　　　　　　　单位：亿元

| 年份 | 通货 | 存款 | 贷款 | 证券 | 保险准备金 | 结算资金 | 其他（净） | 对外净债权 | 资金运用合计 |
|------|------|------|------|------|-----------|---------|-----------|-----------|-------------|
| 1992 | 1 162.10 | 5 964.70 | 5 695.00 | 1 152.90 | 71.8 | – 146.2 | – 1 264 | 352.90 | 12 989.20 |
| 1993 | 1 528.70 | 6 478.43 | 7 573.55 | 637.82 | 87.93 | – 232.86 | – 539.66 | – 686.64 | 14 847.27 |
| 1994 | 1 424.00 | 11 776.92 | 9 174.66 | 1 616.29 | 125.22 | – 646.59 | – 170.99 | 659.97 | 23 959.48 |
| 1995 | 596.74 | 13 414.00 | 9 946.40 | 2 062.45 | 137.84 | 729.28 | – 2 146.35 | 135.13 | 24 875.49 |
| 1996 | 916.67 | 16 720.53 | 1 130.59 | 2 714.17 | 197.03 | 1 093.50 | – 1 416.35 | 602.37 | 21 958.51 |
| 1997 | 1 375.6 | 13 139.02 | 11 448.44 | 4 613.91 | 312.71 | 229.94 | – 1 584.83 | 1 831.40 | 31 366.19 |
| 1998 | 1 026.54 | 14 120.99 | 11 104.92 | 7 432.62 | 312.38 | – 419.76 | 534.54 | 5 119.14 | 39 231.37 |
| 1999 | 2 251.34 | 12 388.00 | 10 973.02 | 5 122.06 | 598.79 | 212.52 | – 621.13 | 1 903.16 | 32 777.79 |
| 2000 | 1 197.16 | 16 962.34 | 13 770.93 | 6 149.29 | 1 299.31 | – 3 636.31 | 4 871.37 | 110.95 | 40 725.08 |
| 2001 | 1 036.16 | 19 350.81 | 11 643.34 | 4 751.29 | 1 219.88 | 281.91 | 350.88 | 2 743.69 | 41 107.96 |
| 2002 | 1 589.4 | 28 104.3 | 19 916.6 | 7 462.1 | 2 635.1 | 55.8 | – 272 | 3 239 | 62 730.30 |
| 2003 | 2 468 | 36 662 | 28 506 | 10 318 | 3 194 | 169 | 891 | 2 361 | 84 659 |
| 2004 | 1 722.31 | 32 189.43 | 25 239.61 | 14 878.4 | 3 647.96 | – 110.63 | 2 937.78 | 2 067.57 | 82 572.45 |
| 2005 | 2 563.3 | 43 158.8 | 24 104.1 | 25 733.4 | 4 394.1 | – 1 986.6 | 4 425.6 | 6 601.4 | 108 994.1 |

　　资料来源：巴曙松等．中国金融转型期社会资金格局的变迁分析［M］．北京：经济科学出版社，2010．

　　不管是个人还是企业，当他们运用银行资金购买股票、房产等风险资产时，一方面是把风险转移给银行等金融机构，风险转移导致过度投资，使资产价格不断上升，甚至形成泡沫；另一方面是抽取了实体经济发展所需的资金，侵蚀了宏观经济发展的基础。当金融体系"过度负债"，资产价格高得难以维系，实体经济又缺乏资金时，整个经济体系就会变得非常"脆弱"。一旦资产泡沫破灭，很多投资者就会违约，银行信贷资金将无法收回，银行将会遭到损失甚至会引发金融危机，同时金融资源的错配，实体经济由于没有足够资金的支持而出现产业"空心化"，在短期内很难恢复活力，进而进入长时间的低迷、萧条期。因而，关注信贷资金流向至关重要。信贷资金是否能够直接进入企业生产经营领域，不仅关系着实体经济的良性发展，而且也直接影响金融体系的风险与稳定。中国银行业监督管理委员会发布的《固定资产贷款管理暂行办法》就要求各商业银行密切关注信贷资金流向，对信贷合同中的贷款用途明确约定，并要求商业银行在贷后管理的过程中及时进行核查，并通过"贷款人受托支付"以及根据贷款人、独立中介机构和承包商出具的、符合约定条件的共同签证单进行贷款支付等方式，严防信贷资金流入楼市或股市，使企业的信贷资金真正用于生产经营，这样才能促进宏观经济的健康、稳定发展。

# 第 5 章

# 资产价格波动与宏观经济金融系统的稳定性
## ——基于成本收益核算下货币量值模型的分析[①]

## 5.1 引言

当资产交易规模远远超过实体经济时，资产价格变化日趋脱离宏观经济基本面而呈现自身独特运动规律，其早已具备引发整个经济金融体系波动的能力。那么，宏观经济金融系统的稳态特征会随资产价格波动呈现怎样的动态变化规律？上述问题不仅成为近期金融稳定研究领域中关注的焦点，也形成了调节宏观经济金融系统运行的重要考量。本章用充分体现货币循环流动的货币量值模型阐释了资产价格波动冲击下宏观经济金融系统稳态的阶段性特征与动态演化机制。

Goetz（2009）围绕整个宏观经济金融体系运行状态的变化过程阐述了资产价格下跌与金融稳定间的间接、非线性的关系，激发了学术界对该问题的研究热情。但后续研究鲜有将资产价格上涨与下跌的双向冲击，以及冲击之下宏观经济金融系统稳态的阶段性特征与演化机制都涵盖在内进行考虑。进行上述分析的前提是构建逻辑一致的合理模型。然而，事实上多数研究者在研究中都始终遵从建立在瓦尔拉斯一般均衡理论上的新古典经济学研究范式，而忽视了其中所存在的严重缺陷。以琼·罗宾逊为首的一些学者早在剑桥资本争论中就提出：当新古典生产函数包含异质资本品时会出现逻辑悖论，从而导致围绕这

① 本章部分内容首次公开发表在马亚明，温博慧. 资产价格与宏观经济金融系统的稳定性——基于货币量值模型的理论与仿真分析［J］，金融经济学研究，2013（5）：49－63.

一分析范式所展开的研究本身就含有错误；并且新古典综合派在改造与合并诞生于边际革命的新古典理论与凯恩斯通论学说以形成新古典宏观经济理论的过程中，忽视了凯恩斯革命的重要贡献——对货币和货币量值概念的引入，偏离了凯恩斯革命的初衷（Robertson，1966）。新古典理论的企业决策以生产函数为基础，把基于实物的相对价格决定简化为企业的主要行为，而在实际中企业做的是基于会计核算的货币量值决策。由此一些学者提出有必要使用基于会计成本收益核算的货币量值分析框架，以更好地反映资产价格波动对宏观经济金融体系稳态的影响（柳欣，2006；Goodhart，2009；刘春航等，2011）。

对中国而言，在资产值总量膨胀的同时，整个经济金融体系的不稳定和风险问题日益呈现。经济货币化程度高企加剧了资产价格波动环境的复杂性。未来中国有面临资产价格报复式上涨和资产价格非适度性下跌对经济金融体系带来巨幅震动的双重可能。研究资产价格波动对宏观经济金融体系稳定性的影响具有重要的现实意义。并且，资产价格波动对宏观经济金融体系冲击的问题已不能再单纯放置于由实物概念的实际变量所构成的分析框架中进行研究。

基于上述考虑，本章试图放弃以生产函数作为企业决策基础的新古典研究分析思路，突出经济活动参与者的货币收益核算对经济金融系统的决定作用，选择基于成本收益核算的货币量值分析思路，拓展柳欣（2006）、Goetz（2009）、Emanuel 和 Moshe（2009）的研究方程，综合考虑资产价格波动与金融稳定间的间接和直接作用过程，构建反映资产价格双向波动冲击的多维决定性差分系统模型，围绕系统稳态性质的变化回答如下问题：（1）引入资产价格波动冲击后宏观经济金融体系稳态的性质如何？（2）当经济金融体系从不同位置偏离稳态时，能否实现向稳态的自发回复？（3）在不同种类和不同幅度的资产价格波动冲击下，稳态的性质会发生怎样不同的动态变化？

本章余下部分的结构安排如下：第二部分回顾和梳理了资产价格波动对金融稳定影响的相关研究。第三部分构建多维决定性差分系统模型，研究系统不动点的存在性、唯一性和稳定性。第四部分研究不同资产价格波动冲击下宏观经济金融系统稳态特征的动态变化路径与速度。第五部分结合中国数据进行模型验证和模拟，对资产价格波动冲击下中国宏观经济金融系统稳态的变迁进行实证分析。第六部分给出对文章研究的简要总结和经济启示。

## 5.2　相关文献回顾

从逻辑上说，有关资产价格波动对宏观经济金融体系稳态性质影响的研究应主要包括影响的渠道、分析框架和影响的效果三条主线。由于通常从广义角度理解的金融稳定的覆盖范围既包括整个金融体系也涵盖实体经济部门，因此本部分可以借鉴资产价格波动对金融稳定影响的相关研究成果。涉及的内容包括影响的理论渠道，已有分析框架的缺陷与面临的挑战，对金融稳定状态的影响三方面。

（一）资产价格波动对金融稳定影响的理论渠道

传导渠道问题是资产价格波动对金融稳定影响研究中的重要内容，清晰掌握可能存在的传导渠道是形成有效研究的基础之一。近年来，学术界对资产价格波动影响金融稳定的传导渠道从多个方面进行了研究与讨论（谭正勋等，2011）。本部分并不旨在对此进行全面梳理，鉴于文章力图形成的贡献在于从基于成本收益核算的货币量值模型角度分析所研究的问题，这里只选择回顾资产价格波动以货币资金为依托影响金融稳定的传导渠道。

以货币资金为依托的传导渠道研究可以被归纳为三个方面，即资产价格波动通过抵押品价值——信贷渠道、资本金——信贷渠道、流动性——信贷渠道影响金融稳定。

1. 抵押品价值——信贷渠道。抵押品价值——信贷渠道认为，资产价格波动可以通过影响抵押物价值影响借款者获取银行贷款的能力，进而影响经济金融体系中的投资水平和信贷规模，威胁金融稳定（Bernanke & Gertler，2000；Allen & Gale，2000；Kiyotaki & Moore，2002）。当抵押物价值下跌幅度较大，借款人甚至可以放弃抵押物而违约时，各部门的损失将大范围传导开来。Kiyotaki 和 Moore（2002）证实受信用约束的企业对资产的需求是资产价格的增函数，从而使上述传导过程能够实现得到保证。Brunnermeier 和 Pedersen（2007）指出抵押品价格波动对信贷的影响在次贷危机中是十分鲜明的。

2. 资本金——信贷渠道。这一渠道不仅包括资产价格下跌致使贷款损失较多从而蚕食银行资本金，收缩信贷进而威胁金融稳定，还应包括资产价格下跌直接导致企业和银行净资产价值减少从而缩减借放贷能力。Shin（2008）以房地产价格波动为例对后者进行了研究，阐述了资产价格下跌直接导致企业净资产价值减少，影响了企业的信贷获得能力，引发企业减少投资等现象，从而对金融稳定产生不利影响的过程。针对这一渠道的研究，前者是学术界早期关注的重点，后者被近期研究所关注，但仍处于探索阶段。不过值得注意的是，后者提示了我们资产价格波动与金融稳定之间存在着由资产价格波动直接导致企业和银行净资产价值变化从而影响体系稳定的直接作用机制。

3. 流动性——信贷渠道。由商品的相对价格变化和金融资产价格变化引起的财富再分配会改变市场上的流动性状态，进而造成银行贷款分布的变化，对原有贷款分配格局形成冲击，导致一国国内甚至国际间系统性风险的传染（Pavlova & Rigobon，2008）。严重的资产价格下跌还会使上市公司因直接融资困难而减少投资甚至违约并影响银行部门贷款质量。此时银行则会因难以以合理价格将资产迅速变现而导致偿付能力受损。Shin（2008）研究得出，"价格效应"不同于"多米诺骨牌效应"，其可以在没有资产负债表或支付联系时传导冲击，并对系统内的所有参与者同时产生影响。

不难发现，现有研究主要关注了各传导渠道内独立的传导效应，缺乏对传导渠道的综合分析，以及资产价格上涨对经济金融体系稳定性影响的研究。而所有这些都需要依托于一个合理有效的分析框架。

（二）基于成本收益核算的货币量值分析框架

Goodhart（2009）指出需要寻找体现经济金融体系本质的分析框架，从而恰当研究系统性金融风险的传导并形成有效防范。严格来讲，所谓货币量值是指以货币计价的（名义）变量。相对于以生产函数作为企业决策基础并构建各种瓦尔拉斯一般均衡模型为主的新古典分析（Chen，2001；Kiyotaki、Nobuhiro & Moore，2002；Aspachs，2006；Daníelesson & Zigrand，2008；Emanuel & Moshe，2008；Korinek，2009），货币量值分析完全摒弃了对新古典生产函数的使用，是一种完全基于企业会计成本—收益核算的并全部由名义变量构成的分析框架。用货币收入来衡量资产交易和收入交易流量，可以消除新古典生产函数中异质品必须在增量比例一致情况下加总的悖论（Robertson，1966）。在该框架下进行研究，不仅可以重新反映当初凯恩斯革命想要反映加入货币金融体系后经济运行特征的初衷，而且能够将宏观分析与微观财务核算基础有机结合在一起，从另一个角度解决凯恩斯分析的微观基础问题。剑桥增长公式从"利润＝收益－成本"的成本收益核算角度出发，体现了会计意义上的恒等。柳欣（2003，2006）在此基础上将剑桥增长公式与收入支出模型结合，提出两部门经济下的货币量值分析模型，从成本收益核算的角度将工资额、折旧额、固定资产值、利润等变量的名义值联系了起来，为研究提供了帮助。王彩玲和蔡弐白（2004），郭金兴（2007），王洋（2008），张楷驰（2009），马元（2010）等撰写的系列文章在假设资产价格不变的条件下定性分析了该模型中变量间的互动关系。上述研究在如何考虑资产价格波动所产生的影响方面为后续研究留下了空间。

（三）资产价格波动对金融稳定状态的影响

现有关于资产价格波动对金融稳定状态影响效果的研究集中表现于从安全、威胁、脆弱和危机等方面对宏观经济金融系统运行状态进行划分，并以此说明不同程度冲击对金融稳定产生的不同影响。Goetz（2009）绘制了资产价格下跌冲击下经济金融系统所经历阶段的简易图谱。谭政勋和王聪（2011）以房地产价格下跌为例，从该冲击对中国商业银行不良贷款率影响的角度分析了银行体系的稳定程度。然而专门针对系统稳态的阶段性特征与演化机制，即，系统不动点性质变化的研究则相对较少，更缺乏对不同状态下不动点性质的比较分析。

此外，部分研究者还从单纯性经验研究的角度对资产价格波动对金融稳定的冲击程度展开分析。表现为以计量分析（协整）为主线，以数据序列的统计属性（如平稳性）进行相应的变量选择和计量回归。但实证结论不尽相同，并没有形成广泛共识，这无疑给宏观决策者带来了极大困扰。虽然已有研究的不同结论可能是由于数据样本区间、相关指标定义以及计量方法不尽相同所致，但仔细审读相关文献可以发现，问题的关键在于宏观理论框架与经验分析之间的脱节以及计量模型设立细节的模糊处理。资产价格波动与宏观经济金融系统稳定性间的关系问题不仅仅是一个经验问题，宏观理论模型约束与严谨的计量分析同等重要。

## 5.3 模型设定与求解

（一）模型设定——对多维决定性差分系统模型的构建

柳欣（2006）将剑桥增长公式与收入支出模型结合，基于成本收益核算的货币量值分析思路提出两部门（家庭部门与企业部门）经济下的货币量值分析模型，为研究提供了借鉴。但模型未涉及金融体系影响以及金融体系状态变化问题。本部分在此基础上进行拓展，将银行部门以及金融市场中资产价格波动的影响加入其中。在全部由名义变量构成的模型中，资产价格借助名义值等于价格与数量乘积的形式进入模型。基于市场信息不对称、抵押（或质押）、竞争和破产机制存在的基本假设，对家庭部门（H）、企业部门①（E）和银行部门（B）的经济活动过程可进行相关数学表达。

考虑金融体系影响后，假设家庭部门的工资总额全部用于消费，储蓄只能用于购买股票或进行银行存款，暂不考虑家庭部门的贷款行为。家庭部门的总收入由货币工资总额（$W_H$）、利息（$R_H$）和股票资产收益（$\prod_H$）构成，支出为消费（$C_H$）和储蓄（$S_H$）。这一过程的表达式为 $C_H + S_H = W_H + R_H + \prod_H$。

---

① 本部分所指的企业部门为非银行企业部门。

当 $C_H = W_H$ 时，变形得到（5.1）式：

$$R_H + \prod\nolimits_H = S_H = D_H + E_{H1} + E_{H2} = r_d \times D_H + \prod\nolimits_H \qquad (5.1)$$

式中，$D_H$ 是家庭部门存款总额；$r_d$ 是存款利率；$E_{H1}$ 和 $E_{H2}$ 分别是家庭部门对一级市场股票和二级市场股票的净购买额。

在既定资产价格和存款利率水平下，居民的风险态度和行为偏好[①]直接决定了上述恒等式中变量的取值关系。为了简化，本部分约定居民的风险态度与行为偏好始终保持不变，当资产价格一定时，（5.1）式处于依偏好调整后的静止性均衡状态。

企业追求利润最大化，其贷款需求伴随利润空间的存在而存在。假设在利润空间存在的前提下，企业在利润分配后将其全部剩余利润进行再投资[②]。企业对利润的预期为静态预期，即下一期的投资增长是前期利润（在连续模型中即为当期利润）的函数。为了简化，进一步假设企业以抵押（或质押）贷款方式获取贷款（$C_r$）。根据《2011 年中国金融年鉴》中各类银行大中小型企业贷款分类别余额的数据，抵押与质押贷款是中国企业获取贷款的主要方式之一。为此，这样的假设也能与中国实际相表征。

在柳欣（2006）两部门模型中加入金融体系对企业的影响后，有关企业部门的表达式得到进一步扩展。企业部门总收入分布于支付的货币工资总额（$W_E$），支付给银行的利息（$R_E$），折旧（$d_E$），包含股息的净利润（$\prod_E$），支出为消费[③]（$C_E$）和投资（$I_E$）。这一过程的表达式为 $W_E + R_E + \prod_E + d_E = C_E + I_E$。设 $t$ 时点企业部门投资总额为 $I_{Et} = (1 - \delta_{Et}) \prod_{Et} + C_{rt}$，其中 $\delta_{Et}$ 表示企业部门的平均股息分配率。又设 $t$ 时点企业部门资产价值存量（$K_{Et}$）由固定资产和持有的股票资产构成，自有资本总额仅为企业在一级股票市场发行的股票总额，即股本（$E_{Et}$）；企业部门平均折旧率为 $\sigma_{Et}$；银行贷款利率为 $r_c$，则 $\prod_{Et} = \dfrac{1}{\delta_{Et}}[(1 - r_c)C_{rt} - W_{Et} - \sigma_{Et}K_{Et}]$。在抵押率（$\alpha$）的约束下，企业部门可获得 $C_{rt} = \alpha\lambda(K_{Et} + E_t)$ 的贷款总额，其中 $\lambda$ 是企业实际抵押（或质

---

① 家庭部门在进行资产选择时会充分比较各种资产的收益率以及考虑对收益未来变动情况的预期。家庭部门的资产选择过程也与居民对无风险资产用途的认识相关。

② 如凯恩斯（1936）和卡尔多（1962）所说，"影响将来的人类决策不可能依据严格的数学预期，社会之所以会周转不息，是由于我们生来就想活动的欲望所驱"，"企业如果认为当前利润率足够收回成本就会进行投资"。

③ 假设现实中企业与银行不破产都不会进行消费，为此本部分如无特殊说明均视企业部门消费 $C_E = 0$，银行部门消费 $C_B = 0$。

押）的资产价值量占可用于抵押（或质押）资产价值量的比重，$0 \leqslant \lambda \leqslant 1$。整理得到 $t$ 时点企业部门包含股息的净利润表达式：

$$\prod_{Et} = \frac{1}{\delta_{Et}} \{ [\alpha\lambda(1 - r_c) - \sigma_{Et}] K_{Et} + \alpha\lambda(1 - r_c) E_{Et} - W_{Et} \} \qquad (5.2)$$

考虑投资对资产值存量的影响后，$t$ 时点企业部门资产价值存量与 $t + 1$ 时点资产价值存量的关系可被表达为

$$K_{E(t+1)} = K_{Et} + I_{Et} = K_{Et} + (1 - \delta_{Et}) \prod_{Et} + C_{rt} \qquad (5.3)$$

企业部门即在（5.3）式的运行约束下追求（5.2）式最大化。

Emanuel 和 Moshe（2009）针对银行红利分配方案的调整，分析了在其影响下银行部门资本积累不动点性质的变化过程，为研究提供了借鉴，但其未涉及资产价格因素。基于成本收益核算的货币量值分析思路将 Emanuel 和 Moshe（2009）的模型进行改写。首先从成本收益核算角度推出包含股息的银行部门利润 $\prod_B = r_c C_r - r_d D_H - W_B$，其中 $W_B$ 为银行部门支付的货币工资总额，$R_B = R_H$ 为银行部门支付的利息总额，$I_B$ 为银行部门在其资本存量（$E_B$）上的投资。继而从会计恒等式的角度考虑，银行部门资产（$A_{Bt}$）等于负债（$D_{Ht}$）加所有者权益（$E_{Bt}$）；资产等于贷款（$C_{rt}$）加存放在中央银行的准备金（$rrD_{Ht}$），于是 $A_{Bt} \equiv D_H + E_{Bt} = C_{rt} + rrD_{Ht}$，其中 $rr$ 表示存款准备金率，由此推出 $D_{Ht} = \dfrac{C_{rt} - E_{Bt}}{1 - rr}$。最后根据 Emanuel 和 Moshe（2008），设定 $\sigma_B \dfrac{E_B}{C_r}$ 为发行在外的每货币单位贷款的风险测度，则 $t$ 时刻银行部门中包含股息的预期利润函数可表达为

$$E\left(\prod_{Bt}\right) = E\left[r_c\left(1 - \sigma_B \frac{E_{Bt}}{C_{rt}}\right) C_{rt} - r_d D_{Ht} - W_{Bt}\right] \qquad (5.4)$$

银行部门的资本积累同时受坏账损失（$\sigma_B$）和在资本存量上的投资 $I_B$ 的影响。若银行部门按照比率 $\delta_B$ 为股东分配股息，并将剩余利润全部用于资本积累，则银行部门资本积累过程表达式为

$$E_{B(t+1)} = (1 - \sigma_{Bt}) E_{Bt} + \begin{cases} \prod_{Bt}, & \delta_{Bt} \leqslant 0 \\ (1 - \delta_{Bt}) \prod_{Bt}, & \delta_{Bt} \in (0, 1] \\ 0, & \text{其他} \end{cases} \qquad (5.5)$$

金融与实体经济协调发展要求银行部门资本的合意增长率与合意的经济增长水平相适应。这里不妨设其为 $g_B$，表达为

$$E_{B(t+1)} = (1 + g_{Bt}) E_{Bt} \qquad (5.6)$$

各式中名义变量等于价格与数量乘积，由此实现对资产价格变量的引入。

约定（5.1）式至（5.6）式均为连续可微函数，其外生变量为 $W_H$、$W_E$、$W_B$、$\alpha$、$\lambda$、$\sigma_E$、$rr$、$g_B$、$r_d$ 和 $r_c$[①]，$W_H = W_E + W_B$；用于调节系统状态的内部控制变量包括 $\sigma_B$、$\delta_B$ 和 $\delta_E$；冲击变量为资产价格。进一步研究资产价格与其他变量之间的关系，得到 $\prod_H$、$\prod_E$、$E_E$、$E_B$ 和 $C_r$ 为资产价格的增函数，资产价格为 $\sigma_B$ 的减函数；并且 $\sigma_B$ 为 $E_B$ 的减函数，为 $r_c$ 的增函数[②]。

综合（5.1）式至（5.6）式，即得到拓展柳欣（2006）、Emanuel 和 Moshe（2009）研究模型后，由家庭、企业和银行三部门组成的多维决定性差分系统（deterministic difference system，DDS）模型，如（5.7）式所示。

$$
\begin{cases}
S_{Ht} = r_d \times D_{Ht} + \prod_{Ht} \\[4pt]
\prod_{Et} = \dfrac{1}{\delta_{Et}} \{ [\alpha\lambda(1 - r_c) - \sigma_{Et}] K_{Et} + \alpha\lambda(1 - r_c) E_{Et} - W_{Et} \} \\[4pt]
K_{E(t+1)} = K_{Et} + I_{Et} = K_{Et} + (1 - \delta_{Et}) \prod_{Et} + C_{rt} \\[4pt]
C_{rt} = \alpha\lambda (K_{Et} + E_t) \\[4pt]
E(\prod_{Bt}) = E[ r_c (1 - \sigma_B \dfrac{E_{Bt}}{C_{rt}}) C_{rt} - r_d D_{Ht} - W_{Bt} ] \\[4pt]
E_{B(t+1)} = (1 - \sigma_{Bt}) E_{Bt} + \begin{cases} \prod_{Bt}, & \delta_{Bt} \leqslant 0 \\ (1 - \delta_{Bt}) \prod_{Bt}, & \delta_{Bt} \in (0,1] \\ 0, & 其他 \end{cases} \\[4pt]
E_{B(t+1)} = (1 + g_{Bt}) E_{Bt}
\end{cases}
\tag{5.7}
$$

针对模型中所涉及的变量，记 $p_{2E}$ 为非银行企业股票价格，$p_{2B}$ 为银行股票价格[③]，$p_f$ 为固定资产价格；$q_{2E}$ 为系统中二级市场总股数，其中 $q_{1E}$ 为企业部门股本总数，$q_{fE}$ 为企业部门所持有的固定资产总数量，$q_B$ 为系统中银行股总

①　在竞争性存款市场上，银行是市场存款利率的接受者，而在贷款市场上，由于银行面对相对缺乏弹性的贷款需求，相对企业在确定贷款利率方面具有调节优势。因此，对银行而言，$r_c$ 相对于 $r_d$ 具有可调节性。但由于 $r_c$ 与 $r_d$ 均受货币政策调控意向影响，因此本部分将其均视为系统的外生变量。

②　银行资本越充足意味着其应对风险的能力越强是一般性常理。日常贷款损失准备金的提取以银行资本来衡量时 $\sigma_B$ 是 $E_B$ 的减函数。Stiglitz 和 Weiss（1981）指出，贷款银行提高利率水平会招致逆向选择。尽管提高利率能够获得较高收益，但所招揽的借款人的违约风险也比较高。提高利率使客户群整体的可信度下降，最终导致银行平均利润下降，即为 Stiglitz—Weiss 效应。根据 Stiglitz—Weiss 效应，高贷款利率对应着高风险，故 $\sigma_B$ 是 $r_c$ 的增函数。

③　Sóhnke M. Bartram（2006）认为银行股票价格的变化可以作为从整体上反映金融系统稳定程度的重要指标。本部分根据模型对所研究的资产种类进行了划分，其中将银行股票价格与非银行股票价格波动冲击分开研究，也可以对银行股票价格波动是否对金融稳定产生特殊性冲击进行相关说明。

股数。(5.7)式中 $K_{Et} = K_{Et}(p_{2E}, q_{2E}, p_f, q_{fE}, p_{2B}, q_B)$，$E_{Et} = p_{2E}q_{1E}$，$E_{Bt} = p_{2B}q_B$。

(二)既定资产价格下模型的均衡条件及其稳定性

先考虑既定资产价格下系统的均衡与稳定。我们从对系统的均衡分析入手。由(5.7)式可知，企业部门受银行部门的融资约束，银行部门在(5.4)式至(5.6)式的约束下通过调节 $E_{B(t+1)}$ 和 $\delta_{Bt}$ 使预期净利润流现值最大 [见(5.8)式]，其中 $\varphi$ 是贴现因子，$\prod_{Bt}$ 满足表达(5.4)式。

$$
\begin{cases}
\max: V_{Bt} = \sum_{t=0}^{\infty} \varphi^t E[\delta_{Bt} \prod_{Bt}] \\
s.t. \\
E_{B(t+1)} = (1 - \sigma_{Bt})E_{Bt} + (1 - \delta_{Bt})\prod_{Bt} \\
E_{B(t+1)} = (1 + g_{Bt})E_{Bt} \\
\delta_{Bt} \in [0, 1]
\end{cases}
\tag{5.8}
$$

使用欧拉—拉格朗日定理求解得到 $\dfrac{\partial L_{Bt}}{\partial E_{B(t+1)}} = 0, \dfrac{\partial L_{Bt}}{\partial \delta_{Bt}} = 0$（$L_{Bt}$ 为 (5.8) 式的拉格朗日函数）约束下系统的短期均衡条件 (5.9) 式：

$$
\begin{cases}
E_{Bt}^* = \dfrac{\left(r_c - \dfrac{r_d}{1 - rr}\right)C_{rt}^* - W_{Bt}^*}{\dfrac{g_{Bt} + \sigma_{Bt}}{1 - \delta_{Bt}^*} - \dfrac{r_d}{1 - rr} + r_c\sigma_{Bt}} \\
C_{rt}^* = \alpha\lambda^*(K_{Et}^* + E_{Et}^*) \\
\prod_{Et}^* = \dfrac{1}{\delta_{Et}^*}\{[\alpha\lambda^*(1 - r_c) - \sigma_{Et}]K_{Et}^* + \alpha\lambda^*(1 - r_c)E_{Et}^* - W_{Et}^*\} \\
K_{E(t+1)}^* = K_{Et}^* + I_{Et}^* = K_{Et}^* + (1 - \delta_{Et}^*)\prod_{Et}^* + C_{rt}^*
\end{cases}
\tag{5.9}
$$

考虑均衡解的稳定性。当均衡位置不存在变化趋势时，该均衡点具有稳定性。由银行部门中的约束条件可知，$\prod_{Bt}(1 - \delta_{Bt})$ 与 $(g_{Bt} + \sigma_{Bt})E_{Bt}$ 相等约束了均衡点的变化。不妨设 $\prod_{Bt}(1 - \delta_{Bt}) = f(E_{Bt})$，$(g_{Bt} + \sigma_{Bt})E_{Bt} = h(E_{Bt})$，$f(E_{Bt})$ 和 $h(E_{Bt})$ 的每一个交点与系统的稳定状态一一对应，其中 $f(0) = (r_c - \dfrac{r_d}{1 - rr})C_{rt} - W_{Bt} > 0$，$h(0) = 0$，交点所对应的 $E_{Bt}$ 从小到大依次表示为 $\varepsilon_1$，$\varepsilon_2$，…，$\varepsilon_n$。

**命题1：** 对系统来讲，在 $E_{Bt} \in (0, \varepsilon_1)$ 内 $f(E_{Bt}) > h(E_{Bt})$ 恒成立；在

$E_{Bt} \in (\varepsilon_n, \infty)$ 内有 $f(E_{Bt}) > h(E_{Bt})$ 恒成立或 $f(E_{Bt}) < h(E_{Bt})$ 恒成立；当 $n \geq 2$ 时，在 $E_{Bt} \in (\varepsilon_i, \varepsilon_{i+1})$ 内有 $f(E_{Bt}) > h(E_{Bt})$ 恒成立或 $f(E_{Bt}) < h(E_{Bt})$ 恒成立，$i = 1, 2, \cdots, n-1$。

容易证明，若在某一个开区间内既有 $E_{Bt}$ 使 $f(E_{Bt}) > h(E_{Bt})$ 成立又有 $E_{Bt}$ 使 $f(E_{Bt}) < h(E_{Bt})$ 成立，则根据函数连续性，在该开区间内一定存在 $E_{Bt}$ 使 $f(E_{Bt}) = h(E_{Bt})$ 成立。这样此 $E_{Bt}$ 必是诸 $\varepsilon_i$ 之一，与其处于开区间内相矛盾。因此，$f(E_{Bt})$ 与 $h(E_{Bt})$ 的大小关系在每个开区间内是单调的。

又由于根据包络定理，当银行部门预期风险暴露较小时 $\dfrac{\partial \prod_{Bt}}{\partial E_{Bt}} > 0$；银行部门资本存量较小时 $\dfrac{\partial^2 \prod_{Bt}}{\partial E_{Bt}^2} < 0$[1]，$f(0) = (r_c - \dfrac{r_d}{1-rr})C_{rt} - W_{Bt} > 0$，$h(0) = 0$，且函数连续可微，则在 $(0, \varepsilon_1)$ 内 $f(E_{Bt}) > h(E_{Bt})$ 恒成立。从而命题 1 得证。

**命题 2**：在系统中，若初始 $E_{Bt} = \varepsilon_i$，则 $\lim\limits_{t \to \infty} E_{Bt} \equiv \varepsilon_i$，$i = 1, 2, \cdots, n$；若初始 $E_{Bt} \in (0, \varepsilon_1)$，则 $f(E_{Bt})$ 和 $h(E_{Bt})$ 从初始位置开始一直攀升至形成新的交点；若初始 $E_{Bt} \in (\varepsilon_n, \infty)$，则 $f(E_{Bt})$ 和 $h(E_{Bt})$ 值趋于无穷，而不存在交点；若初始 $E_{Bt} \in (\varepsilon_i, \varepsilon_{i+1})$，则 $\lim\limits_{t \to \infty} E_{Bt} = \varepsilon_i$ 或 $\varepsilon_{i+1}$。

由命题 1 易知命题 2 成立。命题 2 的含义是，既定资产价格水平下，由家庭、企业和银行部门构成的经济金融系统中存在多种稳态的形式。当系统变量初始值处于稳态值时，系统有一直处于初始稳定状态的可能；当系统变量初始值低于最低稳定状态时，系统有自发攀升至该状态的趋势；当系统变量初始值高于最高稳定状态时，系统将处于发散状态；当系统变量初始值处于两稳态值之间时，会依 $f(E_{Bt})$ 和 $h(E_{Bt})$ 大小关系的不同而收敛于不同的稳定状态。

如图 5-1 所示，若系统中银行部门的初始资本存量 $E_{By}$ 小于稳态水平 $\varepsilon_1$，根据函数性质，则 $\sigma_{Bt}$ 变大。根据 (5.9) 式，减少银行部门股息分配率 $\delta_{Bt}$ 可使 $\prod_{Bt}(1 - \delta_{Bt})$ 和 $(g_{Bt} + \sigma_{Bt})E_{Bt}$ 的交点重新回到稳态。又由于均衡时的利润高于 $\prod_{By}$，在参与者逐利和系统由非均衡向均衡回复的动力驱使下，系统存在自发回到稳态水平 $\varepsilon_1$ 的动力。若系统中银行部门的初始资本存量 $E_{Bx}$ 大于稳态水平 $\varepsilon_1$，则系统既可能在由非均衡向均衡回复的动力驱使下调高 $\delta_{Bt}$，使 $\prod_{Bt}(1 - \delta_{Bt})$ 和 $(g_{Bt} + \sigma_{Bt})E_{Bt}$ 的交点回到初始稳态，也可能向高点稳态迈进，

---

① 证明详见附录 1。

具体情况依命题1中的内容而定。

需要进一步说明的是，如 $\varepsilon_2$ 和 $\varepsilon_4$ 这类稳态点，其右侧 $f(E_{Bt}) > h(E_{Bt})$ 同时左侧 $f(E_{Bt}) < h(E_{Bt})$，系统一旦偏离此类稳态后便不能收敛到该状态，称该类稳态为发散型稳态。$\varepsilon_1$ 和 $\varepsilon_3$ 这类稳态点则可被称为收敛型稳态。在新古典经济理论框架下，研究者通常只关注收敛型稳态，而忽视发散型稳态的存在。

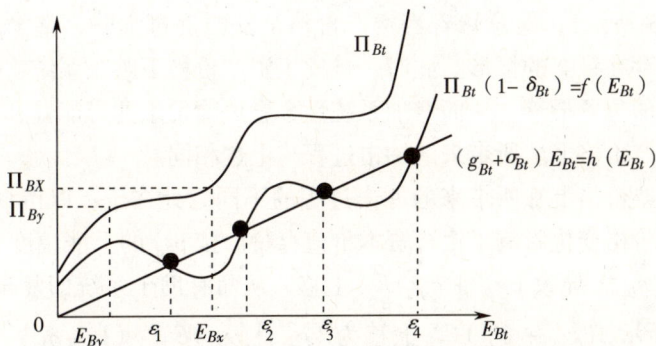

图 5 - 1 资产价格既定时系统中可能存在的稳态

## 5.4 不同资产价格波动冲击下系统稳态性质的变化

与 Goetz（2009）只研究资产价格下跌与金融稳定的间接非线性关系不同，借助所构建的多维决定性差分系统模型可将研究拓展至资产价格上涨与下跌的双向冲击，并且根据资产价格波动直接导致企业和银行净资产价值变化从而影响体系稳定的直接作用机制，将 Goetz（2009）的研究拓展至综合考虑资产价格波动与金融稳定间的间接和直接作用过程，并比较不同种类资产的价格波动所产生影响的差异。

（一）不同种类资产价格上涨对系统稳定性的影响

1. 影响过程。假设 $t$ 时点系统在原价格水平下处于图 5 - 1 中 $\varepsilon_1$ 所对应的稳态，现各类资产的原价格均跃升了 $\Delta$ 幅度。以非银行企业股票价格上涨所带来的冲击过程为例进行详述。对银行股票和固定资产价格的影响则只阐述其不同之处。

非银行企业股票价格的跃升打破了 $t$ 时点系统原有的均衡稳定状态。根据（5.9）式，$C_{rt}$ 增加至 $\alpha\lambda\Delta p_{2E}(q_{2E} + q_{1E})$，$\sigma_{Bt}$ 因抵押物价值升高而略有下降，造成 $\prod_{Bt}(1 - \delta_{Bt})$ 曲线上移。此时唯有增加 $\delta_{Bt}$ 以使 $E_{Bt}$ 满足合意增长率要求，

从而使系统重新回到 $\varepsilon_1$ 所对应的均衡稳定状态。伴随企业资产值的不断增长，企业部门贷款需求不断增加，系统逐步迈向 $\varepsilon_2$、$\varepsilon_3$、$\varepsilon_4$ 所对应的均衡稳定状态（见图 5 - 1），并逐渐拉高稳态所要求的银行资本价值存量值。

如果 $p_{2Et}$ 上涨幅度较大，则由于 $0 < \delta_{Bt} < 1$，在稳态迁移的过程中会出现 $\prod_{Bt}(1 - \delta_{Bt})$ 无限逼近于 $(g_{Bt} + \sigma_{Bt})E_{Bt}$ 而不能与之产生交点的情况（如图 5 - 2 中虚线箭头所示）。这意味着当资产价格上涨幅度过大时，整个经济金融体系会出现不存在稳态的情形。此时一旦发生资产价格下跌，系统将类似于从一个没有遮挡的位置滑落，从而增加系统性金融风险发生的可能性和影响度。

固定资产价格上涨所带来的冲击过程与上述相同。

银行股票价格上涨所带来的冲击过程的不同之处在于：以市场价格核算，银行股票的价格变化影响了银行资本价值存量。依 $p_{2B}$ 的上涨幅度 $\Delta$，$E_{Bt}$ 直接增加了 $\Delta p_{2Bt}q_{Bt}$，导致 $(g_{Bt} + \sigma_{Bt})E_{Bt}$ 上移，从而有助于系统回复至稳态水平。如图 5 - 2 所示，$(g_{Bt} + \sigma_{Bt})E_{Bt}$ 上移为 $(g_{Bt} + \sigma_{Bt})E'_{Bt}$，$(1 - \delta_{Bt})\prod_{Bt}$ 上移为 $(1 - \delta_{Bt})\prod'_{Bt}$，在增长率 $(1 + g_{Bt})$ 的约束下，此时减少较小幅度的 $\delta_{Bt}$ 即可使 $(1 - \delta_{Bt})\prod'_{Bt}$ 移至 $(1 - \delta'_{Bt})\prod'_{Bt}$ 即可实现对 $t$ 时点稳态水平的回复。

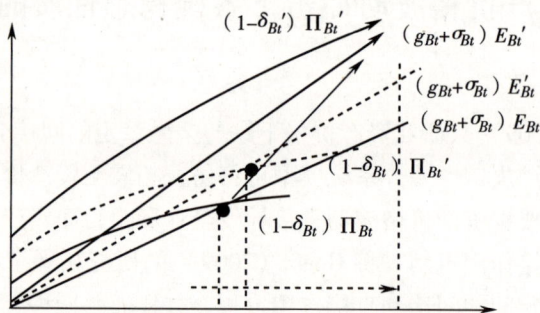

**图 5 - 2　资产价格上涨冲击下系统稳态的迁移**

2. 影响速度。由各类资产价格在抵押——投资——积累机制作用下的内生增长的过程可知：

$$\left\{\frac{p_{f(t+1)}}{p_{ft}} = \Delta\left[1 + \alpha\lambda r_c + \frac{1}{\delta_{Et}}\alpha\lambda(1 - r_c) + \left(1 - \frac{1}{\delta_{Et}}\right)\sigma_{Et}\right]\right\} > \left\{\frac{p_{2E(t+1)}}{p_{2Et}}\right.$$

$$= \Delta\left[1 + \alpha\lambda r_c + \frac{1}{\delta_{Et}}\alpha\lambda(1 - r_c)\right]\right\}$$

$$= \left\{\frac{p_{2B(t+1)}}{p_{2Bt}} = \Delta\left[1 + \alpha\lambda r_c + \frac{1}{\delta_{Et}}\alpha\lambda(1 - r_c)\right]\right\} > 1 \qquad (5.10)$$

其说明在上述三种资产价格上涨的过程中，固定资产价格会自发攀升得最快，对系统的冲击速度也最大。非银行企业股票价格与银行股票价格对系统的冲击速度基本一致。

归纳上述分析发现：固定资产价格上涨会最快速的使系统达到稳态不存在的情形；如果在固定资产价格上涨或（和）企业股票价格上涨时伴有银行股票价格上涨，则能够延迟系统稳态不存在这种情形到来的时间。

（二）不同种类资产价格下跌对系统稳定性的影响

1. 影响过程。依然从 $t$ 时点 $\varepsilon_1$ 对应的收敛型稳态出发，伴随资产价格的下跌，系统稳态性质主要经历了三个阶段的变化。同样以非银行企业股票价格下跌为例进行详述，对银行股票和固定资产价格的影响则只阐述其不同之处。

**阶段 1**：非银行企业股票价格下跌幅度较小，系统通过内部调节可回复至收敛型稳态。

当 $p_{2Et}$ 下降 $\Delta$ 且 $\Delta$ 较小时，以市值计价的企业部门利润值将较原价格水平减少。通过减小 $\delta_{Et}$ 可以弥补价格下跌给企业部门利润带来的缩减。一旦减小 $\delta_{Et}$ 至使 $\prod_{Et}$ 回升后，$\Delta K_{E(t+1)}$ 完全可能因此而增加，从而实现价格回升，使系统自发回到收敛型稳态。

**阶段 2**：系统稳态性质由收敛型转至发散型。

这一阶段中 $p_{2Et}$ 的下跌幅度 $\Delta$ 增大至当 $\delta_{Et}$ 下降到某一最低限制水平或非常接近于 0 时以 $(1-\Delta)p_{2Et}$ 计价下的 $\prod_{Et}$ 依然较原价格下的 $\prod_{Et}$ 值减少，但仍保持初始 $\prod_{Et} \geq 0$。

在无外界调控的情况下，根据（5.10）式可知，一旦企业利润下滑，$p_{2E}$ 便进入发散式下降过程。在价格不断下降的同时，企业利润也相应不断下降。事实上，如果不在这一阶段施以政策干预，那么必然会出现 $\prod_{Et} < 0$ 从而企业部门发生违约进而将损失传导至银行部门的情形。因此，在此阶段，系统失去再回到原稳态水平的可能。系统稳态性质由收敛型转至发散型，其最终所停留的稳态位置取决于外部调控力度。

**阶段 3**：非银行企业股票价格下跌幅度较大，系统失去实现稳态的可能。

若 $p_{2Et}$ 下跌幅度 $\Delta$ 增大，以至 $\prod_{Et} < 0$，则企业部门开始违约。设企业部门违约额为 $\theta = -\prod_{Et}$。面对企业部门的违约，银行部门会相应提高坏账损失准备 $\sigma_B$，从而导致 $(g_{Bt}+\sigma_{Bt})E_{Bt}$ 曲线斜率增大和 $\prod_{Bt}(1-\delta_{Bt})$ 曲线下移。虽然银行部门可通过调低股息分配比率 $\delta_B$ 使系统暂时达到稳态平衡点，但由

于资产价格在自我反馈机制下不断下降，最终会呈现 $\delta_B$ 下降到最低限额或 0 时都不能使 $(g_{Bt}+\sigma_{Bt})E_{Bt}$ 和 $\prod_{Bt}(1-\delta_{Bt})$ 产生交点的形态［见图 5-3（1）］；并且在相应调高 $\sigma_B$ 的过程中 $\dfrac{\partial\prod_B}{\partial E_B}$ 将因 $\sigma_B$ 增大而逐渐转为负值，使得 $(g_{Bt}+\sigma_{Bt})E_{Bt}$ 与 $(1-\delta_{Bt})\prod_B$ 背离运行［见图 5-3（2）］，从而系统失去实现稳态的可能。

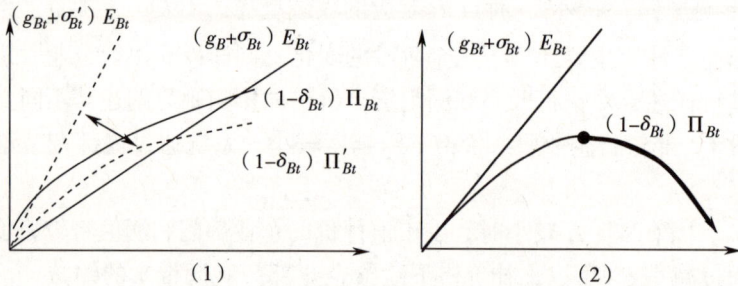

**图 5-3　资产价格下跌导致系统失稳**

由 $\left(1-\dfrac{C_{rt}-E_{Bt}}{1-rr}\eta^{E_B}\right)\dfrac{r_d}{1-rr}=\left(r_c-\dfrac{E_{Bt}}{r_c}\dfrac{\partial r_c}{\partial E_{Bt}}\eta^{\sigma_B}\right)\sigma_{Bt}$ 得到临界 $\sigma_{Bt}$ 为

$$\sigma_{Bt}=\frac{1-\dfrac{C_{rt}-E_{Bt}}{1-rr}\eta^{E_B}}{r_c-\dfrac{E_{Bt}}{r_c}\dfrac{\partial r_c}{\partial E_{Bt}}\eta^{\sigma_B}}\cdot\frac{r_d}{1-rr}$$

当 $\theta>\sigma_{Bt}E_{Bt}$ 时，银行部门面对非预期损失会进一步增加对 $\sigma_B$ 的提取，并愈加谨慎发放贷款。信贷收紧也会反过来加速资产价格的下跌。当资产价格下跌导致银行利润 $\prod_B=0$ 时，实际 $E_{B(t+1)}$ 的计算式变为 $E_{B(t+1)}=(1-\sigma_{Bt})E_{Bt}$，且与合意 $E_{B(t+1)}=(1+g_{Bt})E_{Bt}$ 不会产生交点，系统失稳甚至彻底丧失金融功能。

固定资产价格下跌的冲击过程同样经历了上述阶段。

银行股票价格下跌冲击过程的不同之处在于：以市场价格核算，银行资本市值直接被缩减，从而银行部门利润减少，导致系统要求更大的 $\sigma_B$ 和减少更多的 $\delta_B$，从而更容易在 $\sigma_B$ 达到临界值后使系统走向稳态不可能实现的状态。

2. 影响速度。同理，由（5.10）式可知，在上述三种资产价格下跌的过程中，固定资产价格会自发下跌得最快，对系统的冲击速度也最大。非银行企业股票价格与银行股票价格在自我反馈机制下的下跌速度基本一致。但银行股

票价格下跌会加快系统稳态不存在这种情形到来的速度，并且在系统处于第 3
阶段时尤为明显。

## 5.5　基于中国数据的模型验证与仿真分析

本部分的后续分析是基于多维决定性差分系统模型展开的，因此首先必须
验证该模型的有效性。由于无法直接获取反映经济金融系统稳态值的实际数
据，且单纯使用模拟数据存在模拟结果严重依赖于数据生成过程的缺点，因此
本部分选择通过从真实数据中获得必要参数以借助模型对中国市场进行计算验
证，并在此基础上参照必要的参数假设生成研究所用的模拟数据，外推仿真以
进行预测分析。

（一）数据说明

本部分的样本区间为 2000 年 2 月至 2012 年 11 月，分析中使用的数据以
第三部分介绍的模型为基准。鉴于（5.9）式在用于经验分析时会略显形式复
杂，且依模型描述，$f(E_{Bt})$ 和 $h(E_{Bt})$ 的每一个交点与系统的稳定状态相对应，
所以对两函数取自然对数简化并以价格数量乘积的形式展开，得到针对资产价
格波动冲击的验证模型：

$$\begin{cases} \ln f(E_{Bt}) = \ln(1 - \delta_{Bt}) + \ln\left[\left(r_c - \dfrac{r_d}{1 - rr}\right)C_{rt} + \left(\dfrac{r_d}{1 - rr} - r_c\sigma_{Bt}\right)E_{Bt} - W_{Bt}\right] \\[2mm] = \ln(1 - \delta_{Bt}) + \ln\left[\left(r_c - \dfrac{r_d}{1 - rr}\right)\alpha\lambda\left(p_{2E}q_{2E} + p_f q_{fE} + p_{2B}q_B + p_{2E}q_{1E}\right)\right. \\[2mm] \left. + \left(\dfrac{r_d}{1 - rr} - r_c\sigma_{Bt}\right)p_{2B}q_B - W_{Bt}\right] \\[2mm] \ln h(E_{Bt}) = \ln(g_{Bt} + \sigma_{Bt}) + \ln E_{Bt} = \ln(g_{Bt} + \sigma_{Bt}) + \ln p_{2B}q_B \end{cases}$$

$$(5.11)$$

这样，资产价格波动冲击下系统是否存在稳态则取决于在验证模型的既定
外生变量（$W_{Bt}$、$\alpha$、$\lambda$、$g_{Bt}$、$\sigma_{Bt}$ [①]、$rr$、$r_d$ 和 $r_c$）约束下，是否存在用于调节
系统状态的内部控制变量（$\delta_{Bt}$）在定义域内有解，以使 $\ln f(E_{Bt})$ 和 $\ln h(E_{Bt})$
相等。

---

① 由于截至目前中国商业银行在计算坏账损失准备时仍采用事后法，即根据之前的贷款损失额和
行业内的一般贷款损失覆盖率确定本期坏账损失准备，所以本部分在做实证分析时考虑到这一问题，
将其视为外生变量（或者也可称为是给定变量）。

对 $r_c$、$r_d$ 和 rr，我们选择以月度人民币中长期贷款基准利率平均值表示 $r_c$，以活期月度人民币存款基准利率表示 $r_d$，以月度法定存款准备金率和超额存款准备金率之和表示 rr。数据来源于 Wind 数据库。

对 $\sigma_{Bt}$ 的实际数值，由色诺芬数据库中金融企业季度财务报表中贷款不良率与拨备覆盖率乘积求得。记其各月数值与所在季度内的季度数值相等。

对 $W_{Bt}$，我们以各金融企业季度财务报表中银行应付职工薪酬的加权和值表示。即，各银行应付职工薪酬额按该银行资产总额占银行部门资产总额的比重加权求和。数据来源于色诺芬数据库。记其各月数值与所在季度内的季度数值相等。

对 $g_{Bt}$，我们以季度国内生产总值累计同比增长率来表示。数据来源于 Wind 数据库。记其月度数值为所在季度内的季度数值的平均值。

对 $E_{Bt} = p_{2B}q_B$，我们选择以银行业股票总市值的月度数据表示。所涵盖的银行以截至 2012 年 11 月上市的银行为准[①]。样本区间内，未上市银行的股票市值月度数据以其季度财务报表中所有者权益按月等值表示（从色诺芬数据库获得），上市银行的股票市值月度数据可直接从 Wind 数据库获得。这样，以各银行资产总额为权重，加权求得中国银行业股票总市值的月度数据。

对 $p_{2E}q_{2E}$，表示为非银行企业股票市值的月度数据。由从 Wind 数据库获得的境内上市公司流通市值总额月度数据减去银行业股票市值总额的月度数据得到。对 $p_f q_{fE}$，我们选择以固定资产投资完成额的月度数据表示。数据来源于 Wind 数据库。对 $p_{2E}q_{1E}$，我们选择以从 Wind 数据库获取的工业企业经济效益指标中资产与负债月度数据之差表征。

$\alpha\lambda$ 为各月 $C_{rt}$ 与 $(p_{2E}q_{2E} + p_f q_{fE} + p_{2B}q_B + p_{2E}q_{1E})$ 的回归系数。各月 $C_{rt}$ 的数据来源于由 wind 数据库获得的金融机构人民币各项贷款余额中抵押和质押贷款余额的月度数据。抵押贷款中抵押物的抵押率 $\alpha$ 数据来源于中国银监会网站。$\lambda$ 取值范围为 $(0, 1)$。本部分对数据进行预处理，通过回归发现，回归系数均能使 $\alpha$ 和 $\lambda$ 的值在其定义域之内。

（二）模型验证与典型事实

考虑中国经济金融体系运行的典型事实。自 2000 年 2 月以来，中国资产价格波动与经济金融体系运行状况经历了几个典型阶段。2000 年 2 月 2 日人

---

① 截至 2012 年 11 月，中国上市银行已达 15 家，且四大国有股份制商业银行和主要股份制商业银行（如深发展、浦发、华夏、民生、招商、兴业、交通、光大和中信银行等）甚至一些规模相对较大的城市商业银行均都被包含在内。这样，除一些规模较小的城市商业银行外，中国商业银行已基本被包括在内，可以对中国银行业整体形成表征。

民银行和证监会联合发布《证券公司股票质押贷款管理办法》①，允许符合条件的证券公司以自营的股票和证券投资基金券作抵押向商业银行借款，从而增加了质押贷款所占比重。2005 年 4 月 29 日证监会正式发布了股权分置改革的通知，而这一天是 2005 年 4 月的最后一个交易日。因此，从 2000 年 2 月到 2005 年 4 月的样本区间反映了股权分置改革实施前中国经济金融体系的运行情况。2005 年 5 月到 2007 年 9 月反映了中国资产价格高度繁荣，但尚未受到美国次贷危机明显冲击的阶段。2007 年 10 月到 2009 年 3 月为国际金融机构倒闭，流动性蒸发，全球经济陷入恐慌，国际国内股指大幅下挫的危机阶段。从 2009 年 4 月至今仍属后危机时代。2000 年 2 月至 2012 年 11 月的样本区间涵盖了中国经济金融体系运行过程中的代表性阶段。

将样本区间内的变量取值代入（5.11）式，采用 Matlab7.6 编写计算程序，求解样本区间内使 $\ln f(E_{Bt})$ 和 $\ln h(E_{Bt})$ 相等的 $\delta_{Bt}$ 值。所求得的 $\delta_{Bt}$ 值的时序路径如图 5-4 所示。

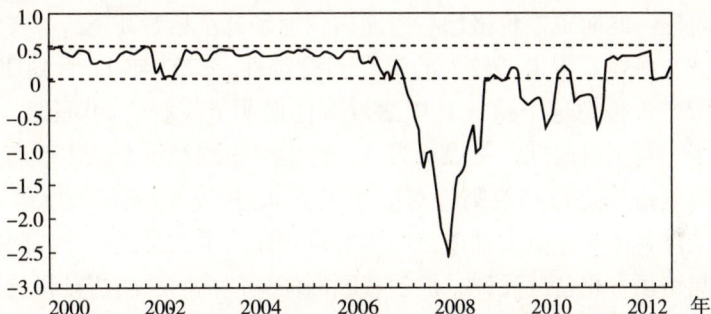

**图 5-4　基于变量实际值求解的 $\delta_{Bt}$ 值的时序路径**

计算结果表示，超出 $\delta_{Bt} \in (0,1)$ 范围，即系统稳态不存在的时期为 2007 年 6 月到 2007 年 10 月，2007 年 11 月到 2008 年 12 月，2009 年 10 月到 2010 年 6 月，2011 年 10 月到 2012 年 6 月。

图 5-5 描绘了样本区间内中国银行股票市值、非银行金融企业股票市值和固定资产价值实际数据变化的时序路径。对比图 5-4 和图 5-5 可以发现，模型所计算出的系统稳态不存在的时段，均与实际市场中资产价值由急涨转向急跌的时段基本吻合。2007 年 6 月到 2007 年 10 月为中国资产价格高度繁荣三

　　① 2004 年 11 月 4 日，中国人民银行、中国银行业监督管理委员会、中国证券监督管理委员会联合发布由三个部门共同修订完成的新《证券公司股票质押贷款管理办法》，同时 2000 年 2 月 2 日由中国人民银行和中国证券监督管理委员会颁布的《证券公司股票质押贷款管理办法》废止。

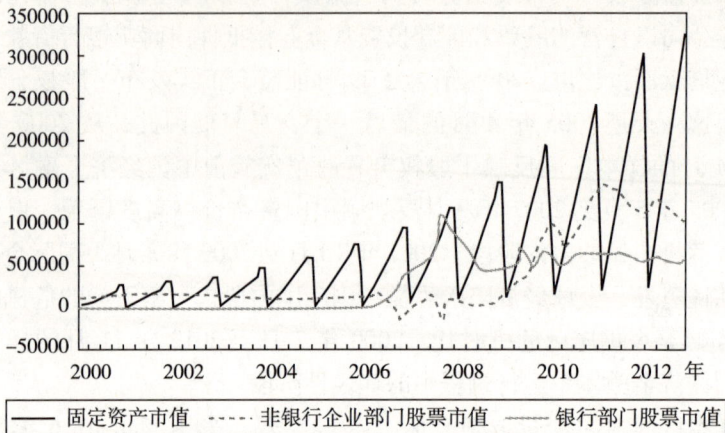

**图 5 - 5　资产价值实际数据变化情况**

年的尾声阶段，此时资产价格已在短期内快速攀升至相对高位，事实已表明其给中国经济金融体系带来了较大的潜在不稳定性。2007 年 11 月到 2008 年 12 月为中国资产价格急速下跌（且中途没有任何明显缓解）的阶段，对应中国经济也处于相对困难时期，可以认为这一时期对中国经济金融体系而言，如果没有采取有效措施进行调控则将对应于失稳状态。2009 年 10 月到 2010 年 6 月，此间全球各国无论是主动或被动均对市场注入了大量流动性，国际国内的股市和商品市场价格持续反弹，但随着欧洲债务危机问题的凸显和全球经济始终处于低迷状态，中国经济金融体系也相对处于不稳定状态。2011 年 10 月到 2012 年 6 月对应于中国经济增速趋缓和存在一些经济结构问题的焦灼阶段，经济金融体系也具有一定程度潜在的不稳定性因素。而随着经济结构调整思路和方向日益明确，中国经济金融体系的不稳定程度被逐步降低，验证模型也显示这一时期内可以得到约束范围内的 $\delta_{Bt}$。由此，通过计算和典型事实验证，说明本部分理论模型的解释具有可信性，模型具备有效性。

（三）外推仿真预测

本部分基于（5.11）式采用自编的 Matlab 程序，在模型验证结论和中国 2012 年 11 月相关数据的基础上，进行外推仿真模拟，以期模拟给出未来中国经济金融体系受到不同种类资产市值波动冲击而失稳的对应波幅阀值。

1. 不同类资产市值单独上涨导致系统失稳的涨幅阀值。仿真分析假设非银行企业部门股票市值、银行部门股票市值和固定资产市值涨幅均在 ［1%，400%］ 范围内按照固定比例 1% 从初始涨幅 1% 逐步增加至 400% 。这样的假设虽然使之与资产市值上涨幅度发展的现实时间路径并不一定一致，但只会对涨幅冲击阀值到来的时点推算造成影响，而不会对涨幅冲击阀值的具体数值推算造成显著影响。另外，虽然所设定的仿真涨幅范围不能罗列所有涨幅对系统稳态冲击的场景，但如果涨幅阀值能够被包含于该区间，则对该区间的设置亦为有效。

在此假设之下并基于（5.11）式对仿真数据关系的约束，本部分分别模拟计算了非银行企业部门股票市值、银行部门股票市值和固定资产市值依次单独上涨冲击下使 $\ln f(E_{Bt})$ 和 $\ln h(E_{Bt})$ 相等的 $\delta_{Bt}$ 值。计算结果如图 5-6 所示。

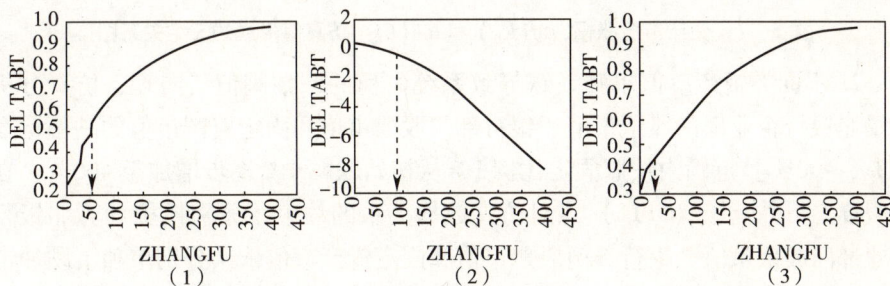

注：（1）（2）（3）依次针对非银行企业部门股票市值、银行部门股票市值和固定资产市值分别单独上涨冲击下解的变化。图中横轴表示上涨幅度，单位为%；纵轴表示所求解出 $\delta_{Bt}$ 的值。

**图 5-6 三种资产市值依次单独上涨冲击下使 $\ln f(E_{Bt})$ 和 $\ln h(E_{Bt})$ 相等的 $\delta_{Bt}$ 值**

图 5-6 中的数据显示仿真过程出现了 $\delta_{Bt}$ 值在较低水平突变的情况（如图 5-6（1）、（3）中箭头所示位置）。突变之后的 $\delta_{Bt}$ 取值都对应要使银行部门突然将半数以上的利润分配给股东才能保证系统不失稳，这显然已与现实可能相脱离。因此，本部分也将使 $\delta_{Bt}$ 值突变的资产市值涨幅视为使系统稳态不能实现的涨幅。这样，根据仿真结果可以认为非银行企业部门股票市值、银行部门股票市值和固定资产市值上涨导致系统失稳的涨幅阀值依次在 48%、51% 和 44% 附近。上述数值恰好落在本部分所设定的仿真涨幅范围之内，也说明该仿真区间是有效的。

由于超过涨幅阀值所计算出的 $\delta_{Bt}$ 值已失去存在意义，因此本部分将超出部分的 $\delta_{Bt}$ 值在（5.11）式中的对应结果改写为 0。这样，由资产市值涨幅、$\ln f(E_{Bt})$ 和 $\ln h(E_{Bt})$ 仿真值形成的三维关系如图 5-7 所示。图像形状的突变位置（箭头尾部所指位置）对应表示系统开始失稳。此时的系统失稳意味着若无外界任何调控干预，如果一旦从此位置开始发生资产值下跌，则系统将类似于从一个没有遮挡的位置滑落，系统性金融风险发生的可能性与影响度将大幅增加。临界稳态性质为发散型稳态。

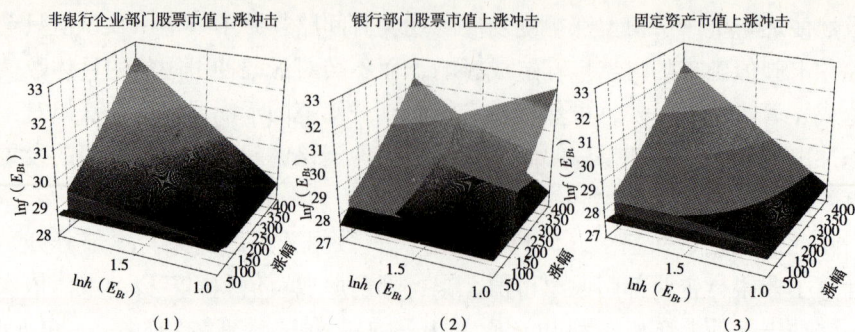

非银行企业部门股票市值上涨冲击　　银行部门股票市值上涨冲击　　固定资产市值上涨冲击

（1）　　　　　　　　　　　（2）　　　　　　　　　　　（3）

**图 5 - 7　资产市值涨幅、$\ln f(E_{Bt})$ 和 $\ln h(E_{Bt})$ 仿真值形成的三维关系图**

2. 不同类资产市值单独下跌导致系统失稳的跌幅阀值。同理，仿真分析假设非银行企业部门股票市值、银行部门股票市值和固定资产市值的跌幅均在 [1%，400%] 范围内按照固定比例 1% 从初始跌幅 1% 逐步增加至 400%。在此假设之下并基于 (5.11) 式对仿真数据关系的约束，分别模拟计算非银行企业部门股票市值、银行部门股票市值和固定资产市值依次分别单独下跌冲击下使 $\ln f(E_{Bt})$ 和 $\ln h(E_{Bt})$ 相等的 $\delta_{Bt}$ 值。计算结果如图 5 - 8 所示。

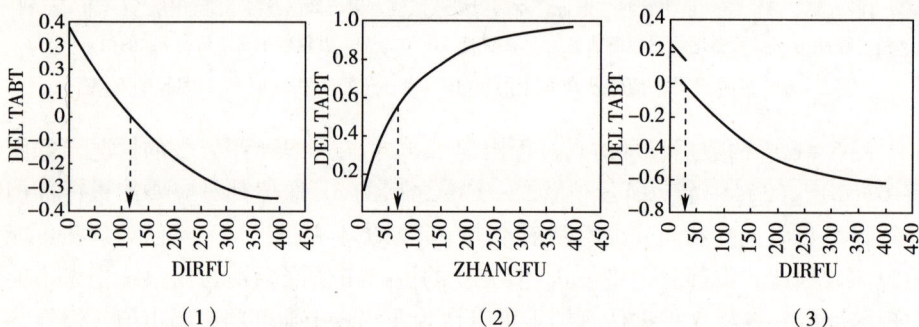

（1）　　　　　　　　　　　（2）　　　　　　　　　　　（3）

注：（1）（2）（3）依次针对非银行企业部门股票市值、银行部门股票市值和固定资产市值分别单独下跌冲击下解的变化。图中横轴表示下跌幅度，单位为%；纵轴表示所求解出 $\delta_{Bt}$ 的值。

**图 5 - 8　三种资产市值依次单独下跌冲击下使 $\ln f(E_{Bt})$ 和 $\ln h(E_{Bt})$ 相等的 $\delta_{Bt}$ 值**

根据图 5 - 8 反映的仿真计算结果，可以认为非银行企业部门股票市值、银行部门股票市值和固定资产市值下跌导致系统失稳的跌幅阀值依次在 118%、60% 和 26% 附近。上述数值恰好落在本部分所设定的仿真跌幅范围之内，也说明该仿真区间是有效的。

将超出部分的 $\delta_{Bt}$ 值在 (5.11) 式中的对应结果改写为 0。这样，由资产市值跌幅、$\ln f(E_{Bt})$ 和 $\ln h(E_{Bt})$ 仿真值形成的三维关系如图 5 - 9 所示。图像形状的突变位置（箭头尾部所指位置）对应表示系统开始失稳。此时的系统失稳意味着若无外界任何调控干预，此时即使是微小的资产市值下跌冲击都可能导致严重的系统性风险。临界稳态性质为发散型稳态。

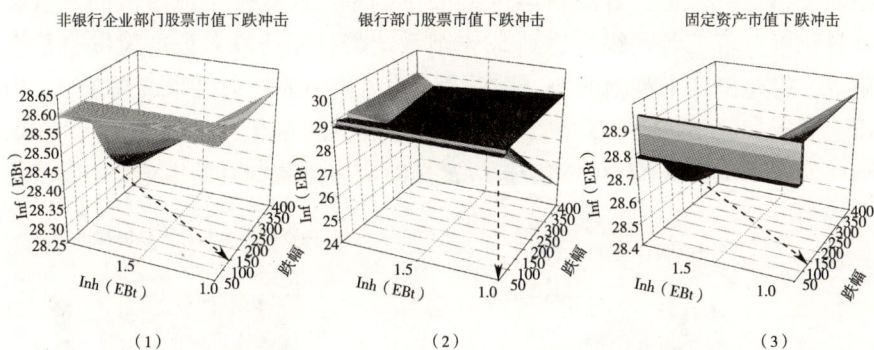

图5-9　资产市值跌幅、$\ln f(E_{Bt})$ 和 $\ln h(E_{Bt})$ 仿真值形成的三维关系图

3. 不同类资产市值联合上涨或下跌导致系统失稳的波幅阀值。分别考虑非银行企业部门股票市值、银行部门股票市值和固定资产市值同时上涨和同时下跌的场景。假设三者涨跌幅均在 [1%，400%] 范围内按照固定比例1%从初始值1%逐步增加至400%。在此假设之下并基于（5.11）式对仿真数据关系的约束，模拟计算三种资产市值各种涨幅匹配组合冲击下使 $\ln f(E_{Bt})$ 和 $\ln h(E_{Bt})$ 相等的所有 $\delta_{Bt}$ 值和各种跌幅匹配组合冲击下使 $\ln f(E_{Bt})$ 和 $\ln h(E_{Bt})$ 相等的所有 $\delta_{Bt}$ 值。计算结果如图5-10所示。

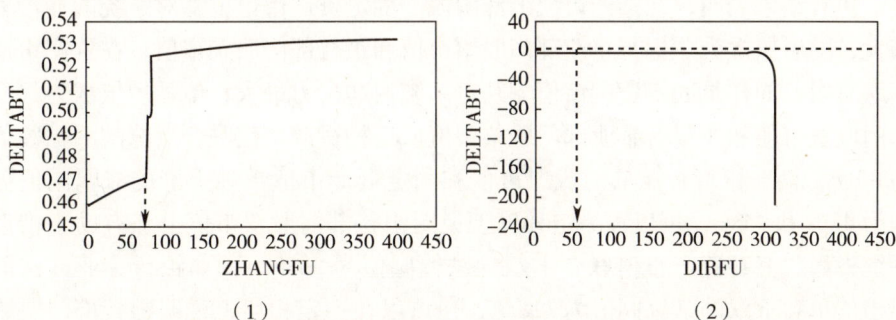

注：（1）（2）分别表示三种资产市值联合上涨和联合下跌冲击下解的变化。图中横轴表示波动幅度，单位为%；纵轴表示所求解出 $\delta_{Bt}$ 的值。

图5-10　三种资产市值联合上涨与联合下跌冲击下使 $\ln f(E_{Bt})$ 和 $\ln h(E_{Bt})$ 相等的 $\delta_{Bt}$ 值

图 5 – 10 反映的仿真计算结果表明非银行企业部门股票市值、银行部门股票市值和固定资产市值联合上涨或联合下跌导致系统失稳的波幅阀值分别在83%和58%附近。根据仿真过程,对阀值数据的解释是,在三种资产市值各种涨幅匹配组合中,若三者涨幅均达到83%则系统将处于上涨阶段的发散型稳态临界位置,若三者跌幅均达到58%则系统将处于下跌阶段的发散型稳态临界位置。将超出约束范围的 $\delta_{Bt}$ 值在(5.11)式中的对应结果改写为0。由资产市值波幅、$\ln f(E_{Bt})$ 和 $\ln h(E_{Bt})$ 仿真值形成的三维关系如图 5 – 11 所示,图像形状的突变位置(箭头尾部所指位置)对应表示系统开始失稳。

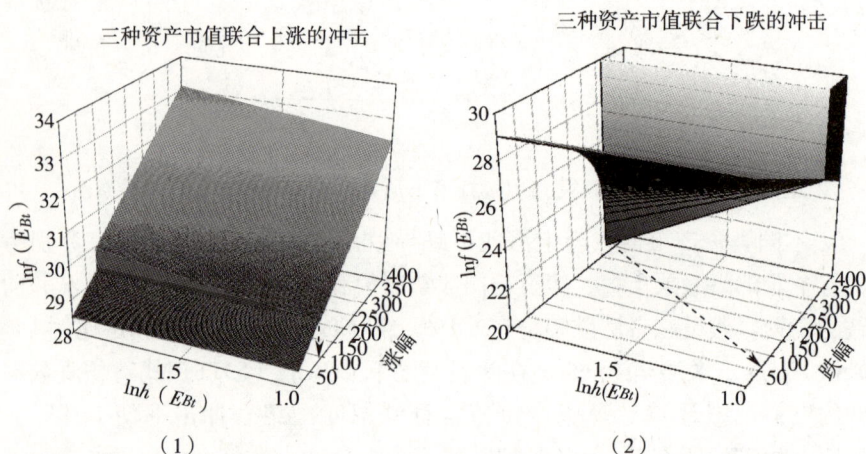

**图 5 – 11　资产市值联合波幅、$\ln f(E_{Bt})$ 和 $\ln h(E_{Bt})$ 仿真值形成的三维关系图**

仿真结果表明,在资产市值上涨阶段,固定资产市值上涨对系统的冲击力最大,随后依次为非银行企业部门股票市值和银行部门股票市值;在资产市值下跌阶段,同样是固定资产市值下跌对系统的冲击力最大,但随后依次为银行部门股票市值和非银行企业部门股票市值。三种资产市值联合上涨的涨幅阀值为83%,而非银行企业部门股票市值和固定资产市值单独上涨的涨幅阀值分别为48%和44%,可以在一定程度上说明银行部门股票市值上涨有助于推迟系统失稳。三种资产市值联合下跌的跌幅阀值为58%,而非银行企业部门股票市值单独下跌的跌幅阀值为118%,也可以在一定程度上说明银行部门股票市值下跌对系统失稳起到加速推动作用。上述结果也对本部分理论模型部分的分析结论形成了验证。

## 5.6 结论和政策启示

本章基于成本收益核算的货币量值分析框架构建出多维决定性差分系统模型，阐释了资产价格波动冲击下宏观经济金融系统稳态的阶段性特征与动态演化机制，并结合中国数据仿真分析了不同种类和不同幅度的资产价格波动对中国宏观经济金融系统稳态的冲击程度。仿真结果使得本章的理论分析得到了实证支持。通过分析，本章得出如下分析主要结论和政策启示。

第一，多维决定性差分系统模型证实宏观经济金融系统中存在多个稳态点，并分为收敛型和发散型两种。系统一旦偏离发散型稳态点，便无法自发回到原状态。对于收敛型稳态点来讲，系统有自发攀升至该状态的趋势。

第二，资产价格波动会对宏观经济金融系统的稳定性产生动态影响，导致稳态点的迁移。当资产价格小幅上涨或下跌使经济金融体系偏离稳态时，存在收敛的动态路径确保系统自发恢复至稳态水平。当资产价格上涨或下跌的幅度增大后，系统稳态性质将由收敛型转至发散型，其最终所停留的稳态位置取决于外部调控力度。各种资产价格的持续上涨或下跌最终都会导致系统失去实现稳态的可能。

第三，在不同种类和不同幅度的资产价格波动冲击下，稳态性质会呈现不同的动态变化过程。系统中资产价格的运行呈现正反馈效应。固定资产价格的上涨或下跌会使系统最快达到稳态不存在的情形。银行股票价格上涨能够在固定资产价格上涨或（和）企业股票价格上涨的同时延迟系统稳态不存在这种情形到来的时间；银行股票价格下跌会对系统稳态不存在这种情形的到来起到加速推动作用，且在系统处于第3阶段时尤为明显。为此，保持银行股票价格平稳运行具有十分重要的监管意义。

第四，在资产价格下跌的过程中，如果系统有实现稳态的可能，则监管当局可以采取逐步调节的策略。即，先将下跌的价格稳定在某一稳态位置，令其在自我反馈机制下进行作用，再拉向另一个稳态位置。如果系统的稳态已经不存在了，则监管当局须至少调节资产价格到使企业部门利润增加。如果调整价格的政策力度不够，则价格在自我反馈机制作用下仍会使系统走向失稳。

**附录1：** 银行部门利润函数的一阶与二阶性质

构造拉格朗日函数：

$$L_{Bt} = \varphi^t \delta_{Bt} \Big[ \Big( r_c - \frac{r_d}{1-rr} \Big) C_{rt} + \Big( \frac{r_d}{1-rr} - r_c \sigma_{Bt} \Big) E_{Bt} - W_{Bt} \Big] + \rho \big[ (g_{Bt} + \sigma_{Bt}) E_{Bt} - (1-\delta_{Bt}) \prod_{Bt} \big]$$

式中，$\rho$ 为拉格朗日乘子。

F. O. C. :

$$\frac{\partial L_{Bt}}{\partial E_{B(t+1)}} = \beta^{t+1} \delta_{B(t+1)} \Big[ \frac{r_{d(t+1)}}{1-rr} - r_{c(t+1)} E_t(\sigma_{B(t+1)}) + \frac{E_{B(t+1)} - c_{r(t+1)}}{1-rr} \frac{\partial r_{d(t+1)}}{\partial E_{B(t+1)}} \Big]$$

$$+ \rho_{(t+1)} \Big[ 1 - E_t(\sigma_{B(t+1)}) + (1-\delta_{B(t+1)}) \frac{\partial \prod_{B(t+1)}}{\partial E_{B(t+1)}} \Big] - (1 + g_{B(t+1)}) \rho_t = 0$$

$$\frac{\partial L_{Bt}}{\partial \delta_{Bt}} = \beta^t - \rho_t = 0$$

根据包络定理得到：

$$\frac{\partial \prod_{Bt}}{\partial E_{Bt}} = \frac{E_{Bt}}{r_{ct}} \frac{\partial r_{ct}}{\partial E_{Bt}} \eta^{\sigma_B} \sigma_{Bt} + \frac{E_{Bt} - C_{rt}}{1-rr} \frac{\partial r_{ct}}{\partial E_{Bt}} + \frac{r_{dt}}{1-rr} - r_{ct} \sigma_{Bt}$$

$$= \Big( 1 - \frac{C_{rt} - E_{Bt}}{1-rr} \eta^{E_B} \Big) \frac{r_{dt}}{1-rr} + \Big( \frac{E_{Bt}}{r_{ct}} \frac{\partial r_{ct}}{\partial E_{Bt}} \eta^{\sigma_B} - r_{ct} \Big) \sigma_{Bt}$$

式中，$\eta^{\sigma_B} = \frac{r_c}{\sigma_B} \frac{\partial \sigma_B}{\partial r_c}$，是银行部门风险暴露关于贷款利率的弹性；$\eta^{E_B} = \frac{E_B}{r_d} \frac{\partial r_d}{\partial E_B}$，是存款利率关于银行部门资本的弹性，$\eta^{\sigma_B} > 0$，$\eta^{E_B} < 0$。

当 $\sigma_{Bt}$ 足够小时上式大于零。即，当银行部门预期风险暴露较小时，包含股息的银行部门利润是银行部门资本的增函数。

再判断包含股息的银行部门利润函数 $\prod_{Bt}$ 相对于银行部门资本 $E_{Bt}$ 的凸凹性。

根据包络定理继续得到：

$$\frac{\partial^2 L_{Bt}}{\partial E_{Bt}^2} = \beta^t \frac{\partial^2 \prod_{Bt}}{\partial E_{Bt}^2} = \frac{1}{\beta^t} \Big[ \frac{2}{1-rr} \frac{\partial r_{dt}}{\partial E_{Bt}} - \frac{C_{rt} - E_{Bt}}{1-rr} \frac{\partial^2 r_{dt}}{\partial E_{Bt}^2} \Big]$$

当 $E_{Bt}$ 较小时，上式小于零。即包含股息的银行部门利润函数 $\prod_{Bt}$ 关于银行部门资本 $E_{Bt}$ 具有凹性。

# 第6章
# 资产价格波动与银行脆弱性
## ——基于我国数据的实证分析

目前，我国的金融体系是以银行为主导的，银行在整个金融体系中发挥着举足轻重的作用。我国金融体系的脆弱性，主要表现为银行脆弱性，因此，在前文阐述的基础上，本章进一步探讨资产价格波动与银行脆弱性影响的相互作用机制，并就股市价格、房市价格和金融板块价格的波动对银行体系脆弱性的影响进行实证分析。

## 6.1 资产价格波动对银行脆弱性的影响机制

资产价格波动对银行类金融机构的影响主要指通过两条途径对其产生的影响：一条直接渠道是通过银行自身角度，即通过非信贷资产价值评估和从资产交易价值中所获得的经纪费用的变动来影响银行收益；另一条渠道是通过影响家庭和企业净财富的变动，进而影响其还款能力、抵押物价值、信贷规模等来影响银行收益。具体说来，资产价格波动对银行脆弱性的影响可以通过资产价格上涨与银行经营和资产价格下跌与银行经营两个方面来进行分析。而且，金融加速器的存在对资产价格的上涨与下跌对银行脆弱性的影响有着不同的放大效应。

### 6.1.1 资产价格上涨与银行经营

在经济繁荣时期，金融加速器的作用较小，人们对未来经济形势的普遍看好不会增加甚至会减少企业的委托代理成本。此时资产价格上涨意味着个人消费增多，企业盈利能力增加，同时银行信贷规模增大，收益增多。

　　从银行角度来看，企业和银行都很少关注经济周期本身的影响，企业不太好的项目也同样会盈利。一方面，资产价格的上涨使企业抵押品价值上升，能够有能力获得更高的信贷额度。另一方面，资产价格的上涨代表着对企业盈利预期的提高，且交叉持股公司的账面利润会进一步提高。此时，银行往往会对企业的盈利能力和还款能力高估，减少其委托代理成本，企业也更易获得贷款额度。同时，银行业竞争的加剧会缩小银行传统业务收入和利润空间，但经纪业务的非利息收入会因银行资产的增多、交易活动的增加而提高，弥补因竞争而减少的损失。

　　从企业角度来看，企业自身股价的上涨意味着其对银行的抵押品价值上涨，使银行愿意为企业提供更多贷款支持。同时，企业的经营者自身也会因投资收益的提高而更加看好企业未来盈利，愿意扩大投资。但是，当企业获得的更多的银行贷款找不到较合适的投资项目时，很有可能将其违规投入股市，加大银行信贷资金遭受损失的可能性。

　　从个人投资者角度来看，资产价格的上涨同样会使个人信贷规模扩大。一方面，投资者持有的股票价值的上涨会使其个人账面价值上涨，可从银行获得更多贷款；另一方面，股市的赚钱效应促使更多的投资者将各种资金甚至是违规资金投入股市，极大的增大了银行的经营风险。

## 6.1.2　资产价格下跌与银行经营

　　由上面的分析可知，在资产价格上涨时，会有大量银行信贷资金违规流入资本市场，增大银行的经营风险。但一旦资本市场崩溃，资产价格出现大幅下滑时，借款人的还款能力下降，企业和个人贷款违约的可能性都会大大提升，同时企业和个人的委托代理成本也将面临不同程度的上涨，这些均会造成银行贷款规模急剧减少，盈利能力下降，不良贷款急剧增大，银行体系脆弱性加大。

　　从银行角度来看，资产价格的下跌一方面会使其自身市值急剧缩水，可贷资金减少；另一方面，随着企业和个人违约的不断增多，不仅会使银行的信贷变得谨慎，增大企业融资贷款成本，减少贷款额度，缩减盈利，同时违约的增多还将带来银行呆账、坏账的直接增多。此时，即使出售抵押品，也会因抵押品价值较低而蒙受巨大亏损，这就可能进一步恶化因开始时资产价格下跌所引发的紧缩效应，对银行的正常经营产生威胁。

　　从企业角度来看，资产价格的下降使其对银行的抵押品价值下降，无法获得正常经营所需的资金支持。同时，企业盈利能力的下降意味着其财富缩水，还款能力下降，贷款成本上升，可能出现被迫的信用违约，增大银行遭受损失的可能性。企业经营者也会因对市场失去信心而对企业经营前景持悲观态度，可能使其股价进一步下跌，出现恶性循环。

从投资者个人角度来看，一般情况下是能承受较高利率水平的投资者会从银行取得更多贷款，因此他们很可能将银行借款投入股市等高风险高收益项目。但一旦出现资产价格大幅下降时，个人因风险承受能力低，极易出现破产，银行信贷资金直接变成呆账、死账。此时，银行即使通过出售个人抵押品也会因抵押品价格的过低而仅能收回一小部分资金，对银行的正常经营产生较大负面影响。

## 6.2　资产价格波动对银行脆弱性的影响途径

### 6.2.1　股票市场价格波动对银行脆弱性影响的主要途径

我国一直实行的是"分业经营、分业管理"的金融体制，这也就意味着监管当局一直有意隔断着货币与资本两个市场。但1999年颁布的《基金管理公司进入银行间同业市场管理规定》和《证券公司进入银行间同业市场管理规定》以及2004年颁布的《证券公司股票质押贷款管理办法》为货币和资本两个市场提供了简单的合法沟通渠道。同业拆借和质押贷款成为银行信贷资金进入股市的两条合法渠道。本节将股市价格波动影响银行脆弱性的几条途径整理如下：

1. 个人投资者途径。个人投资者通过在股市和银行存款间个人资产的重新分配来调节两个市场间的资金余缺，进而使其相互影响。理性投资者往往通过对不同投资组合的风险和收益进行权衡来追求效应最大化。非理性投资者则易产生从众心理、羊群效应，在股市中追涨杀跌。当股价上涨时，人们会普遍看好经济的整体走势，往往低估潜在的风险因素。此时理性投资者对于自有资产更倾向于投资于股市，银行存款会相应减少；对于信贷资产，一方面由于抵押品价值的升高使其更易取得银行信贷，另一方面投资者对经济未来前景的看好使其更愿意扩大自己的信贷量以获得更大收益，二者均会造成银行信贷的增长。非理性投资者则往往由于从众心理想方设法扩大自己的银行信贷量且将资产更多的投资于股市，追涨杀跌。另外，此时的理性投资者和非理性投资者的消费信贷往往因高估自己未来收入而增大。这些均造成银行信贷扩张，脆弱性加大。当股价出现下跌时，理性投资者则会减少自己在股市的投资，增大银行存款，尽量避免损失加大，从这个角度看，银行会因存款的增多而更加稳健。

但市场上大多数投资者均为非理性投资者，且存在较强的投机心理，股市缓慢下跌时不甘心退市，股市大幅下跌时则损失惨重，连带银行出现大量的呆账、坏账。

2. 企业资本运作途径。企业作为资金的主要需求者，其融资方式、融资量的直接或被迫变化都会对股市和银行间的资本流动产生影响。从资金来源上讲，股市行情被看好时，企业对未来经济前景普遍看好，更倾向于扩大投资规模以获得更大收益，此时无论从银行取得贷款还是发行新股或增资配股都变得较为容易。前者直接影响着银行的信贷量，后者则通过影响银行间同业拆借市场来提升银行的短期收益。相反，股市下跌时，企业原有的扩张投资规模计划取消甚至由于效益下滑无法偿还贷款等原因而缩减现有投资规模，银行信贷量减少，同业拆借市场也变得冷清。从资金运用上讲，若企业将获得资金用于实体经济的投资，股市作为经济发展的"晴雨表"将通过宏观经济层面反映这种资金运用，从而影响银行经营。若企业将获得资金再次投资于股市，则易产生股市泡沫，此时，一旦货币政策紧缩，银根收紧，企业资金的流动性便开始下降，为了避免资金链的断裂，企业只能选择大量抛售手中股票，则造成股市下跌。部分企业甚至将募股资金以委托理财形式投入股市，则其面对银根收紧、股市下跌时承受的风险损失更大，也更易形成银行的不良贷款。

3. 券商途径。在我国，证券投资业务为我国券商的主要收益来源。当股价上涨时，券商往往利用国债回购交易、股票质押贷款等方式加大资金的融入量，推动股价上涨的同时获得不菲的账面收益，但此做法同时使得银行资金更多的暴露于股市风险中，一旦国家宏观政策调控，银根收紧就会造成股市下跌，股市泡沫破裂，这时券商资金链绷紧甚至可能断裂，形成银行坏账。同业拆借市场作为银行信贷资金入市的主要途径则相对安全一些。在同业拆借市场中，虽说券商占比较小，但其活跃程度相当高，尤其是在股市行情较好时。券商在银行间市场融入的资金由于受到期限的严格限制大都流入流动性较高的一级市场。

4. 银行自身途径。对于传统的存贷款业务，股市行情好时，银行一方面为了寻求更高的收益，另一方面也因为个人或企业抵押品价值的升值，银行往往会放松对贷款企业的监管，扩张信贷，为不良贷款埋下隐患。当股市下跌时，银行则因为企业和个人违约的增多，不良贷款率上升，此时即使大量出售抵押品，也会因抵押品价值下降而遭受巨大损失。银行鉴于监管部门对其资本充足率的要求，则大幅度紧缩信贷量。

另外，随着银行业竞争的加剧，传统的存贷款业务利润空间在逐步缩小，银行通过寻求各种经纪业务来寻求非利息收入。银行经纪业务主要有代理客户买卖证券，代理资产交易佣金，帮助客户理财，提供兑换服务，提供资产管理业务，以及代理销售保险、信托、黄金和其他投资产品等。当股市价格下跌时，证券交易活动减少，银行佣金收入减少，某些特定的经济业务极度低迷甚至可能消失，银行的相应收入也会消失。在银行参与证券业务收入占很大比重的管理费用也会因管理资产的大幅缩水而急剧下降。不过，在熊市中，银行也会因投资者大量抛售手中资产弥补少量手续费用。

5. 银行附属机构途径。银行自身资金参与股市受到国家政策的限制相对有限。但若银行的一些附属机构或者子公司过多的参与股市交易，此时股市价格的波动将直接影响银行附属机构或者子公司的资金流动性，进而可能对银行提出新的资金要求，同时也将股市风险带给银行。

6. 其他途径。例如有的商业银行在办理证券交易资金清算或认购资金冻结等业务时给证券公司和收购者提供透支，某些银行职员非法占用客户资金进行炒股，银行、企业、证券公司之间达成某种协议或默认后利用银行承兑汇票套取银行资金非法入市等，将银行脆弱性与股票市场联系在一起。

总之，整个股市对银行脆弱性的影响以个人和企业的信贷渠道为主，同时其他渠道的影响也不容忽视。但是，银行资金非法入市对股票市场的影响终究有限。

## 6.2.2　金融板块价格波动对银行脆弱性影响的主要途径

金融板块作为整个股市的主要组成部分，其波动必然与整个股市价格波动存在极大的相关性。因此，一方面，金融板块价格波动通过与整个股市的联动机制而影响银行体系的脆弱性，另一方面，金融板块鉴于其与银行关系的特殊性，对银行脆弱性的影响更加直接，同时银行脆弱性对金融板块股价指数影响也更为显著。总结起来，有以下传导途径：

1. 银行自身资产市值途径。银行股被普遍认为估值偏低，安全边际较高，具有中长期投资价值，且以机构持股占多数。因此，一般来说，银行股波动较稳定，较少成为投机者的持有对象，其波动主要受整个宏观经济大势的影响。银行股价的上涨或下跌将直接影响银行的市值，影响持股股东的权益，以及银行资本增减，资本充足率及银行抵御风险的能力。因为银行属于高负债经营的行业，自有资产较少，故此传导途径的影响较弱。

2. 自身信贷量变化途径。当宏观经济形势较乐观时，企业盈利水平普遍提高，其扩张投资规模的需求也会增大其对银行信贷的需求，银行利润的剧增，促使股民和机构投资者看好中资银行股，于是银行股价格先于整个股市出现上涨。相反，当经济出现萎缩时，银行一方面出现贷款紧缩，收益下降，另一方面，不良贷款率也因违约事件的上涨而上升，此传导途径与整个股市对银行脆弱性的影响类似，但比整个股市的影响更直接。

3. 其他金融机构的传导途径。一家银行的股价因其内部管理者的更换、某些恶意诽谤事件遭受巨额损失等原因而股价大跌时，往往很快就会传播到其他银行，甚至可能出现银行的挤兑风潮，对银行的稳健经营形成巨大威胁，甚至出现破产倒闭。如 2004 年第四季度美国花旗银行遭受巨额亏损 98.3 亿美元后，紧接着中国工商银行、建设银行、中国银行股价都下跌 30% 以上，银行的贷款增长率也出现急剧下滑。

4. 银行内部治理结果的影响。银行股价的波动会对股东的收益造成一定的影响，尤其是有能力对管理层进行控制的大股东，其经营决策会影响银行的经营稳健性。若控股股东与管理层联合起来，就会大幅侵占其他小股东的利益使其受损。另外，银行股价的非系统性波动在很大程度上反映了该银行的内部治理情况，在一定程度上影响着银行业的中间业务发展状况和存贷比的扩张情况，进而影响到银行的系统脆弱性程度。

5. 对人们心理预期的影响。一方面，银行股价的持续上涨，会使人们对银行股的未来走势有着较好预期，部分理性投资者可能增持银行股，提高银行股市融资的能力，扩大银行的资金池，增强其抵御风险的能力。另一方面，股价的持续上涨反映了该银行的经营状况，会吸引更多的存款者，从而增大银行的发放贷款的基础资金，提升银行盈利能力。相反，银行股出现大幅下跌时，很可能会引发挤兑风潮，使银行脆弱性持续上升。

6. 通过大的评级机构的评级途径。证券评级机构对上市公司的评级是投资者在股市进行投资选择的一项主要参考指标。银行股的上涨或者下跌若引起大的评级机构对其评级的改变，其隐形声誉资本将会显著上升或者下降，必然在很大程度上影响着银行吸收存款和发放贷款的能力，评级的突然下调还可能会引发银行的挤兑风险，甚至破产倒闭。

对比整个股市与单独金融板块股票对银行脆弱性的影响途径可以看出，二者对银行脆弱性的影响途径存在着一些重叠路径，但比起整个股市对银行脆弱性的影响，金融板块股票价格波动的影响更直接。

### 6.2.3 房地产价格波动对银行脆弱性影响的主要途径

1998 年，我国实施住房分配体制改革，取消福利分房制度，银行配合国家住房政策开始推行商品房按揭贷款。1998 年 5 月《个人住房贷款管理办法》的颁布标志着我国个人住房制度新阶段的到来，房地产行业开始快速发展，对国民经济的贡献率也持续增高。同时全国各大中城市的房地产价格开始大幅上涨，部分中心城市房价在短短两三年间上涨数倍。房价的不合理上涨，加上2008 年美国房市次贷危机引发的全球金融危机，使更多的人开始关注房地产价格波动与银行脆弱性之间的关系。本节总结其传导途径如下：

1. **房地产开发建设的筹资途径。** 理论上讲，房地产开发的直接融资渠道包括上市发行股票、债券、REITS、房地产信托、私募基金（PE）等，但由于我国对房地产企业上市规模有总体控制，加上自身资产负债率较高，很难上市筹资，而且大力发展 REITS 的政策环境尚不具备。因此，我国房地产投资资金仍依赖于商业银行，即以银行贷款为主，在此阶段的贷款主要包括土地储备贷款和房地产开发贷款。据有关数据显示，我国房地产开发企业年度资金来源于银行信贷的金额占总资金的 20% 左右。对于房地产开发中的其他资金，大部分来源于定金及预收款，而这一部分又主要来源于银行的个人住房按揭贷款。即使房地产开发企业的自筹资金，也有很大比重来源于施工企业的工程垫款，间接来源于银行业的建筑业贷款。且房地产开发涉及的贷款一般规模较大，只要房市价格一直处于上涨阶段或者房屋销售顺利进行，一般均可顺利收回且银行收益也较大。但是，一旦出现房屋销售价格下降或者出现滞销，房地产开发商投入的大量资金无法收回，面对巨额负债，只能选择违约逃跑，对其提供贷款的银行则会出现大量不良贷款，损失惨重，脆弱性急剧加大，甚至出现银行危机。

2. **个人购房途径。** 目前，我国的个人购房资金主要来源于住房公积金贷款和商品房按揭商业贷款。两者比较而言，前者因各地对不交或迟缴公积金的单位缺乏有效管理，部分单位缴纳的公积金数量偏少，造成公积金归集率不齐，整体规模相对不大。因此，我国个人购房资金以商业银行信贷资金为主。以投资为目的的房贷客户往往希望房价走高时变卖房屋，偿还银行房贷，获取差价。一旦高位被套将产生严重的资金短缺问题，违约风险急剧加大。需求性个人住房贷款相对较安全，但其大多都是在银行折扣利率水平上获得的贷款，此时一旦房屋贬值，利率提升，购房者很可能会因为月收入下降不足还款额度而违约，银行脆弱性增加。

3. **部分炒房者的违规炒房途径。** 近些年，中国房市快速上涨，巨额房市利润也催生了部分投资者的违规炒房行为。大部分炒房者充分利用银行贷款资金，以"贷款买房→出租还贷→再贷款买房"的模式进行套利。在支付较低比例的首付，大部分资金从银行贷款购置第一套房后，第二套商品房的购置款，以第一套仍处于还贷阶段的商品房为抵押从银行融资，如此延续下去。在此模式下，炒房者的资金绝大部分来源于银行贷款，同时运作着几处甚至几十处的房产，此时只要一个环节出现问题（如房价下跌），就会引发大规模的还贷风险。而银行管理者并未对此炒房现象制定相应的对抗措施，相反部分银行管理者认为其没有违规，甚至因追求贷款收益而为其提供便利，此种行为更助长了炒房现象，加大了银行出现贷款损失的概率。

4. 国家对房产税的调控途径。房产税的实施对房地产市场起到了规范化的作用，对房价的过快上升、房产泡沫的形成起到了一定的抑制作用。它通过增加房产的持有成本，减少了房产市场的投机行为，使更多的商品房回归满足居住和商用的需求，同时，也使得开发商做决策时变得更理性更慎重。房产税会影响购房者和开发商的还款意愿和还款能力。对购房者而言，只要房屋售价不出现下调30%以上的极端情况，其还款意愿基本不受影响。但部分理想购房者在市价与房贷成本相比显得更经济时，也会停止月供，此时商业银行即使出售抵押房也无法收回其全部贷款，遭受损失。对开发商而言，房产税主要影响其还款能力，尤其对于还款能力依赖房价持续上涨的开发商，房屋售价一旦出现下跌将直接导致其破产逃跑，银行则形成大量呆账、坏账。

另外，房产税对房价的调控使得购房者更易做出购房决策，减少了购房者持币观望的可能性，这也就使得银行贷款更易流出。政府为了抑制房价过快增长，可能会上调银行存贷款基准利率，也会直接影响到银行的存贷款规模及盈利能力。

5. 其他途径。例如商品房自身途径。商品房作为不动产，经常被当做其他类型贷款的抵押物。当房市价格下降时，借款者会因抵押物价值下降而贷款能力减弱，其面临的资金链收紧甚至断裂，就会限制其投资规模，降低盈利能力，减小其银行贷款的还款能力，增大银行风险。还有房地产相关行业的影响途径。钢铁、建材、家居设计、装饰装潢等多个行业均与房地产行业有着紧密的联系。房市的冷暖对这些行业的盈利能力有着很大的影响，进而影响其对银行信贷的还款能力。

总之，在上述理论传导途径分析阐述的基础上，我们可以得到如下的假设猜想：房市价格波动对银行脆弱性的影响应大于股市价格波动对银行脆弱性的影响。因为，在我国银行信贷资金不允许直接参与股市，故其入市程度相对较小，且股市也主要通过影响宏观经济环境和居民财富水平来间接影响银行经营状况。而房市价格波动则与银行经营有着更紧密的联系，房地产行业的快速发展主要就是依靠银行信贷资金的支撑。另外，对于金融板块价格波动与整个股市价格波动对银行脆弱性影响的比较，以及房市价格波动与金融板块价格波动对银行脆弱性影响的比较，则需要进一步的实证研究。

## 6.3　资产价格波动对银行脆弱性影响的实证分析

### 6.3.1　样本指标的选取及数据说明

（一）资产价格波动指标的选取

1. 股票市场价格指数。股票价格指数是反映股票市场总的价格水平的变量指标。上证指数和深证指数总体变动趋势基本一致，但指数包含的上市公司数量、变动幅度等存在一定差异，比较而言，上证指数更具代表性。因此，本部分选取了在上证指数收盘价格的基础上计算出来的上证指数的季度收益率作为股市价格指数指标。数据来源于锐思金融研究数据库。

2. 金融板块价格指数。鉴于金融板块与银行脆弱性关系的特殊性，本部分选取上证180金融股指数的季度涨跌幅度作为金融板块的价格指数，探究其与银行体系脆弱性的关系。上证180金融股指数反映上证180指数中银行、证券、保险和信托等金融股走势，同时为投资者提供新的投资标的指数。该指数基日与上证180指数相同，为2002年6月28日，基点1000点，指数代码为"000018"，指数简称为"180金融"。数据来源于同花顺股票分析软件。

3. 房地产市场价格指数。本部分选取国家统计局公布的以2000年为基期的100商品房销售价格指数，后对其进行处理，即减去100得到商品房销售价格增长率，此处取月度数据的算术平均值作为房地产价格指数的季度增长率，数据来源于国家统计局网站。同时因最后三期即2012年的第一、第二、第三季度数据缺失，因此三个季度的数据用百城价格指数走势数据的增长率来代替。

（二）银行脆弱性指标的选取

关于银行脆弱性的测度，主要有以下方法：一是Kaminsky（1997）等提出的信号分析法；二是Frankel和Rose（1996）提出的概率单位模型，如Probit模型和Logit模型；三是Sachs、Tomell和Velasco（1996）提出的横截面回归模型，简称STV模型。定量具体指标的选取，不同专家学者均有自己不同的看法，但包括国际货币基金组织、世界银行和欧洲中央银行等权威部门的研究在内，大多学者认为银行脆弱性主要由反映宏观经济的国内生产总值、贷款增长率、通胀率、利率等指标和反映微观金融的不良贷款率、资本充足率、盈利能力等指标构成。本部分采用量化指标分析方法对银行脆弱性进行测度。具体指标的选取，一方面结合银行脆弱性的相关概念定义，另一方面参考国际货币基金组织和世界银行的一些标准，从宏观经济和微观金融的角度分别选取了CPI、贷款增长率和不良贷款率、资本充足率四个核心指标来测量我国银行的脆弱性程度。

1. 不良贷款率。不良贷款被视为金融体系的最大风险来源，不良贷款率与信贷迅速扩张带来的潜在风险直接相关，因此被视为反映银行脆弱性的首选指标。自2002年开始，我国银行在评估贷款质量时，将贷款按风险基础分为正常、关注、次级、可疑和损失五类，其中后三类合称为不良贷款。不良贷款率即为不良贷款占总共贷款的百分比。不良贷款率越高，银行脆弱性程度越高。

2. 资本充足率。资本充足率指商业银行持有的资本与商业银行风险加权资产之间的比率，反映银行承担风险的能力高低。2004年6月公布的《巴塞尔新资本协议》明确规定商业银行的资本充足率不得低于8%。银行的资本充足率越低，表明银行的抗风险能力越差，脆弱性程度也就越高。

3. 贷款增长率。该指标反映全国信贷量的增长率，适度的贷款增长率对于保证应有的投资需求和经济发展都是有利的。但若贷款增长率增长过快，虽能促进银行的短期收益，但对银行资产及其稳健性将产生极大的负面影响。研究表明，包括次贷危机在内的多次危机均是由于金融体系在长期内信贷持续扩张造成金融机构流动性过剩、杠杆率过高以至于过度承担风险而引发的。

4. 通货膨胀率（CPI）。历次金融危机的一个普遍特征就是物价暴涨，货币贬值，出现严重的通货膨胀。通货膨胀率反映的是货币贬值的风险大小。通胀对于银行的资产和负债的影响虽说可以抵消一部分，但当存贷差较大时，银行资产难免遭受较大损失，加之在较高的通胀时资金来源会急剧萎缩，将进一步加重银行的脆弱性程度。

（三）银行的选取及数据说明

2008年全球金融危机中雷曼兄弟和一些其他金融机构的轰然垮台引发了全球范围金融危机，也对全球经济造成严重破坏，经验教训使人们开始关注系统重要性金融机构以及其对金融体系和实体经济造成的巨大影响。

金融稳定理事会（Financial Stability Board，FSB）将系统重要性银行（SIBs）定义为"由于该金融机构具有一定规模、复杂度与系统相关度，以至于其破产或出现问题时将对更广范围内金融体系与经济活动造成严重干扰的银行。"国际清算银行（BIS）、国际货币基金组织（IMF）等国际金融组织认为，系统重要性银行是指在金融市场中承担了关键功能，由于规模巨大，其倒闭可能给其他银行和整个金融体系造成损害，同时可能会给实体经济产生严重负面影响的银行。

中国银监会曾在《中国银行业实施新监管标准的指导意见中》指出，中国系统重要性银行主要考虑规模、关联度、可替代性和复杂性等指标。本部分参照巴曙松、高江健在《基于指标法评估中国系统重要性银行》中的研究，选取规模、关联性、可替代性、复杂性和国民信心五大指标（每个指标的权重均为20%，每个指标的衡量标准及其子指标的选择和权重在此不再详述）对国内银行进行打分，得出国内系统重要性银行的前十五家为：中国工商银行、中国银行、中国农业银行、中国建设银行、中国交通银行、招商银行、中信银行、光大银行、民生银行、兴业银行、浦东发展银行、深圳发展银行、华夏银行、北京银行、宁波银行。本部分在系统重要性银行的基础上，结合数据的可得性，选取了中国工商银行、中国银行、中国建设银行、中国交通银行、招商银行、中信银行、兴业银行、浦东发展银行、华夏银行、深圳发展银行、宁波银行11家上市银行进行数据采集。

基于以上对银行脆弱性测度的指标设计，本部分选取了2007年第一季度到2012年第三季度的不良贷款率、资本充足率、贷款增长率、通货膨胀率的季度数据作为测度我国银行体系脆弱性的核心指标，其中少数季度缺失数据由半年期或年度数据代替。对于数据的采集，本部分在此做以下几点说明：（1）本部分中的不良贷款率（BL）、资本充足率（CR）为上述11家上市商业银行的算术平均值，数据来源于各个商业银行的报告期报告。（2）贷款增长率的原始数据为对应区间的月度贷款余额，数据来源于锐思金融研究数据库。此处的贷款增长率为以季末贷款余额为基础计算出的收益率。（3）通货膨胀率为国家统计局公布的季末同比增长率。

## 6.3.2 银行脆弱性的综合测度

本部分对我国银行体系脆弱性的测度主要参照国际通用标准和专家学者（Mckinnon R. & Pill H.）的研究成果。根据表6-1银行体系脆弱性指标和对应的临界值，将原始数据映射为相应的脆弱程度值。

表6-1　　　　　　　银行体系脆弱性的指标和对应的临界值

| 不良贷款率（%） | <14 | 14~18 | 18~24 | >24 |
|---|---|---|---|---|
| 资本充足率（%） | >15 | 6~15 | 3~6 | <3 |
| 贷款增长率（%） | 4~16 | 16~24 | 24~28或0~4 | >28或<0 |
| 通货膨胀率（%） | 0~4 | 4~7 | 7~10或0~-2 | >10或<-2 |
| 指标映射值区间 | 0~20 | 20~50 | 50~80 | 80~100 |
| 脆弱性程度 | 安全 | 正常 | 关注 | 危险 |

资料来源：Mckinnon R. and Pill H. A Decomposition of Credit and Currency Risks. 1997.

首先，本部分先逐一确定不良贷款率、资本充足率、贷款增长率、通货膨胀率所对应的脆弱性程度并给其赋值。例如：2008 年第一季度的不良贷款率为 2%，资本充足率为 11.88%，通货膨胀率为 8.03%，贷款增长率为 5.09%，分别属于安全、正常、关注、安全范围。其中，通货膨胀率为 8.03%，先将其对应到区间 7~10，计算可得：（8.03 - 7）÷（10 - 7）= 34.33%，按相同比例将其映射到脆弱性程度区间 50~80，故其赋值结果为：50 +（80 - 50）× 34.33% = 60.3，脆弱性程度在关注范围内。其他三项指标的赋值计算过程为同样原理，在此不再详述。最终得到的 2007 年第一季度到 2012 年第一季度各个指标的脆弱性赋值结果，如表 6 - 2 所示。

表 6 - 2　　　　　　　银行体系脆弱性 4 个核心指标的赋值结果

| 时期 | 不良贷款率 | 资本充足率 | 贷款增长率 | CPI |
|---|---|---|---|---|
| 2007 - 03 - 31 | 3. 67 | 36. 47 | 3. 92 | 16. 50 |
| 2007 - 06 - 30 | 3. 61 | 36. 87 | 1. 13 | 24. 00 |
| 2007 - 09 - 30 | 3. 34 | 40. 20 | 74. 45 | 42. 00 |
| 2007 - 12 - 31 | 3. 16 | 41. 00 | 57. 88 | 45. 00 |
| 2008 - 03 - 31 | 2. 86 | 39. 60 | 1. 82 | 63. 00 |
| 2008 - 06 - 30 | 2. 73 | 39. 50 | 0. 12 | 51. 00 |
| 2008 - 09 - 30 | 2. 66 | 41. 03 | 76. 93 | 26. 00 |
| 2008 - 12 - 31 | 2. 17 | 40. 67 | 67. 48 | 6. 00 |
| 2009 - 03 - 31 | 1. 89 | 38. 07 | 18. 68 | 62. 00 |
| 2009 - 06 - 30 | 1. 74 | 35. 93 | 6. 63 | 54. 50 |
| 2009 - 09 - 30 | 1. 61 | 36. 80 | 75. 73 | 68. 00 |
| 2009 - 12 - 31 | 1. 69 | 35. 97 | 67. 85 | 9. 50 |
| 2010 - 03 - 31 | 1. 39 | 35. 77 | 4. 22 | 12. 00 |
| 2010 - 06 - 30 | 1. 30 | 37. 40 | 1. 27 | 14. 50 |
| 2010 - 09 - 30 | 1. 23 | 37. 43 | 78. 20 | 18. 00 |
| 2010 - 12 - 31 | 1. 19 | 40. 27 | 76. 55 | 26. 00 |
| 2011 - 03 - 31 | 1. 07 | 39. 40 | 74. 30 | 34. 00 |
| 2011 - 06 - 30 | 1. 04 | 40. 50 | 79. 25 | 44. 00 |
| 2011 - 09 - 30 | 1. 03 | 40. 90 | 72. 05 | 41. 00 |
| 2011 - 12 - 31 | 1. 03 | 41. 93 | 76. 70 | 21. 00 |
| 2012 - 03 - 31 | 1. 03 | 41. 57 | 0. 80 | 18. 00 |
| 2012 - 06 - 30 | 1. 04 | 42. 07 | 0. 30 | 11. 00 |
| 2012 - 09 - 30 | 1. 07 | 42. 67 | 73. 48 | 9. 50 |

然后，同样参考 Mckinnon R. 和 Pill H（1997）的研究成果，给不良贷款率、资本充足率、贷款增长率、通货膨胀率分别附予权重 0.3、0.2、0.2、0.3 和权重 0.35、0.3、0.15、0.2 得到银行体系脆弱性的综合指标 $Z_1$ 和 $Z_2$。最后，取二者的算术平均值，得到我国银行体系脆弱性测度的最终指标 $Z_3$，如表 6-3 所示。

表 6-3 我国银行脆弱性测度的最终指标

| 时期 | $Z_1$ | $Z_2$ | $Z_3$ | 时期 | $Z_1$ | $Z_2$ | $Z_3$ |
|---|---|---|---|---|---|---|---|
| 2007-01 | 14.13 | 16.11 | 15.12 | 2010-01 | 12.01 | 14.25 | 13.13 |
| 2007-02 | 15.88 | 17.29 | 16.59 | 2010-02 | 12.47 | 14.77 | 13.62 |
| 2007-03 | 36.53 | 32.80 | 34.66 | 2010-03 | 28.90 | 26.99 | 27.94 |
| 2007-04 | 34.22 | 31.09 | 32.66 | 2010-04 | 31.52 | 29.18 | 30.35 |
| 2008-01 | 28.04 | 25.75 | 26.90 | 2011-01 | 33.26 | 30.14 | 31.70 |
| 2008-02 | 24.04 | 23.02 | 23.53 | 2011-02 | 37.46 | 33.20 | 35.33 |
| 2008-03 | 32.19 | 29.98 | 31.08 | 2011-03 | 35.20 | 31.64 | 33.42 |
| 2008-04 | 24.08 | 24.28 | 24.18 | 2011-04 | 30.34 | 28.64 | 29.49 |
| 2009-01 | 30.52 | 27.28 | 28.90 | 2012-01 | 14.18 | 16.55 | 15.37 |
| 2009-02 | 25.39 | 23.28 | 24.34 | 2012-02 | 12.09 | 15.23 | 13.66 |
| 2009-03 | 43.39 | 36.56 | 39.98 | 2012-03 | 26.40 | 26.10 | 26.25 |
| 2009-04 | 24.12 | 23.46 | 23.79 | | | | |

### 6.3.3 实证分析

基于以上分析，下文分别以上证指数收益率 SR、金融板块涨跌幅度 JR、房地产价格指数波动情况 FR 代表资产价格的波动，分别与代表我国银行体系脆弱性最终测度指标 $Z_3$ 进行实证分析。

（一）单位根检验

此处的上证指数收益率 SR、金融板块涨跌幅度 YR、房地产价格波动情况 FR 以及我国银行体系脆弱性最终测度指标 $Z_3$ 均为时间序列，而大多数宏观经济变量的时间序列均为非平稳过程。下面用 ADF 检验法对四个指标的平稳性进行检验，结果如表 6-4 所示。

**表 6 - 4**　　　　　　　　　　　　**各个变量的 ADF 检验结果**

| 时间序列 | (c, n, k) | ADF 检验统计量 | Test critical values | | | 检验结果 |
|---|---|---|---|---|---|---|
| | | | 1% | 5% | 10% | |
| SR | (c, 0, 0) | -4.848180 | -3.831511 | -3.029970 | -2.655194 | 平稳 |
| JR | (c, 0, 0) | -5.627142 | -3.831511 | -3.029970 | -2.655194 | 平稳 |
| FR | (0, 0, 0) | -2.154207 | -2.679735 | -1.958088 | -1.607830 | 平稳 |
| $Z_3$ | (c, 0, 0) | -4.046324 | -3.857386 | -3.040391 | -2.660551 | 平稳 |

由表 6 - 4 可知，时间序列上证指数收益率 SR 的 ADF 值为 - 4.848180，该值小于其在 5% 的显著性水平下的临界值 - 3.029970，故 SR 为平稳序列。同理，时间序列 JR、FR、$Z_3$ 均小于其对应的 5% 的显著性水平下的临界值，故四个时间序列变量指标均为平稳序列。

（二）VAR 模型

1. 滞后期的选择。选择系统内解释变量的滞后期长度是建立 VAR 模型的关键。如果滞后期选择太少，误差项的自相关会很严重，并可能导致参数的非一致性估计。另一方面，滞后期的选择也不宜过大，过大会导致自由度减小，直接影响模型参数估计量的有效性。关于滞后期的选择，方法有许多，本部分运用拉格朗日乘数检验（LR）来选取合适的滞后期。运用 Eview 6.0 得到的不同滞后期对应的 LR 值，结果如表 6 - 5 所示。

**表 6 - 5**　　　　　　　　　　　　**不同滞后期下的 LR 的取值**

| 滞后期 | 0 | 1 | 2 | 3 |
|---|---|---|---|---|
| LR 值 | NA | 32.44387 | 27.05325 | 23.23219 |

由表 6 - 5 可以看出，LR 值在滞后 2 期时开始下降，故应将滞后期定为 2。

2. VAR 模型的建立。本部分在 Eview 6.0 中建立了 SR、JR、FR 和 $Z_3$ 的向量自回归 VAR（2）模型，选择 2 阶滞后项，并保留常数 C，得到如下结果：

**表 6 - 6**　　　　　　　　　　　　**VAR（2）模型的结果**

| | $Z_3$ | FR | JR | SR |
|---|---|---|---|---|
| | 0.417244 | -0.040348 | -0.220936 | -0.206258 |
| $Z_3$（-1） | (0.24962) | (0.09478) | (0.65349) | (0.76121) |
| | [1.67155] | [-0.42571] | [-0.33808] | [-0.27096] |
| | -0.378559 | -0.023826 | -0.958990 | -1.730752 |
| $Z_3$（-2） | (0.25118) | (0.09537) | (0.65758) | (0.76597) |
| | [-1.50713] | [-0.24982] | [-1.45835] | [-2.25955] |

续表

| | Z₃ | FR | JR | SR |
|---|---|---|---|---|
| FR (-1) | -1.101359 (0.70953) [-1.55225] | 1.103719 (0.26941) [4.09681] | 2.925687 (1.85754) [1.57503] | 3.798712 (2.16371) [1.75565] |
| FR (-2) | 0.645212 (0.68105) [0.94738] | -0.488969 (0.25860) [-1.89086] | -3.512287 (1.78298) [-1.96990] | -4.919548 (2.07686) [-2.36874] |
| JR (-1) | -0.051468 (0.18544) [-0.27755] | 0.147408 (0.07041) [2.09353] | 0.638047 (0.48548) [1.31427] | 0.512712 (0.56549) [0.90666] |
| JR (-2) | 0.188665 (0.21523) [0.87659] | -0.008068 (0.08172) [-0.09872] | -1.384161 (0.56346) [-2.45652] | -1.700012 (0.65634) [-2.59015] |
| SR (-1) | 0.056233 (0.14793) [0.38014] | -0.047999 (0.05617) [-0.85455] | -0.416881 (0.38727) [-1.07645] | -0.477856 (0.45111) [-1.05929] |
| SR (-2) | -0.014304 (0.12825) [-0.11153] | -0.004585 (0.04870) [-0.09415] | 0.643641 (0.33577) [1.91693] | 0.515844 (0.39111) [1.31892] |
| C | 26.85569 (8.16839) [3.28776] | 3.428785 (3.10156) [1.10550] | 33.87644 (21.3848) [1.58414] | 63.83852 (24.9096) [2.56281] |
| R - squared | 0.406782 | 0.837301 | 0.492808 | 0.599624 |
| Adj. R - squared | 0.011304 | 0.728836 | 0.154680 | 0.332706 |
| Sum sq. resids | 682.8096 | 98.44373 | 4 679.913 | 6 349.808 |
| S. E. equation | 7.543262 | 2.864200 | 19.74823 | 23.00328 |
| F - statistic | 1.028582 | 7.719502 | 1.457460 | 2.246478 |
| Log likelihood | -66.35549 | -46.01982 | -86.56609 | -89.77011 |
| Akaike AIC | 7.176714 | 5.239983 | 9.101532 | 9.406677 |
| Schwarz SC | 7.624366 | 5.687635 | 9.549185 | 9.854330 |
| Mean dependent | 26.67908 | 3.996508 | -0.139524 | 5.015767 |
| S. D. dependent | 7.586260 | 5.500310 | 21.47918 | 28.15990 |

| | |
|---|---|
| Determinant resid covariance (dof adj.) | 12 416 090 |
| Determinant resid covariance | 1 323 831 |
| Log likelihood | -267.1993 |
| Akaike information criterion | 28.87612 |
| Schwarz criterion | 30.66673 |

从每个回归系数下方括号内的 $t$ 统计量可以看出，每个回归方程仅有一部分的滞后项是显著的（根据样本数和自由度，$t$ 统计量在 10% 置信度下要达到 1.33）。但我们仍可得到以下结论。

$Z_3$ 的方程表明：我国银行体系的脆弱性除了受自身滞后项的影响较大外，主要受房地产价格波动的影响，而金融板块价格波动和整个股市价格波动对其影响力度较小。且房地产价格波动对银行脆弱性的影响主要表现在，房市板块价格波动滞后一阶时对其存在显著负向影响。

SR 的方程表明：我国整个股市价格的波动受房地产价格波动，金融板块价格的波动和银行体系脆弱性三者的影响均较大。具体来说，滞后一阶的房市价格波动对整个股市收益率存在显著正向影响，而滞后两阶的房价波动、金融板块价格波动和银行体系脆弱性的变动均与其存在显著负向相关关系。

JR 的方程表明：我国房地产价格波动、整个股市的价格波动和银行体系脆弱性指标均对金融板块的价格波动存在较大影响。具体表现为，房市价格在滞后一阶时对金融板块价格存在显著正向影响，滞后两阶时存在显著负向影响，整个股市价格波动和银行体系脆弱性指标在滞后两阶时均对其存在较大负面影响。

FR 的方程表明：我国房地产价格波动主要受金融板块价格波动的影响。金融板块价格的波动在滞后一阶时对房地产价格波动存在显著正向影响，而银行体系脆弱性指标和整个股市价格的波动则对房地产市场价格波动影响较小。

简单总结可以得出，我国银行体系的脆弱性主要受房市价格波动影响，金融板块价格指数和整个股市价格波动对其影响最小。在此可以简单进行以下猜测：金融板块价格波动通过影响房市价格波动进而影响银行体系脆弱性，故对其影响较小；而整个股市价格波动对银行脆弱性的影响因传导途径包含范围更广，主要通过与金融板块价格波动对其影响相同的几条类似途径来影响银行脆弱性程度或房市价格波动，故对银行体系脆弱性产生更小影响。即银行体系脆弱性程度更多受自身滞后期和房市价格波动情况的影响。

（三）Granger 因果关系检验

VAR 模型的检验结果表明，我国银行体系脆弱性 $Z_3$、股市收益率 SR、金融板块价格指数 JR、房地产价格波动情况 FR 四个指标存在着复杂的相互作用关系，但这并不意味着任何存在着显著正向或负向影响关系的二者之间必然存在着因果关系。本部分进一步使用 Granger 因果关系检验对其相互间的因果关系进行进一步的探究，检验结果见表 6-7。

表6-7　　　　　　　　　　　　**Granger 因果关系检验结果**

| Null Hypothesis | Obs | F - Statistic | Prob. |
|---|---|---|---|
| JR does not Granger Cause FR | 21 | 5. 60968 | 0. 0143 |
| FR does not Granger Cause JR | | 0. 97301 | 0. 3992 |
| SR does not Granger Cause FR | 21 | 2. 01472 | 0. 1658 |
| FR does not Granger Cause SR | | 0. 87153 | 0. 4373 |
| $Z_3$ does not Granger Cause FR | 21 | 0. 43714 | 0. 6534 |
| FR does not Granger Cause $Z_3$ | | 0. 73211 | 0. 4963 |
| SR does not Granger Cause JR | 21 | 1. 11889 | 0. 3509 |
| JR does not Granger Cause SR | | 1. 37426 | 0. 2813 |
| $Z_3$ does not Granger Cause JR | 21 | 0. 39947 | 0. 6772 |
| JR does not Granger Cause $Z_3$ | | 0. 17627 | 0. 8400 |
| $Z_3$ does not Granger Cause SR | 21 | 1. 01792 | 0. 3836 |
| SR does not Granger Cause $Z_3$ | | 0. 26683 | 0. 7691 |

表6-7表明了所有的变量指标 SR、JR、FR、$Z_3$ 两两间的因果关系。检验结果表明，金融板块价格波动是引起房地产价格波动的原因，同时，房地产价格的波动是引起银行体系脆弱性的原因。除此之外，其他任何两个变量指标之间不存在因果关系。

结合 VAR 模型的分析结果，即房地产价格波动主要受金融板块价格波动的影响，而银行体系脆弱性主要受房市价格波动情况的影响，这些均与 Granger 因果关系检验结果达成一致。另外，我们还可以更加坚定的认为，金融板块价格波动对银行脆弱性的影响主要是通过金融板块影响房市价格进而影响银行体系脆弱性的。这与我国房市发展所需资金主要来自银行信贷，而银行信贷利润的30%以上均来源于房市相关贷款是完全分不开的。

（四）脉冲响应函数分析

为了更加直观深入地了解 SR、JR、FR、$Z_3$ 之间的关系，在 VAR 模型的基础上，本部分运用脉冲响应函数进一步分析各个因素的扰动项是如何通过模型来影响其他变量，最终又反馈到自己身上来的。图6-1是基于 VAR（2）模型和渐进解析法模拟的脉冲响应，其中横轴代表响应函数银行体系脆弱性 $Z_3$ 的追踪期，纵轴代表各个因变量对解释变量 $Z_3$ 的响应程度，实线表示脉冲响应函数的计算值，虚线为函数值加减两个标准差的置信区间。

由图6-1显示的 FR、JR 和 SR 对 $Z_3$ 的脉冲响应的过程可以看出，三个因变量 FR、JR、SR 对 $Z_3$ 的后续反应均逐渐收敛于0，因此系统是平稳的，所建立的模型是稳定的。在 FR 对 $Z_3$ 的响应中，我们可以看到房地产价格波动的一个正的冲击，在初期就给银行体系脆弱性带来一个负面影响，并在第 2、第 3 期左右达到最大值，之后冲击逐步减小，从第 4 期开始逐步趋于平稳。这与上面的 VAR 模型结果一致：房地产价格波动在滞后一阶时对银行体系脆弱性有着显著的负向影响，滞后两阶时对其影响则明显减弱。

在 JR 对 $Z_3$ 的响应中可以看到，金融板块价格波动的一个正的冲击，在初期对银行体系脆弱性影响较小，从第 2 期开始有正向影响并在第 3 期达到最大值，之后迅速减小，在第 5 期达到负向影响的最大值，后续时期呈震荡升降态势并趋于平稳。在 SR 对 $Z_3$ 的响应中可以看到，股市价格波动的冲击对银行体系脆弱性的影响一直很小。这些均与 VAR（2）模型得出的回归方程的结论一致，金融板块价格波动对银行脆弱性影响较小，在滞后 2 阶时对银行体系脆弱性存在较弱正向影响，而股市价格波动对银行体系几乎没有影响。

Response to Cholesky One S.D. Innovations ± 2 S.E.

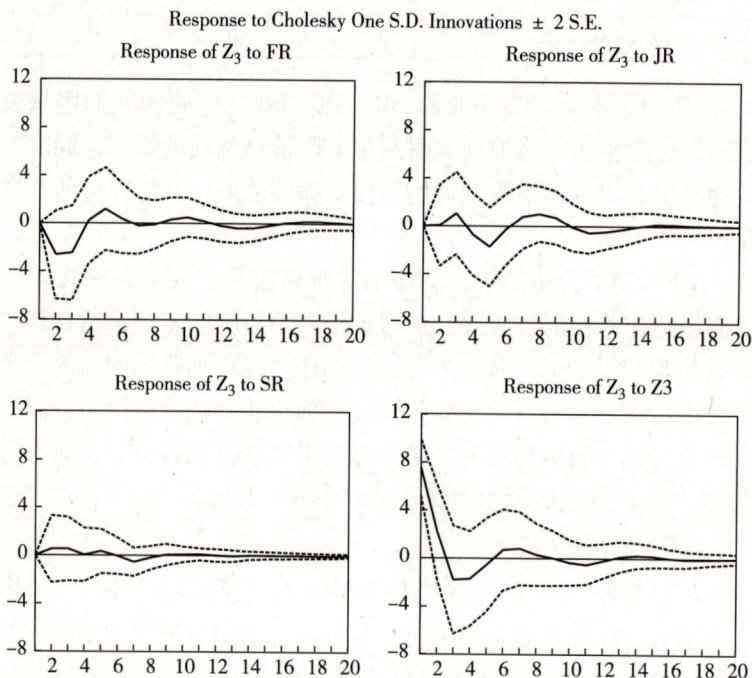

图 6-1　$Z_3$ 对 FR、JR 和 SR 一个标准差冲击的反应

我们同时关注了 FR、JR、$Z_3$ 对股市价格波动 SR 的影响。由图 6-2 可知，FR 的一个正向冲击初期对股市价格波动产生正向影响且在 2 期达到最大，后影响变小，6 期时变为负向最大影响，后逐渐趋于平稳。JR 的一个正向冲击，初期对 SR 产生正向影响，然后影响急剧减小，2 期后产生负向影响且持

续时期较长后趋于平稳。$Z_3$ 的一个正向冲击，前期产生正向影响，然后迅速下降变为负向影响且在 3 期左右达到最大，接着一个小的正向影响后趋于平稳。同样与回归方程结论基本一致，FR、JR、$Z_3$ 对股市价格波动均有影响，且 FR 滞后一阶对股市产生正向影响，滞后两阶对股价波动产生负向影响，而 JR 和 $Z_3$ 对股价价格波动以负向影响为主。

Response to Cholesky One S.D. Innovations ± 2 S.E.

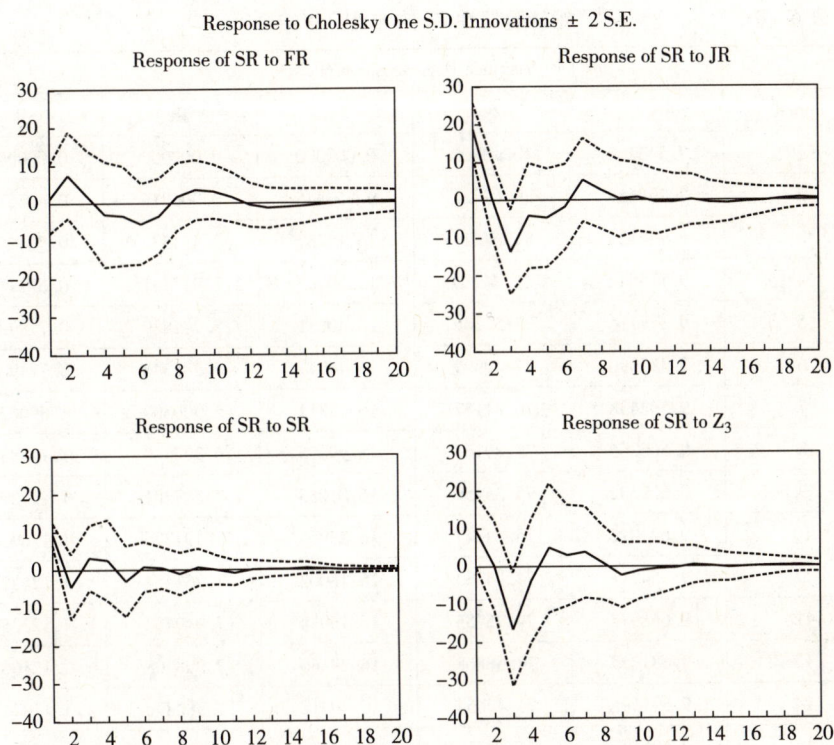

**图 6-2 SR 对 FR、JR 和 $Z_3$ 一个标准差冲击的反应**

（五）方差分解分析

脉冲响应函数描述的是 VAR 模型中一个内生变量的冲击给其他变量所带来的影响，而方差分析则是在此基础上，进一步分析一个结构冲击对各个内生变量变化的贡献度。即系统的某个变量受到一个单位的冲击后，以变量的预测误差方差百分比的形式反映变量之间的交互作用程度。本部分将通过方差分解进一步了解各变量间相互影响的贡献程度。

银行体系脆弱性 $Z_3$ 的方差分析结果如表 6-8 所示。由表 6-8 可以看出，我国整个银行体系脆弱性的波动在第一期只受自身波动的影响，这是因为本部分在建立 VAR 模型时将 $Z_3$ 作为了第一个因变量。从第二期开始，自身的扰动逐渐下降，从第 11 期开始稳定在 74% 左右，仍占据着主要影响地位。FR、JR、SR 对其影响的贡献率则逐步上升。具体来讲，房地产价格波动对银行体系脆弱性的影响在第 5 期稳定在 16% 左右，金融板块价格波动对银行脆弱性的影响则在第 13 期稳定在 8% 左右，股市价格波动对其影响较小，在第 8 期后稳定在 1.1% 左右。

表 6-8 银行脆弱性 $Z_3$ 的方差分析结果

Variance Decomposition of $Z_3$

| Period | S. E | $Z_3$ | FR | JR | SR |
|--------|------|-------|-----|-----|-----|
| 1 | 7.543262 | 100.0000 | 0.000000 | 0.000000 | 0.000000 |
| 2 | 8.298658 | 89.63422 | 9.954345 | 0.006816 | 0.404617 |
| 3 | 8.922134 | 81.64614 | 16.19757 | 1.451532 | 0.704761 |
| 4 | 9.115542 | 81.74730 | 15.59767 | 1.977241 | 0.677783 |
| 5 | 9.377716 | 77.57346 | 16.40571 | 5.241839 | 0.778992 |
| 6 | 9.415690 | 77.49529 | 16.44747 | 5.282343 | 0.774900 |
| 7 | 9.502438 | 76.81157 | 16.19811 | 5.900300 | 1.090021 |
| 8 | 9.566266 | 75.89167 | 15.99695 | 6.992540 | 1.118843 |
| 9 | 9.600332 | 75.35456 | 16.01083 | 7.517201 | 1.117376 |
| 10 | 9.622072 | 75.14847 | 16.23953 | 7.491226 | 1.120776 |
| 11 | 9.654211 | 74.94233 | 16.18003 | 7.751424 | 1.126223 |
| 12 | 9.668973 | 74.75785 | 16.16934 | 7.949453 | 1.123356 |
| 13 | 9.681255 | 74.58868 | 16.29165 | 7.998008 | 1.121665 |
| 14 | 9.691645 | 74.49654 | 16.40312 | 7.980896 | 1.119447 |
| 15 | 9.696183 | 74.46519 | 16.41646 | 7.999616 | 1.118734 |
| 16 | 9.697491 | 74.44594 | 16.41846 | 8.017165 | 1.118437 |
| 17 | 9.700226 | 74.40944 | 16.45362 | 8.019131 | 1.117814 |
| 18 | 9.702549 | 74.37779 | 16.48682 | 8.017460 | 1.117936 |
| 19 | 9.703222 | 74.36818 | 16.49624 | 8.016765 | 1.118809 |
| 20 | 9.703234 | 74.36801 | 16.49621 | 8.016822 | 1.118954 |

Cholesky Ordering: $Z_3$ FR JR SR.

另外，从股票市场价格波动 SR 的方差分解表 6-9 可以看出，银行体系脆弱性的波动和金融板块价格波动对股市价格波动的贡献率较大，分别在第 8 期稳定在 32% 左右和第 10 期稳定在 46% 左右。房地产价格波动和其自身价格的波动则对其影响较小，分别在第 10 期和第 6 期稳定在 11% 和 10% 左右。

表6-9　　　　　　　　　　　　股票市场 SR 的方差分析结果

Variance Decomposition of SR

| Period | S. E | $Z_3$ | FR | JR | SR |
|---|---|---|---|---|---|
| 1 | 7. 543262 | 17. 19355 | 0. 280958 | 65. 87239 | 16. 65310 |
| 2 | 8. 298658 | 15. 02777 | 9. 441240 | 57. 66220 | 17. 86878 |
| 3 | 8. 922134 | 33. 69239 | 5. 700810 | 49. 66517 | 10. 94164 |
| 4 | 9. 115542 | 33. 57310 | 6. 254482 | 49. 10037 | 11. 07205 |
| 5 | 9. 377716 | 33. 76546 | 6. 844181 | 48. 16658 | 11. 22379 |
| 6 | 9. 415690 | 33. 33880 | 9. 005795 | 46. 76281 | 10. 89259 |
| 7 | 9. 502438 | 33. 05475 | 9. 511653 | 46. 98613 | 10. 44747 |
| 8 | 9. 566266 | 32. 80787 | 9. 637829 | 47. 11963 | 10. 43467 |
| 9 | 9. 600332 | 32. 75427 | 10. 42800 | 46. 49286 | 10. 32487 |
| 10 | 9. 622072 | 32. 56571 | 11. 04663 | 46. 14896 | 10. 23871 |
| 11 | 9. 654211 | 32. 49390 | 11. 20327 | 46. 04049 | 10. 26234 |
| 12 | 9. 668973 | 32. 48866 | 11. 21531 | 46. 03751 | 10. 25852 |
| 13 | 9. 681255 | 32. 45966 | 11. 32184 | 45. 97371 | 10. 24480 |
| 14 | 9. 691645 | 32. 42375 | 11. 39537 | 45. 94665 | 10. 23424 |
| 15 | 9. 696183 | 32. 39600 | 11. 42703 | 45. 94044 | 10. 23653 |
| 16 | 9. 697491 | 32. 38974 | 11. 43232 | 45. 94213 | 10. 23582 |
| 17 | 9. 700226 | 32. 39017 | 11. 43192 | 45. 94169 | 10. 23622 |
| 18 | 9. 702549 | 32. 38962 | 11. 43248 | 45. 94280 | 10. 23510 |
| 19 | 9. 703222 | 32. 38097 | 11. 43558 | 45. 95136 | 10. 23209 |
| 20 | 9. 703234 | 32. 37229 | 11. 44498 | 45. 95272 | 10. 23001 |

Cholesky Ordering：$Z_3$ FR JR SR.

（六）实证结果分析

上文从实证的角度运用 VAR 模型、Granger 因果关系检验、脉冲响应和方差分析分别从整个股市价格波动、金融板块价格波动和房市价格波动三个角度对资产价格波动与银行脆弱性的关系进行了研究，实证结果表明：

银行体系脆弱性在短期内受资产价格波动影响较大，而在长期内则受其影响较小或几乎不受其影响。且分别以整个股市价格波动、金融板块价格波动和房地产价格波动为代表的资产价格波动情况对银行体系脆弱性的影响因其传导途径的不同而不同。例如：面对房市价格的短期上涨冲击，银行脆弱性反而会下降，且短期影响较为显著，长期影响较小；面对金融板块价格的短期上涨冲击，银行脆弱性表现出先升后降的趋势，且存在着一定的滞后；而面对整个股市价格的短期上涨，银行体系脆弱性几乎不受影响。

此结果的出现与我们选取的银行体系脆弱性的测度指标和权重有着很大的关系。为了更清楚地解析资产价格波动如何影响银行脆弱性，我们进一步运用脉冲响应函数来观察资产价格上涨对各个指标的冲击。

1. 房地产价格波动对银行脆弱性四个核心指标的影响。由前面的理论分析可知，房市价格波动对银行脆弱性的主要影响途径有：房地产开发建设的筹资途径、个人购房途径、部分炒房者的违规炒房途径以及国家对房产税的调控途径等。实证分析结果表明，房市价格对银行脆弱性在短期内产生显著负向影响，长期则影响较弱。从房地产价格波动对脆弱性四个核心指标的脉冲响应函数图（见图6-3）可知：房市价格的短期波动对资本充足率和不良贷款率以正向影响为主，即房价的上涨会带动银行体系不良贷款率和资本充足率的同时上涨。而房价的上涨对CPI的影响则前期以正向为主，然后转为负向且在三期左右达到负向最大影响，后趋于稳定。而对贷款增长率则以负向影响为主（注意此处纵轴坐标单位的不同）。

仅从理论上讲，房地产价格快速上涨对银行脆弱性的冲击存在着较大的不确定性。一方面，房地产业作为整个经济发展的支柱产业，当房市中存在较大泡沫，且价格依然快速上涨时，会引发更多中小投资者将房屋作为投资品，开发商因抵押品价值的上涨想方设法扩大投资规模，对房市的追捧会造成银行信贷的大幅上涨，不良贷款率也因潜在风险的大量累积而上升，而资本充足率更多的受制于监管当局的监管，在房市泡沫较大时必然会加强监管，增大资本充足率。同时，房市板块的繁荣也必然带动建筑、装饰、家具等多个行业的发展，前期发展必将对CPI产生正向较大影响，但国家相关干预政策的出台则会限制CPI的大幅波动。美国的次贷危机、日本经济将近10年的持续低迷均是房市泡沫破裂后出现的严重后果。然而，从另一个角度理解，房市价格若因政府相关政策的打压而处于低位徘徊或者仍存在较大发展空间时，房价的上涨会使经营困难的房地产开发商重拾信心，减小银行不良贷款率，信贷量也会因消费者的经济回暖预期而小幅上涨。简单来说，即当房市价格处于高位徘徊，泡沫较大时，其价格的上涨会带来银行脆弱性的上升，而当房价处于合理的理性范围内且存在较大发展空间时，房价的上涨促进经济的发展，会带来银行脆弱性的减弱。具体到我国，房地产市场的投资额度在2004年到2010年以来一直处于高速增长状态，随着2011年房地产调控政策的出台，开始出现小幅回落。但一方面由于我国城镇化运动的影响及年轻人落户城市的主观意愿依然强烈，另一方面高等教育的扩招也使越来越多的人有接受高等教育的机会，而他们大多数会选择落户城市，再加上国内经济及股市的低迷会使资金充裕者更倾向于投资房市，这些强烈刚性需求的存在均说明国内的房地产市场依然存在较大的发展空间。再加上保障性住房的推出、个人房产税改革在上海、重庆等地的试点运行等调控政策对房市打压使得一些大中城市房价出现持平甚至下降，此时房市价格的小幅上涨属于后一种情况，会导致银行脆弱性的减弱。

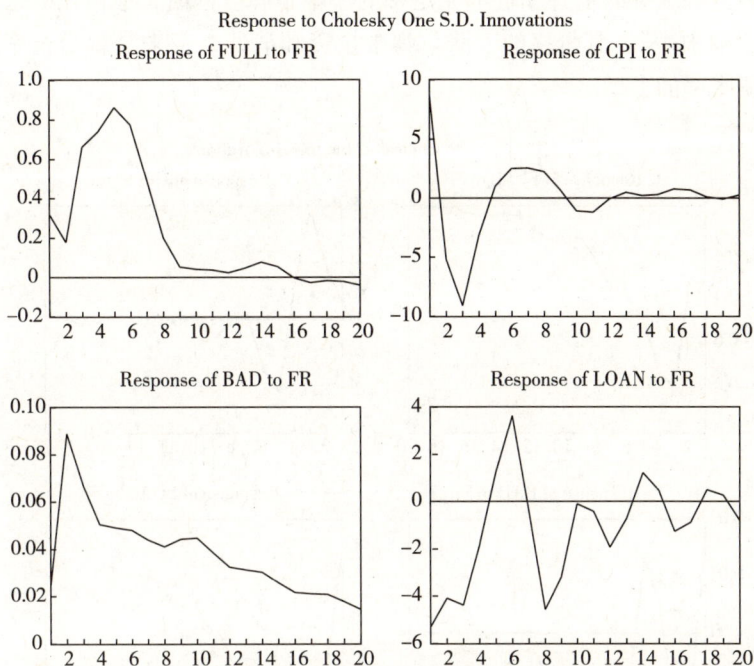

Response to Cholesky One S.D. Innovations

Response of FULL to FR        Response of CPI to FR

Response of BAD to FR        Response of LOAN to FR

图6-3　房地产价格波动对银行脆弱性四个核心指标的影响

2. 整个股市价格波动对银行脆弱性四个核心指标的影响。从前文的理论分析可知，整个股市价格波动对银行脆弱性影响的传导途径主要有：个人投资者途径、企业资本运作途径、券商途径等，以个人和企业的信贷传导为主。而实证分析结果表明，股市价格波动对银行脆弱性的影响并不显著，但股价受金融板块价格波动、房市价格波动和银行脆弱性的影响则较为显著。在此，我们运用脉冲响应进一步研究整个股市价格波动对各个核心指标的影响。由图6-4可知：整个股市价格的波动对资本充足率产生较小负向影响，对不良贷款率的影响则正负交替，且影响较小。整个股市价格的上涨对CPI的影响前期以正向为主，且在3期左右达到正向最大值，然后转为负向影响，在5期左右达到负向最大值，后趋于稳定。股市的整体上涨对贷款增长率的影响则以前期正向影响为主，后正负交替趋于平稳。股市价格的短期上涨波动对银行脆弱性核心指标不同影响的相抵作用的存在，使其对银行脆弱性综合指标 $Z_3$ 的影响不显著。

　　整个股市波动对银行脆弱性核心指标的影响可以从以下角度理解。整个股市价格的上涨直接带来企业和个人抵押品价值的上升以及投资收益的增大，同时也会使投资者信心倍增，想方设法绕开银行监管，增大入市资金，这必然带来银行不良贷款率的上升和资本充足率的小幅下降。同时，股市作为宏观经济发展的"晴雨表"，其价格的上涨会刺激投资和消费，带来贷款增长率的攀升和通货膨胀率的上扬。

Response to Cholesky One S.D. Innovations

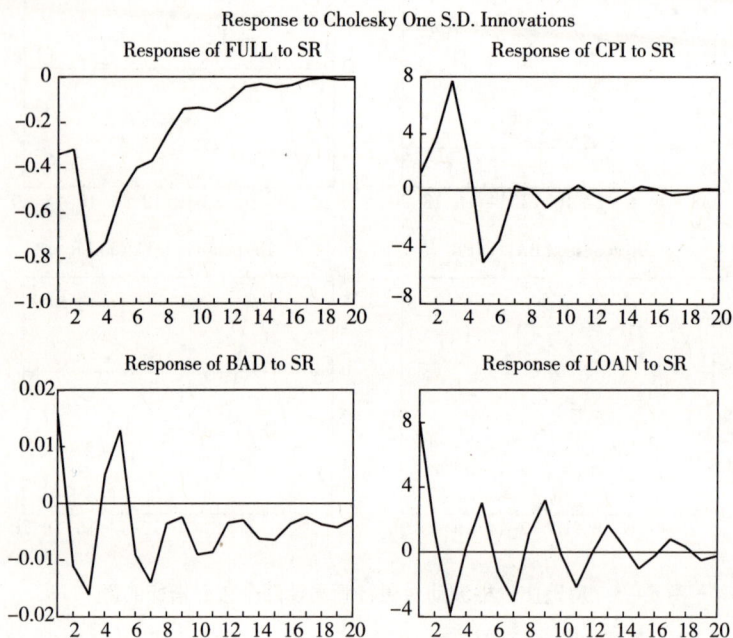

Response of FULL to SR　　　　　Response of CPI to SR

Response of BAD to SR　　　　　Response of LOAN to SR

**图 6 - 4　整个股市价格波动对银行脆弱性四个核心指标的影响**

　　3. 金融板块价格波动对银行脆弱性四个核心指标的影响。由理论分析可知，与整个股市相比，金融板块对银行脆弱性的影响更加直接，主要影响途径有：银行自身资产市值途径、自身信贷量变化途径、其他金融机构的传导途径以及人们的心里预期途径，等等。实证研究结果表明：金融板块价格的短期上涨前期会带来银行脆弱性的小幅上涨后下降，到 4 期左右又转为对银行脆弱性的负面影响，后逐渐收敛。观察金融板块价格波动对四个核心指标影响的脉冲响应图可知：金融板块价格的短期上涨对资本充足率以负向影响为主，对不良贷款率以正向影响为主，即金融板块价格的上涨会给银行体系带来不良贷款率的上升和资本充足率的下降。同时，金融板块价格的波动对 CPI 的影响也是以前期的正向影响为主，在3期左右达到最大值，然后转为负向影响，在5期左右达到负向最大值，后影响较弱。对贷款增长率前期有较大正向影响，然后在3期左右转为负向最大影响，后震荡趋于收敛。

对此，我们从以下几个角度理解。金融板块价格指数因整个板块市盈率较低，且以机构投资者为主，故其价格走势较为稳定。一般情况下，金融板块价格指数的短期突然上涨在两种情况下可能会出现：一种是大牛市下整个股市的带动，另一种是大牛市下投资者对其他行业普遍失去信心转而投资银行股。前者出现时，正逢经济过热，必然出现贷款增长率、CPI的急剧上涨，同时潜在不良贷款率也因对风险的认识不够而增大，资本充足率下降。而后一种情况出现时，CPI和贷款增长率可能出现下跌，不良贷款率会因投资者投资收益下降、抵押品价值下降等原因而下跌，而对资本充足率的影响则取决于贷款损失额以及信贷收缩程度的对比。而本部分选取的时间段中2007年可以看做大牛市的出现，整个股市从2000多点直冲6000点，故整个金融板块价格的短期上涨冲击带来的是银行体系脆弱性的加重。

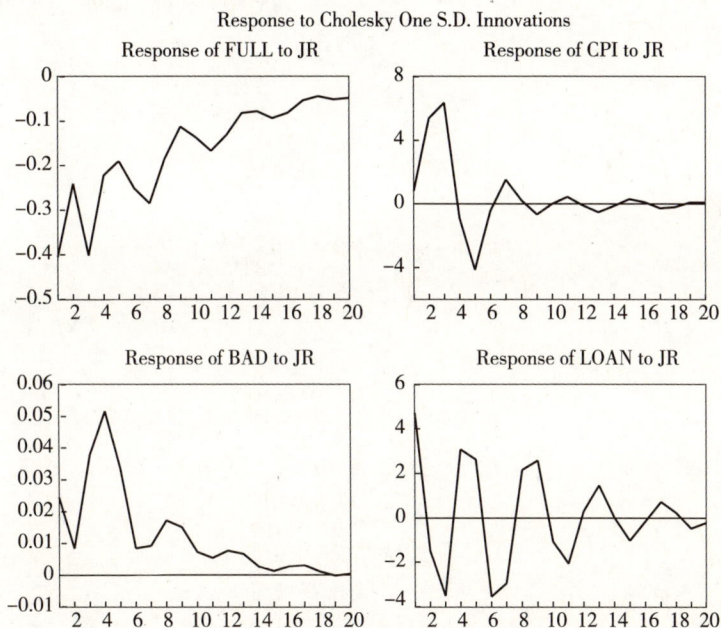

**图6-5　金融板块价格波动对银行脆弱性四个核心指标的影响**

综合上述实证结果，不难得到以下结论：

1. 资产价格波动对银行脆弱性的影响以短期影响为主，长期则影响较小或几乎无影响。且因房地产贷款在银行信贷中占有很大比例等原因导致房市价格波动情况对银行脆弱性影响较大，金融板块因其直接作为银行业的代表对银行脆弱性影响次之，而整个股市由于银行资金入市的限制而对银行脆弱性没有显著影响①。

2. 资产价格波动对代表银行脆弱性的宏观经济指标即贷款增长率和 CPI 的影响较为显著，且整个股市、房地产板块和金融板块的价格上涨前期均会带动 CPI 的较大攀升，而对贷款增长率的影响则略有不同。同时，代表银行体系脆弱性的微观金融指标即不良贷款率和资本充足率则更多的受制于银监会的监管，变动幅度较小。

3. 资产价格波动对银行脆弱性的影响会受到国内宏观经济发展态势的影响。例如前面的房价波动情况对银行脆弱性的影响分析，若将同样的分析用于美国，可能会出现不同结论，2008 年美国由房市泡沫引发的次贷危机也从事实角度进行了说明，即房市价格的上涨冲击可能会引发银行脆弱性的显著上涨。

---

① 这一结论可能与 2008 年以来，我国股市长期处于低迷状态，股市对信贷资金的吸纳能力有限有关。在股市不景气的背景下，信贷资金通过非法途径进入股市的相对性较小。

# 第 7 章
# 房地产价格波动与货币政策

前文从货币循环流动的角度探讨了资产价格波动与金融脆弱性的关系，结果表明资产价格波动对宏观、金融稳定有重要的影响，资产价格波动是货币政策不能忽视的因素。考虑房地产市场在我国国民经济中的重要性，而且居高不下的房价已成为我国经济运行中的一大隐患，同时考虑到我国股市从 2008 年起的绝大部分时间内处于低迷状态，其对资金的吸纳能力相对较少。本章仅以房地产价格为例，探讨在关注资产价格波动时的货币政策选择问题。第一节构建关注房地产价格的动态随机一般均衡模型（DSGE），探讨货币政策工具规则的选择问题；第二节构建包含宏观经济变量的 IS – Philips 模型，探讨货币政策的目标规则选择问题。

## 7.1　房地产价格波动与货币政策工具规则的选择①

尽管在理论上货币政策是否应该对房地产价格作出反应还没有一致的结论，但 20 世纪 80 年代日本的泡沫经济和 2007 年的美国次贷危机用鲜活的事实诠释，货币政策对资产价格的异常波动不能熟视无睹，而且在实践中，我国对迅猛上涨的房价进行多次调控中已经有货币政策的影子，例如 2007 年对房地产贷款的 6 次加息、2009 年的"国四条"、2010 年的"国十一条"等。李强（2009）、赵进文和高辉（2010）、肖争艳和彭博（2011）等也通过实证研究支持了"我国货币政策中已将房地产价格考虑在内"这一结论。在货币政

①　本节部分内容首次公开发表于马亚明，刘翠．房地产价格波动与我国货币政策工具规则的选择——基于 DSGE 模型的模拟分析［J］．国际金融研究，2014（8）：24 – 34.

策不能无视房地产价格波动，且我国利率市场化已经进入实质性阶段的条件下，货币政策工具规则作为实现货币政策目标的手段和方式是否需要作出改变？我国应该设计怎样的货币政策工具规则来实现货币政策目标？

货币政策工具规则最早是由 Friedman（1969）提出的，他认为在当时的经济条件下相机抉择的货币政策对经济产生了不稳定的影响，已经不能适应当时的经济状况，故提出了货币政策工具规则的概念，即实行固定增长率的货币供应量规则。随后货币供应量规则被许多国家的中央银行所采用。Wolters（1998）认为美国的货币供应量与通货膨胀之间的相关性逐渐降低是由于货币需求波动造成的，以美国为代表的发达国家应逐渐将货币供应量规则转变为利率规则。Atkeson（2007）利用简化的货币政策理论模型，分析货币政策工具的紧缩性和透明性，认为兼具内生紧缩性和最大透明性的最优货币政策工具是利率，次优是汇率，最后才是货币供给增长率，货币供应量规则并非货币政策工具规则的最优之选。目前，各国所采用的货币政策工具规则主要有利率规则、货币供应量规则和混合规则。

关于我国的货币政策工具规则选择问题。国内学者的观点并不一致。李春吉、孟晓宇（2006）认为我国货币政策的调整是根据货币供给量增长来进行的，调整名义利率的货币政策对通货膨胀和产出的影响十分有限，故而货币供应量规则更适合我国的具体情况。曾令华、李红光（2007）认为货币供应量具有较强的可控性，作为货币政策的中介目标目前仍是有效的。谢平、罗雄（2002）运用历史分析法和反应函数法将我国货币政策运用于检验利率规则，认为利率规则可以很好地衡量我国的货币政策。孔丹凤（2008）利用我国实际数据对利率规则、修正的利率规则、货币供应量规则、修正的货币供应量规则进行检验，检验结果表明两种利率规则均要比两种货币供应量规则更好地描述了我国货币政策的真实状态，更适合作为我国货币政策的操作指南。Zhang（2009）建立 DSGE 模型对比分析利率规则和货币供给量规则对我国宏观经济的影响，分析结果认为利率规则更适合我国的经济状况，货币政策更加有效。奚君羊、贺云松（2010）运用 DSGE 模型对我国货币政策的福利损失进行分析，与利率变动相比，货币供给量的变动造成的福利损失更大，因此，货币政策应逐步从货币供给量规则向利率规则转变。鄢莉莉（2012）运用 DSGE 模型分析金融中介效率对货币政策效果的影响，其结果表明：在利率规则下，金融中介效率提高可以减少社会福利损失；在货币供应量规则下，反而会放大社会福利损失，货币政策的中介目标应由货币供应量向利率转变。楚尔鸣、许先普（2012）分析得出利率规则的社会福利损失明显小于货币供应量规则的社会福利损失，因而利率规则优于货币供应量规则。Liu 和 Zhang（2007）在新凯恩斯主义模型中采用三个模型来比较我国货币政策的反应函数，最后模拟得出，利率和货币供给量混合的混合规则是目前最适合我国的货币政策规则。张杰平（2012）基于开放经济的 DSGE 模型，对比我国货币政策工具规则所产生的绩效，认为混合规则下的货币政策更能有效地影响通货膨胀和产出的稳定，混合规则更适合我国的实际情况。

综上分析，国内外学者对于货币政策工具规则选择问题研究取得了诸多有价值的结果。但存在两个问题：（1）没有考虑影响当前我国宏观经济稳定的重要因素——房地产价格；（2）在研究方法上，多为宏观计量模型分析，没有考虑到微观主体的最优化行为决策对宏观经济及货币政策工具规则选择的影响。本节试图构建包含房地产市场的动态随机一般均衡（DSGE）模型，重点研究适合我国使用的货币政策工具规则，即分析比较哪种货币政策工具规则能够更好地控制我国宏观经济波动，进而促进经济更快发展。本部分的主要创新之处在于：（1）根据货币政策的反应类型是前瞻型、当期型还是后顾型，将货币政策工具规则细分为 9 种，进行深入分析；（2）将房地产纳入 DSGE 分析框架，充分考虑房地产价格对货币政策工具规则选择的影响。

### 7.1.1 引入房地产的 DSGE 模型构建

本节的模型包括家庭、房地产要素供应商、房地产开发商、金融机构（商业银行）、中央银行、政府部门六个主体。其中，家庭通过付出劳动获得工资报酬，来满足消费和住房需求；在满足住房需求的过程中，由于房价居高不下，导致多数家庭在购房过程中都需要借助银行信贷来满足房地产消费需要。房地产开发商雇佣家庭的劳动者进行劳动，并投入资本和土地，开发新的房地产项目，满足家庭的住房需求，并同时获得利润；在房地产投资与开发过程中，由于资金短缺问题，同样也需要借助银行信贷等外部融资来完成房地产开发投资项目。房地产要素供应商则通过将中间产品生产成房地产开发商需要的生产要素产品，并将自己生产的要素产品销售给房地产开发商实现盈利。金融机构（商业银行）向家庭和房地产开发企业提供银行信贷来获得利润，同时也会通过施加信贷约束条件来维持金融系统整体稳定。中央银行与政府部门则通过利用利率、税率等货币政策与财政政策手段来实现对房地产市场的调控。构建 9 个包含不同货币政策工具规则的 DSGE 模型，进行脉冲响应函数分析以及福利损失比较，分析考虑房地产价格波动时我国货币政策工具规则的选择。

（一）家庭

家庭存在跨期消费，其目标是其一生的效用最大化。一方面，家庭成员通过在单位工作，提供劳动来获得工资报酬；另一方面，家庭成员可以通过享受消费、改善住房条件、获得闲暇时间以及持有实际货币余额等形式获得当期的效用。其效用最大化条件及约束条件如下：

$$\max : E_0 \sum \beta^t U(C_t, h_t, L_t, \frac{M_t}{P_t}) \tag{7.1}$$

（7.1）式表示的是家庭的一生效用函数的现值，$E_0$ 表示理性预期算子，$U$ 表示当期效用值，$\beta$ 为家庭的跨期贴现率，$0 < \beta < 1$。

$$U(C_t, h_t, L_t, M_t) = \ln C_t + \theta_h \cdot \ln h_t - \frac{L_t^{\eta+1}}{\eta + 1} + \ln(\frac{M_t}{P_t}) \tag{7.2}$$

（7.2）式为家庭部门的效用函数，$C_t$ 为 $t$ 时期家庭的消费（除房地产消费之外的一切消费）；$h_t$ 为 $t$ 时期家庭的住房面积，反映家庭的住房条件；$L_t$ 为 $t$ 时期家庭的劳动供给；$\frac{M_t}{P_t}$ 为 $t$ 时期家庭的真实货币余额；$\theta_h$ 为住房偏好相对于消费偏好的相对值，反映了家庭对住房的偏好程度；$\eta$ 为劳动供给跨期替代弹性。

家庭的预算约束等式左边表示的是家庭现金的净流出，右边表示的是家庭现金的净流入。具体如下：

$$C_t + q_t(h_t - h_{t-1}) + \frac{R_{t-1}}{\pi_t} b_{t-1} = b_t + w_t L_t + \ln(\frac{M_t}{P_t}) \tag{7.3}$$

（7.3）式为家庭预算约束方程，$q_t$ 为 $t$ 时期的房地产价格；$R_t$ 为 $t$ 时期的名义利率；$b_t$ 为 $t$ 时期家庭的贷款；$w_t$ 为 $t$ 时期的工资水平；$\pi_t$ 为 $t$ 时期的通货膨胀水平。

家庭购房信贷 $b_t$ 约束于 $dE_t(q_{t+1}\pi_{t+1}h_t/R_t)$，即

$$b_t \leq d \frac{E_t(q_{t+1}\pi_{t+1}h_t)}{R_t}) \tag{7.4}$$

（7.4）式为家庭购房信贷约束方程，信贷资金 $d$ 为家庭信贷约束比例。

因此，对于家庭来说，其一阶条件为

$$\frac{q_t}{C_t} = \frac{\theta_h}{h_t} + E_t[\beta(1 - d_1)\frac{q_{t+1}}{C_{t+1}} + d_1 \frac{q_{t+1}\pi_{t+1}}{C_t R_t}] \tag{7.5}$$

$$\frac{w_t}{C_t} = L_t^{\eta} \tag{7.6}$$

$$\frac{1}{P_t} = \frac{1}{P_t C_t} - E_t(\frac{\beta}{P_{t+1} C_{t+1}}) \tag{7.7}$$

（二）房地产要素供应商

房地产市场中的供给方被划分为要素供应商和开发商，即中间厂商和最终

厂商。在以往文献中，均认为要素供应市场（中间产品市场）是垄断竞争的；最终产品市场是完全竞争的。但这样的设定并未充分考虑到房地产市场的特殊性。

具体说来，对房地产生产要素的生产供给方（要素供应商）来说，生产的各种要素，如水泥、钢材等，其要素市场竞争程度十分充分，各要素生产商无法按照厂商自己的意愿定价，只能被动接受市场定价。相反，房地产开发市场则具有资金密集型的特点，对开发商的房屋开发过程有着十分严格的准入及监管要求，属于高门槛、高准入领域，是典型的垄断竞争行业。因此，考虑到房地产市场自身的特殊性，本部分将房地产要素供应商市场设定为完全竞争市场，将房地产开发市场设定为垄断竞争市场。

假设房地产要素供应商通过购买连续的 $i$ 种中间要素产品 $Y_t(i)$，生产房地产开发商在进行房地产开发过程中所需最终产品要素产品 $Y_t$。其生产函数为

$$Y_t = \Big[ \int_0^1 Y_t(i)^{\frac{\varepsilon-1}{\varepsilon}} di \Big]^{\frac{\varepsilon}{\varepsilon-1}} \qquad \varepsilon > 1 \qquad (7.8)$$

（7.8）式为中间要素生产函数，$\varepsilon$ 为各种中间生产要素产品之间的替代弹性。

同时，还假设房地产要素供应商购买的 $i$ 种中间要素产品 $Y_t(i)$，其价格为 $P_t(i)$。生产出的各种最终生产要素产品 $Y_t$ 的销售价格为 $P_t$。

对于房地产要素供应商来说，其利润最大化条件为

$$\max: P_t Y_t - \int_0^1 P_t(i) Y_t(i) di \qquad (7.9)$$

其一阶条件为

$$P_t \Big[ \int_0^1 y_t(i)^{\frac{\varepsilon-1}{\varepsilon}} di \Big]^{\frac{\varepsilon}{\varepsilon-1}} y_t(i)^{-\frac{1}{\varepsilon}} - P_t(i) = 0 \qquad (7.10)$$

整理后得到

$$Y_t(i) = \Big[ \frac{P_t(i)}{P_t} \Big]^{-\varepsilon} Y_t \qquad (7.11)$$

（7.11）式为第 $i$ 种中间要素产品的需求函数。

由于房地产要素供应商市场是完全竞争的，其获得的利润为 0，因此将（7.11）式代入后得到

$$P_t \Big[ \int_0^1 \frac{P_t(i)}{P_t}^{-\varepsilon} di \Big]^{\frac{\varepsilon}{\varepsilon-1}} - \int_0^1 P_t(i) \Big[ \frac{P_t(i)}{P_t} \Big]^{-\varepsilon} di = 0 \qquad (7.12)$$

化简后得到

$$P_t = \left[ \int_0^1 P_t(i)^{1-\varepsilon} di \right]^{\frac{1}{1-\varepsilon}} \tag{7.13}$$

（三）房地产开发商

对房地产开发商来说，需要利用资本、土地、劳动来进行房地产开发建设，假设房地产开发商采用企业规模报酬不变的 C - D 生产函数：

$$Y_t = A_t K_t^\mu h_t^\nu L_t^{1-\mu-\nu} \tag{7.14}$$

在（7.14）式中 $A_t$ 为房地产开发商的生产技术；$K_t$ 为房地产开发商的资本存量；$h_t$ 为住房面积；$L_t$ 为房地产开发商生产过程中所需的劳动力要素；$\mu$、$\nu$、$1-\mu-\nu$ 分别为资本、住房、劳动的投入比例。

在开发过程中，开发商同样需要借助银行信贷等外部融资方式弥补自有资金的缺口，本部分假设房地产开发商只能利用银行信贷一种融资方式，并且只能进行部分融资，其信贷约束资金总量为 $b_t$，$d$ 为房地产开发商信贷约束比例，即存在：

$$b_t \cdot R_t \leqslant dE_t(q_{t+1}\pi_{t+1}h_t) \tag{7.15}$$

对于房地产开发商来说，其目标即为利润最大化，即

$$E_0 \sum_{t=0}^{\infty} \gamma^t \ln C_t \tag{7.16}$$

（7.16）式为房地产开发企业利润最大化函数，$\gamma$ 为贴现因子，$0 < \gamma < 1$。
房地产开发企业整体现金流的约束条件如下：

$$\frac{Y_t}{X} + b_t = C_t + q_t(h_t - h_{t-1}) + \frac{R_{t-1}}{\pi_t}b_{t-1} + w_t L_t + I_t \tag{7.17}$$

在（7.17）式中，$X$ 为加成率，资本存量（$K_t$）与投资（$I_t$）之间存在如下关系：

$$I_t = K_t - (1-\sigma)K_{t-1} \tag{7.18}$$

（7.18）式为资本存量积累情况，$\sigma$ 为资本折旧率。
因此，对于房地产开发商来说，其一阶条件为

$$\frac{1}{C_t} = \frac{\mu Y_t}{x C_t K_t} + E_t\left[\frac{\gamma(1-\sigma)}{C_{t+1}}\right] \tag{7.19}$$

$$wt = \frac{(1-\mu-\nu)Y_t}{xL_t} \tag{7.20}$$

$$\frac{q_t}{C_t} = \frac{\nu Y_t}{x C_t h_t} + E_t\left[\gamma(1-d)\frac{q_{t+1}}{C_{t+1}} + d\frac{q_{t+1}\pi_{t+1}}{C_t R_t}\right] \tag{7.21}$$

根据 Calvo（1983）的定价机制，考虑到房地产开发市场是垄断竞争市场，认为房地产价格存在黏性。在每一期中均有比例为 $\theta$ 的房地产开发商会保持价

格不变，而有比例为 $1-\theta$ 的房地产开发商会重新定价。所有重新设定价格的房地产开发商都会选择相同的新价格，即 $P_t^*$。

因此，$t$ 期的价格可以表示为

$$P_t = \left[\theta\left(P_{t-1}\right)^{1-\varepsilon} + (1-\theta)\left(P_t^*\right)^{1-\varepsilon}\right]^{\frac{1}{1-\varepsilon}} \tag{7.22}$$

在零通货膨胀假定下，对（7.22）式进行对数线性化：

$$\pi_t = (1-\theta)\left(P_t^* - P_t\right) \tag{7.23}$$

进而得到前瞻型的菲利普斯曲线：

$$\pi_t = \beta E_t\left(\pi_{t+1}\right) + \frac{(1-\theta)(1-\beta\theta)}{\theta}mc_t \tag{7.24}$$

（7.24）式中，$mc_t$ 为偏离稳态值的百分比的实际边际成本。

（四）金融机构（商业银行）

$$b_t \cdot R_t \leqslant dE_t\left[\frac{q_{t+1}\pi_{t+1}h_t}{R_t}\right] \tag{7.25}$$

式中，$d$ 为金融机构对家庭和房地产开发商整体的信贷约束。

家庭和房地产开发商均需要借助银行信贷来实现融资需求，进而满足购房、房地产开发要求。对于银行来说，对家庭和房地产开发商信贷支持的程度应小于其理论上可以达到的最大程度。利率、信贷、房价或住房条件变化，均会对银行信贷支持产生影响，冲击宏观经济的稳定。

（五）中央银行（货币政策）

1. 利率规则。

$$\hat{r}_t = \rho_r\hat{r}_{t-1} + (1-\rho_r)\left(\phi_\pi\hat{\pi}_{t-j} + \phi_y\hat{y}_{t-j} + \phi_q\hat{q}_{t-j}\right) \tag{7.26}$$

式中，$\hat{r}_t$ 和 $\hat{r}_{t-1}$ 表示 $t$ 期和 $t-1$ 期利率水平对均衡利率水平的偏离情况，$\rho_r$ 为利率平滑系数。$\hat{\pi}_{t-j}$ 表示 $t-j$ 时期通货膨胀水平对均衡通货膨胀水平的偏离情况，$\hat{y}_{t-j}$ 为 $t-j$ 时期产出水平对均衡产出水平的偏离情况，即产出缺口，$\hat{q}_{t-j}$ 表示 $t-j$ 时期房地产价格水平对均衡价格水平的偏离情况；$\phi_\pi$ 为通货膨胀率的系数，$\phi_y$ 为产出缺口的系数，$\phi_q$ 为房地产价格波动的系数。

当 $j=0$ 时，称为当期型利率规则，即根据当期的通货膨胀率、产出水平以及房地产价格设定名义利率；当 $j=-1$ 时，称为前瞻型利率规则，即根据下一期预期的通货膨胀率、产出水平以及房地产价格设定名义利率；当 $j=1$ 时，称为后顾型利率规则，即根据上一期的通货膨胀率、产出水平以及房地产价格设定名义利率。

2. 货币供应量规则。

$$\hat{m}_t = \rho_m \hat{m}_{t-1} - (1 - \rho_m)(\phi_\pi \hat{\pi}_{t-j} + \phi_y \hat{y}_{t-j} + \phi_q \hat{q}_{t-j}) \qquad (7.27)$$

式中，$\hat{m}_t$ 和 $\hat{m}_{t-1}$ 表示 $t$ 期和 $t-1$ 期货币供应量对均衡水平的偏离情况，$\rho_m$ 为货币供应量平滑系数。

当 $j = 0$ 时，称为当期型货币供应量规则，即根据当期的通货膨胀率、产出水平以及房地产价格设定货币供应量；当 $j = -1$ 时，称为前瞻型货币供应量规则，即根据下一期预期的通货膨胀率、产出水平以及房地产价格设定货币供应量；当 $j = 1$ 时，称为后顾型货币供应量规则，即根据上一期的通货膨胀率、产出水平以及房地产价格设定货币供应量。

3. 混合规则。

$$\hat{r}_t = \rho_r \hat{r}_{t-1} - \rho_m \hat{m}_{t-1} + (1 - \rho_r - \rho_m)(\phi_\pi \hat{\pi}_{t-j} + \phi_y \hat{y}_{t-j} + \phi_q \hat{q}_{t-j}) \qquad (7.28)$$

当 $j = 0$ 时，称为当期型混合规则，即根据当期的通货膨胀率、产出水平以及房地产价格设定名义利率和货币供应量；当 $j = -1$ 时，称为前瞻型混合规则，即根据下一期预期的通货膨胀率、产出水平以及房地产价格设定名义利率和货币供应量；当 $j = 1$ 时，称为后顾型混合规则，即根据上一期的通货膨胀率、产出水平以及房地产价格设定名义利率和货币供应量。

（六）政府部门（财政政策）

财政政策工具主要包括收入政策工具和支出政策工具，其中收入政策工具主要是指税收政策，通过税收手段间接实现对房地产市场的调控，支出政策工具仅指政府支出。2013 年 3 月，国务院出台了五项加强房地产市场调控的政策措施，对于出售二手房征收 20% 的个人所得税，简称"国五条"。同时，严格假设政府支出全部来自于税收收入，而税收收入中只考虑个人所得税和消费税。因此，本部分在研究政府部门的财政政策（税收政策）对房地产市场的影响时，充分考虑实施对房地产市场征税这种财政政策手段对房地产市场的影响：

$$G = \tau_w w_t + \tau_c c_t + \tau_h h_t \qquad (7.29)$$

式中，$G$ 为政府支出；$\tau_w$ 为工资薪金报酬所需征收的个人所得税税率；$\tau_c$ 为消费税税率；$\tau_h$ 为对房地产交易征收的个人所得税的税率。

（七）市场均衡条件

均衡状态下，市场出清，即总产出等于消费、投资和政策支出之和：

$$Y_t = C_t + I_t + G_t \qquad (7.30)$$

（八）各种外生冲击过程

本部分假设存在住房偏好冲击、利率冲击、货币供应量冲击。

住房偏好冲击：

$$h_t = \varphi_h h_{t-1} + \varepsilon_h \tag{7.31}$$

利率冲击：

$$r_t = \varphi_r r_{t-1} + \varepsilon_r \tag{7.32}$$

货币供应量冲击：

$$M_t = \varphi_M M_{t-1} + \varepsilon_M \tag{7.33}$$

式中，$\varphi_h$、$\varphi_r$、$\varphi_M$ 为冲击的持续系数，随机扰动项 $\varepsilon_h$、$\varepsilon_r$、$\varepsilon_M$ 服从正态分布，均值为 0，标准差分布为 $\sigma_h$、$\sigma_r$、$\sigma_M$。

### 7.1.2 模型参数校准与估计

（一）模型的参数校准

Lawrance（1991）针对低收入家庭的主观贴现因子进行估计，认为 $\beta$ 应在 0.9～0.98，考虑到我国家庭部门的实际情况，因此本部分设定家庭的贴现因子 $\beta$ 为 0.9。Iacoviello（2005）测度企业的内部收益率是实际均衡利率的 2 倍，将 $\gamma$ 设为 0.95。Iacoviello（2005）将劳动供给弹性设定为 1.1，考虑到本部分将其拆分为 $1+\eta$，故本部分设定 $\eta$ 为 0.1。由于我国传统观念的根深蒂固，使得住房状况成为影响家庭生活质量的关键因素，因此，本部分设定住房偏好的相对值 $\theta_h = 1.5$。考虑到银行住房贷款首套房最低首付为两到三成，故将贷款的信贷约束条件 $d$ 设为 0.7。李巍（2011）将 $\mu$ 设定为 0.3，考虑到本部分研究对象为房地产市场，故将劳动和资本的投入比例均设为 0.3，即 $\mu = 0.3$，$\nu = 0.3$。$X$ 表示批发零售差价，是零售价格高于批发价格的差额，一般占商品价格的 1/3 左右，故本部分设定 $X = 0.75$。参照 Wang 和 Yao（2003）、吴利学（2009），将资本折旧率 $\sigma = 0.05$。运用 Calvo（1983），假设价格黏性参数 $\theta = 0.75$。关于税率参数的选择，骆永民（2012）根据相关年鉴数据，将 $\tau_c$ 设定为 0.16，$\tau_w$ 设定为 0.25，根据最近"国五条"政策，将 $\tau_h$ 设定为 0.2。根据 Zhang（2009）将 $\varepsilon = 4.16$。

表7-1　　　　　　　　　　部分参数的校准值

| | | |
|---|---|---|
| $\beta = 0.9$ | $\gamma = 0.95$ | $\eta = 0.1$ |
| $\theta_h = 1.5$ | $d = 0.7$ | $X = 0.75$ |
| $\mu = 0.3$ | $\nu = 0.3$ | $\varepsilon = 4.16$ |
| $\sigma = 0.05$ | $\theta = 0.75$ | $\tau_h = 0.2$ |
| $\tau_w = 0.25$ | $\tau_c = 0.16$ | |

（二）货币政策工具规则反应系数的估计——OLS 估计

鉴于以往文献均没有将 9 种货币政策工具规则进行系统比较研究，无法通过参数校准直接获得货币政策工具规则的反应系数，因此本部分利用我国的实际数据进行实证分析，得到货币政策工具规则的反应系数。模拟分析所需的所有数据均来自于中国统计局网站，数据选取区间为 1998 年至 2011 年的月度数据。

在表 7 - 2 的回归结果中，货币政策工具规则反应系数的大多数指标在统计上都是显著的。货币供应量规则的 $R^2$ 为 0.62 左右，利率规则和混合规则的 $R^2$ 均在 0.95 以上，说明利用 OLS 估计方法基本可以较好地反映货币政策工具规则。

表 7 - 2　　　　　　货币政策工具规则反应系数的回归估计结果

| 货币政策工具规则反应系数 | | $\rho_r$ | $\rho_m$ | $\phi_\pi$ | $\phi_y$ | $\phi_q$ | $R^2$ |
|---|---|---|---|---|---|---|---|
| 利率规则 | 前瞻型 | 0.995099 (0.0000) *** | — | 3.609263 (0.0015) *** | 0.045036 (0.8735) | 2.32813 (0.0032) *** | 0.9524 |
| | 当期型 | 0.996092 (0.0000) *** | — | 2.825999 (0.0137) *** | 0.033776 (0.9066) | 2.224667 (0.0051) *** | 0.9512 |
| | 后顾型 | 0.996801 (0.0000) *** | — | 2.667083 (0.0571) * | 0.092841 (0.7930) | 2.580181 (0.0080) *** | 0.9505 |
| 货币供应量规则 | 前瞻型 | — | 0.720960 (0.0000) *** | 0.149244 (0.1217) | 0.024824 (0.4351) | 0.195101 (0.0284) ** | 0.6237 |
| | 当期型 | — | 0.731925 (0.0000) *** | 0.181731 (0.0742) * | 0.112062 (0.0009) *** | 0.128516 (0.1702) | 0.6236 |
| | 后顾型 | — | 0.769509 (0.0000) *** | 0.190443 (0.1102) | 0.111602 (0.0052) *** | 0.215852 (0.0418) ** | 0.6181 |
| 混合规则 | 前瞻型 | 0.994681 (0.0000) *** | 0.024830 (0.0001) *** | 0.518496 (0.0002) *** | 0.011273 (0.7461) | 0.236735 (0.0155) ** | 0.9573 |
| | 当期型 | 0.995161 (0.0000) *** | 0.025846 (0.0001) *** | 0.458530 (0.0013) *** | 0.013362 (0.7019) | 0.185465 (0.0607) * | 0.9559 |
| | 后顾型 | 0.995467 (0.0000) *** | 0.028180 (0.0000) *** | 0.406536 (0.0028) *** | 0.023905 (0.4785) | 0.198637 (0.0287) ** | 0.9558 |

注：表中第一行为货币政策工具规则的系数，第二行 ( ) 为对应的统计量的伴随概率 P 值；***、**、* 分别表示的是在 1%、5% 和 10% 的统计水平上是显著的。

（三）货币政策工具规则反应系数的稳健性检验

在对货币政策工具规则反应系数进行 OLS 估计后，接下来需要首先对回归估计的结果从以下两个方面进行稳健性检验：一是采取子样本的参数稳健性分析，即用 2003 年 1 月至 2011 年 1 月的子样本区间代替 1999 年 1 月至 2011 年 12 月的总样本区间；二是采取滞后期的参数稳健性分析，即将货币政策工具规则（7.26）式至（7.28）式的利率规则、货币供应量规则和混合规则中利率和货币供应量指标滞后期由滞后 1 期改为滞后 2 期。

通过表 7 - 3 和表 7 - 4 稳健性分析的结果可以看出，尽管个别指标在统计上不是显著的，但多数情况下均与表 7 - 2 情况基本一致。说明表 7 - 2 中货币政策工具规则反应系数在统计上是显著的，货币政策工具规则系数的回归结果总体上是稳健的，可以利用我国实际经济数据来对货币政策工具规则的反应系数进行分析。

表 7 - 3　　　　　　　　　　　　子样本参数稳健性分析

| 货币政策工具规则反应系数 | | $\rho_r$ | $\rho_m$ | $\phi_\pi$ | $\phi_y$ | $\phi_q$ | $R^2$ |
|---|---|---|---|---|---|---|---|
| 利率规则 | 前瞻型 | 0.993119 (0.0000) *** | — | 2.475803 (0.0061) *** | 0.081238 (0.6801) | 1.728818 (0.0011) *** | 0.9631 |
| | 当期型 | 0.995650 (0.0000) *** | | 2.767816 (0.0549) * | 0.149655 (0.6354) | 2.678161 (0.0016) *** | 0.9619 |
| | 后顾型 | 0.998406 (0.0000) *** | | 3.996236 (0.3164) | 0.690715 (0.4276) | 6.623588 (0.0047) *** | 0.9607 |
| 货币供应量规则 | 前瞻型 | — | 0.771051 (0.0000) *** | 0.146513 (0.1351) | 0.063010 (0.0973) * | 0.241473 (0.0220) ** | 0.7479 |
| | 当期型 | | 0.804747 (0.0000) *** | 0.187459 (0.1246) | 0.129652 (0.0064) *** | 0.122426 (0.3552) | 0.7200 |
| | 后顾型 | | 0.845185 (0.0000) *** | 0.231631 (0.1397) | 0.154811 (0.0117) ** | 0.274063 (0.0934) * | 0.7197 |
| 混合规则 | 前瞻型 | 0.992346 (0.0000) *** | 0.038845 (0.0000) *** | 0.392460 (0.0010) *** | 0.011635 (0.6523) | 0.148842 (0.0369) ** | 0.9713 |
| | 当期型 | 0.992598 (0.0000) *** | 0.042377 (0.0000) *** | 0.353121 (0.0022) *** | 0.004018 (0.8702) | 0.098335 (0.1564) | 0.9702 |
| | 后顾型 | 0.993376 (0.0000) *** | 0.046224 (0.0000) *** | 0.309813 (0.0056) *** | 0.007588 (0.7484) | 0.098263 (0.1254) | 0.9698 |

注：表中第一行为货币政策工具规则的系数，第二行（ ）为对应的统计量的伴随概率 P 值；***、**、* 分别表示的是在 1%、5% 和 10% 的统计水平上是显著的。

表7-4                                       滞后期参数稳健性分析

| 货币政策工具规则反应系数 | | $\rho_r$ | $\rho_m$ | $\phi_\pi$ | $\phi_y$ | $\phi_q$ | $R^2$ |
|---|---|---|---|---|---|---|---|
| 利率规则 | 前瞻型 | 0.989000<br>(0.0000) *** | — | 2.849545<br>(0.0000) *** | 0.243909<br>(0.1303) | 1.688091<br>(0.0002) *** | 0.8797 |
| | 当期型 | 0.990994<br>(0.0000) *** | — | 2.814013<br>(0.0004) *** | 0.033200<br>(0.8665) | 1.971797<br>(0.0004) *** | 0.8771 |
| | 后顾型 | 0.992678<br>(0.0000) *** | — | 2.691341<br>(0.0066) *** | 0.025403<br>(0.9184) | 2.324911<br>(0.0008) *** | 0.8725 |
| 货币供应量规则 | 前瞻型 | — | 0.674019<br>(0.0000) *** | 0.197739<br>(0.0187) ** | 0.033241<br>(0.2319) | 0.315543<br>(0.0001) *** | 0.6016 |
| | 当期型 | — | 0.645335<br>(0.0000) *** | 0.205783<br>(0.0121) ** | 0.096615<br>(0.0004) *** | 0.019291<br>(0.7960) | 0.5576 |
| | 后顾型 | — | 0.659849<br>(0.0000) *** | 0.229686<br>(0.0115) ** | 0.009943<br>(0.7359) | 0.038162<br>(0.6465) | 0.5124 |
| 混合规则 | 前瞻型 | 0.989454<br>(0.0000) *** | 0.044889<br>(0.0000) *** | 0.561811<br>(0.0000) *** | 0.046884<br>(0.1155) | 0.321223<br>(0.0001) *** | 0.8965 |
| | 当期型 | 0.990269<br>(0.0000) *** | 0.043329<br>(0.0000) *** | 0.529344<br>(0.0000) *** | 0.011025<br>(0.7270) | 0.271146<br>(0.0000) *** | 0.8918 |
| | 后顾型 | 0.991139<br>(0.0000) *** | 0.043786<br>(0.0000) *** | 0.474557<br>(0.0004) *** | 0.005926<br>(0.8562) | 0.224400<br>(0.0162) ** | 0.8862 |

注: 表中第一行为货币政策工具规则的系数, 第二行 ( ) 为对应的统计量的伴随概率 P 值; ***、**、* 分别表示的是在 1%、5% 和 10% 的统计水平上是显著的。

### 7.1.3 模型结果分析

根据模型参数校准与货币政策工具规则反应系数估计的结果, 利用 Matlab 软件对三类货币政策工具规则进行模拟, 重点分析 9 个模型中利率冲击、货币供应量冲击对主要经济变量的脉冲响应函数, 计算福利损失找出货币政策工具规则的选择。需要说明的是, 鉴于篇幅所限, 以及本部分研究对象是货币政策工具规则的选择, 故在对主要经济变量进行脉冲响应分析时, 只选择了与货币政策工具规则密切相关的产出、通货膨胀和房地产价格 3 个经济变量进行深入分析。

（一）比较不同货币政策工具规则下主要经济变量的脉冲响应分析

1. 不同货币政策工具规则下对产出的脉冲响应分析。通过表 7-5 所列的利率规则和混合规则下利率冲击对产出的影响可以看出，三种利率规则中产出受到正向的利率冲击后立即下降，大约经过 75 期到 80 期才慢慢回到均衡状态。其中，前瞻型利率规则下降了大约 0.09 个单位，当期型利率规则下降了大约 0.11 个单位，后顾型利率规则下降了大约 0.1 个单位。前瞻型利率规则造成产出变化的幅度是最小的，是三种利率规则中对产出的影响最有效的。相比之下，三种混合规则中产出在受到正向的利率冲击后也是立即下降的，前瞻型混合规则下降了大约 0.006 个单位，当期型混合规则下降了大约 0.01 个单位，后顾型混合规则下降了大约 0.011 个单位。对比后可以发现，混合规则在受到正向的利率冲击后产出的波动程度更小，在稳定产出方面发挥的作用更大。无论是在利率规则下，还是在混合规则下，前瞻型货币政策工具规则造成产出波动的幅度均是最小的。故在利率冲击下，混合规则比利率规则对产出的波动影响更有效，前瞻型比当期型和后顾型对产出的波动影响更有效。

表 7-5　　　　　　　　　　　利率冲击对产出的影响分析

通过表 7-6 所列的货币供应量规则和混合规则下货币供应量冲击对产出的影响可以看出，三种货币供应量规则中产出受到正向的货币供应量冲击后立即下降，大约需要 75 期左右的时间才回到均衡状态。其中，前瞻型货币供应量规则下降了大约 0.11 个单位，当期型货币供应量规则下降了大约 0.11 个单位，后顾型货币供应量规则下降了大约 0.11 个单位，三种货币供应量规则对产出的影响几乎相同。三种混合规则中产出在受到正向的货币供应量冲击后则是立即上升，前瞻型混合规则上升了大约 0.075 个单位，当期型混合规则上升了大约 0.09 个单位，后顾型混合规则上升了大约 0.09 个单位。混合规则的变化更符合现实状况，同时在混合规则中在受到货币供应量冲击后对产出的冲击更小，造成产出变化的幅度更小，在稳定产出方面发挥的作用更大。同时还可以发现，前瞻型货币政策工具规则造成产出波动的幅度均是最小的。故在货币供应量冲击下，混合规则比货币供应量规则对产出的影响更有效，前瞻型比当期型和后顾型对产出的影响更有效。

表 7-6                        货币供应量冲击对产出的影响分析

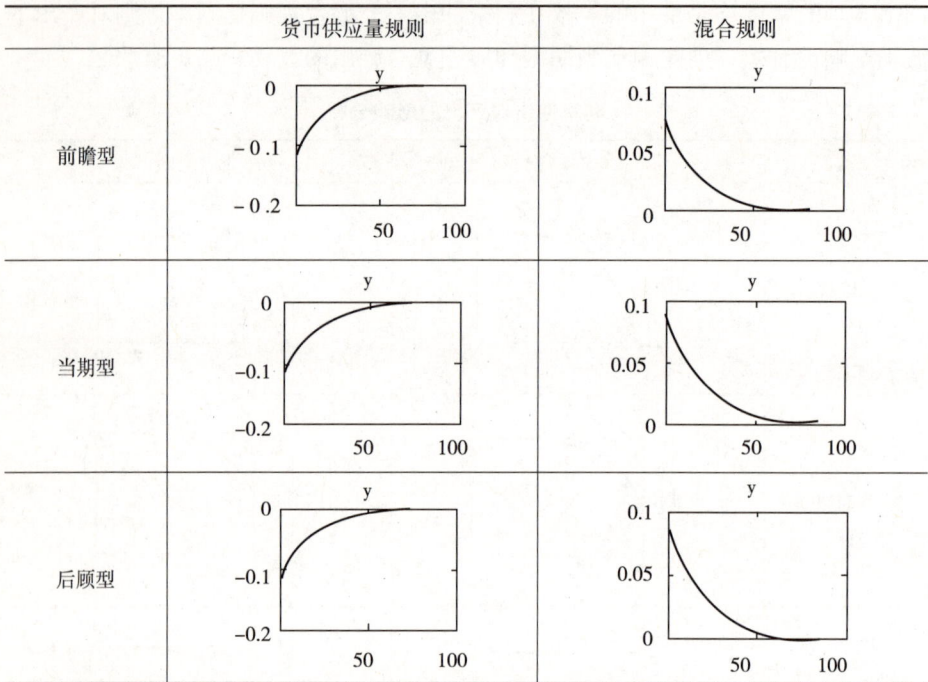

| | 货币供应量规则 | 混合规则 |
|---|---|---|
| 前瞻型 |  |  |
| 当期型 |  |  |
| 后顾型 |  |  |

2. 不同货币政策工具规则下对通货膨胀的脉冲响应分析。通过表 7-7 所列的利率规则和混合规则下利率冲击对通货膨胀的影响可以看出，三种利率规则中通货膨胀受到正向的利率冲击后均立即下降，经过 70 期左右回归均衡状态。其中，前瞻型利率规则瞬间下降了大约 0.3 个单位，当期型利率规则瞬间下降了大约 0.4 个单位，后顾型利率规则瞬间下降了大约 0.5 个单位。前瞻型

利率规则造成通货膨胀变化的幅度均是最小的，是三种利率规则中对通货膨胀的影响最有效的。相比之下，三种混合规则在受到正向的利率冲击后通货膨胀的波动程度呈现出不同的反应，前瞻型混合规则下正向的利率冲击几乎没有对通货膨胀产生影响，很快回到均衡状态，当期型混合规则下正向的利率冲击会对通货膨胀产生较小的影响，瞬间下降了大约0.01个单位，后顾型混合规则下正向的利率冲击则对通货膨胀产生了较大的影响，瞬间下降了大约0.05个单位。相比之下，混合规则下利率冲击对通货膨胀的影响相对较小，在稳定物价方面发挥的作用最大。同时还可以发现，无论是利率规则还是混合规则，前瞻型货币政策工具规则造成通货膨胀波动的幅度均是三种中最小的。故在货币供应量冲击下，混合规则比利率规则对通货膨胀的影响更有效，前瞻型比当期型和后顾型对通货膨胀的影响更有效。

表7-7　　　　　　　　　　利率冲击对通货膨胀的影响分析

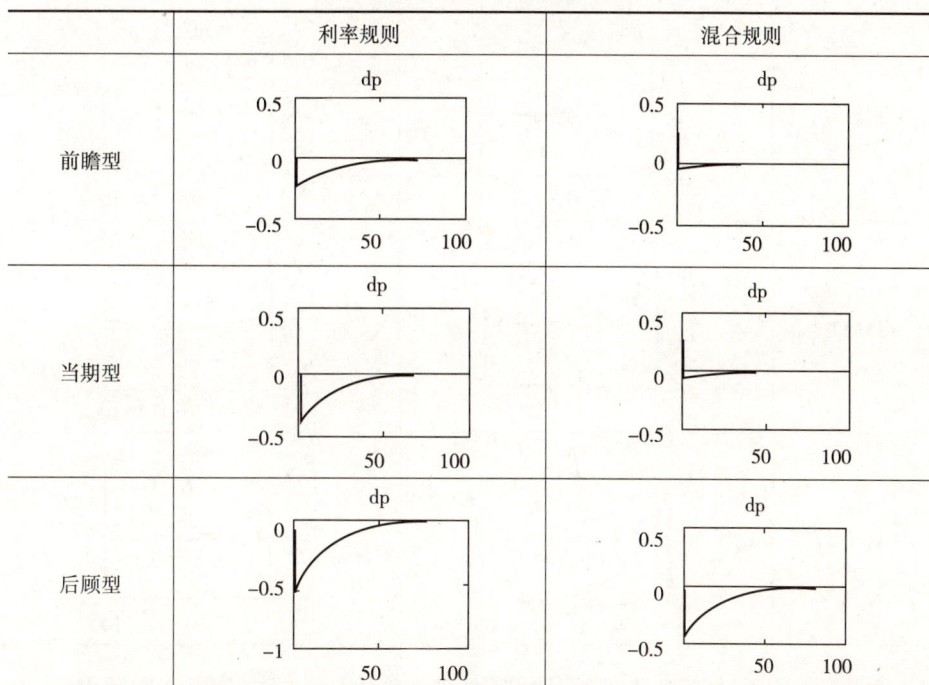

通过表7-8所列的货币供应量规则和混合规则下货币供应量冲击对通货膨胀的影响可以看出，三种货币供应量规则中通货膨胀受到正向的货币供应量冲击后均立即上升，前瞻型货币供应量规则瞬间上升了大约0.18个单位，当期型货币供应量规则瞬间上升了大约0.19个单位，后顾型货币供应量规则瞬间上升了大约0.19个单位。前瞻型货币供应量规则造成通货膨胀变化的幅度

均是最小的，是三种货币供应量规则中对通货膨胀的影响最有效的。三种混合规则在受到正向的货币供应量冲击后通货膨胀也立刻上升，前瞻型混合规则上升了大约 0.01 个单位，当期型混合规则上升了大约 0.015 个单位，后顾型混合规则上升了大约 0.05 个单位。前瞻型混合规则造成通货膨胀变化的幅度均是最小的，是三种混合规则中对通货膨胀的影响最有效的。对比后可以发现，三种货币供应量规则对通货膨胀的影响将持续 75 期左右，三种混合规则对通货膨胀的影响持续 60 期左右，混合规则的持续期更短，对通货膨胀的影响更小，在稳定物价方面发挥的作用最大。故在货币供应量冲击下，混合规则比货币供应量规则对通货膨胀的影响更有效，前瞻型比当期型和后顾型对通货膨胀的影响更有效。

表 7-8                    货币供应量冲击对通货膨胀的影响分析

3. 不同货币政策工具规则下对房地产价格的脉冲响应分析。通过表 7-9 所列的利率规则和混合规则下利率冲击对房地产价格的影响可以看出，三种利率规则中房地产价格受到正向的利率冲击后均立即下降，前瞻型利率规则下降了大约 1.5 单位，当期型利率规则下降了大约 2 个单位，后顾型利率规则下降了大约 3 个单位。前瞻型利率规则对房地产价格波动造成的影响是最小的，是三种利率规则中对稳定房地产价格最为有效的。相比之下，三种混合规则中

房地产价格受到正向的利率冲击后也立即下降，前瞻型混合规则下降了大约
0.6个单位，当期型混合规则下降了大约0.7个单位，后顾型混合规则下降了
大约0.6个单位。前瞻型混合规则也是三种混合规则中对稳定房地产价格最为
有效的。对比后可以发现，混合规则在受到利率冲击后对房地产价格的影响最
小，混合规则在稳定房地产价格方面发挥的作用更大。故在利率冲击下，混合
规则比利率规则对房地产价格的调控更有效，前瞻型比当期型和后顾型对房地
产价格的影响更有效。

表7-9　　　　　　　　　　利率冲击对房地产价格的影响分析

| | 利率规则 | 混合规则 |
|---|---|---|
| 前瞻型 | | |
| 当期型 | | |
| 后顾型 | | |

通过表7-10所列的货币供应量规则和混合规则下货币供应量冲击对房地
产价格的影响可以看出，三种货币供应量规则中房地产价格受到正向的货币供
应量冲击后均立即上升，前瞻型货币供应量规则上升了大约0.38个单位，当
期型货币供应量规则上升了大约0.38个单位，后顾型货币供应量规则上升了
大约0.38个单位。三种货币供应量规则对房地产价格波动造成的影响几乎相
同，三种货币供应量规则中在稳定房地产价格方面的作用相差无几。三种混合
规则中房地产价格受到正向的货币供应量冲击后也立即上升，前瞻型混合规则
上升了大约0.22个单位，当期型混合规则上升了大约0.3个单位，后顾型混
合规则上升了大约0.32个单位。前瞻型混合规则对房地产价格波动造成的影

响是最小的，是三种混合规则中对稳定房地产价格最为有效的。对比后可以发现，混合规则在受到货币供应量冲击后对房地产价格的影响最小，混合规则在稳定房地产价格方面发挥的作用更大。故在货币供应量冲击下，混合规则比货币供应量规则对房地产价格的调控更有效，前瞻型比当期型和后顾型对房地产价格的影响更有效。

表7-10　　　　　　　　货币供应量冲击对房地产价格的影响分析

综上所述，通过对脉冲响应函数的分析可以得出，在单一的利率规则或货币供应量规则下，利率冲击和货币供应量冲击引起产出、通货膨胀和房地产价格的变化幅度相对较大；在混合规则下引起的产出的变化幅度较小，引起通货膨胀的变化幅度更小，引起房地产价格波动的幅度相对较小，在稳定产出、物价以及房价方面混合规则发挥的作用更大，我国更适合使用混合规则的货币政策工具规则。

通过比较三种不同的货币政策工具规则反应类型还可以发现，无论是利率规则、货币供应量规则，还是混合规则，前瞻型的货币政策工具规则均比当期型和后顾型货币政策工具规则更适合我国的具体情况。

（二）比较不同货币政策工具规则的福利损失

比较不同货币政策工具规则对社会产生的福利损失是否存在显著变化，本部分运用传统的福利损失函数来衡量社会福利损失的变化。考虑到我国的货币政策目标表述为"保持物价稳定，并以此促进经济增长"。因此，本部分假设货币政策的目标就是通货膨胀和产出缺口波动的损失最小化。故在分析关注房地产价格波动的不同货币政策工具规则选择时，选用传统的福利损失函数来衡量社会福利损失程度，判断对不同的货币政策工具规则是否会对福利损失产生显著差异，其具体福利损失函数公式如下：

$$L = \tau Var(\pi) + (1 - \tau)Var(Y) \qquad (7.34)$$

式中，$L$ 代表社会福利损失；$Var(\pi)$ 和 $Var(Y)$ 分别为通货膨胀和产出的方差；参数 $\tau$ 表示为保持通货膨胀相对稳定的权重系数，本部分假定 $\tau$ 为 0.5；$Var(Q)$ 为房地产价格的方差。根据模型模拟结果，可以计算关注房地产价格波动的不同货币政策工具规则的社会福利损失。

**表 7 - 11 关注房地产价格波动的货币政策工具规则的社会福利损失比较**

| 货币政策工具规则 | | $Var(\pi)$ | $Var(Y)$ | $Var(Q)$ | 福利损失 |
|---|---|---|---|---|---|
| 利率规则 | 前瞻型 | 0.365153 | 0.115580 | 0.297686 | 0.240367 |
| | 当期型 | 0.609425 | 0.169273 | 0.485482 | 0.389349 |
| | 后顾型 | 0.785258 | 0.227982 | 0.727884 | 0.50662 |
| 货币供应量规则 | 前瞻型 | 3.899009 | 1.074252 | 3.196470 | 2.486631 |
| | 当期型 | 3.865674 | 1.195277 | 3.544891 | 2.530476 |
| | 后顾型 | 4.401341 | 1.570006 | 4.679519 | 2.985674 |
| 混合规则 | 前瞻型 | 0.446185 | 0.019421 | 0.087316 | 0.232803 |
| | 当期型 | 0.523805 | 0.029213 | 0.125392 | 0.276509 |
| | 后顾型 | 0.533190 | 0.025042 | 0.108429 | 0.279116 |

根据表 7 - 11 中的结果可以看出，三类货币政策工具规则的福利损失从小到大依次排序为混合规则、利率规则和货币供应量规则。同单一使用利率规则或货币供应量规则相比，混合规则的福利损失明显小于两者的福利损失。在混合规则下，货币政策可以更好地影响产出和通货膨胀。说明从宏观经济的稳定出发，当货币政策关注房地产价格波动时，货币政策工具规则应选择实施混合规则。这是因为，同西方国家一直使用单一货币政策工具规则相比，我国的经济发展状况更为复杂，货币政策传导机制并不完善，因此，中央银行不应局限于使用利率规则或货币供应量规则的单一规则，而是应混合使用利率规则和货币供应量规则，只有这样的货币政策工具规则才是适合我国特殊国情的最佳选择。

在每一个货币政策工具规则中，前瞻型货币政策工具规则又是三种货币政策工具规则中福利损失最小的，表明在货币政策工具规则实施过程中，中央银行应采用前瞻型货币政策工具规则，即更多地考虑理性预期因素。货币政策的传导机制存在时滞性特点，中央银行应在对未来经济状况的预测基础上调控货币政策变量，以此来进一步提高货币政策变量对未来可能出现的经济不稳定的反应速度，实现货币政策目标。同时，我国近年来的货币政策目标是稳定物价和促进经济增长，忽视了对房地产价格的关注，而房地产价格波动更多是受到了市场主体对市场的预期和外部经济环境因素的影响。因此，当货币政策关注房地产价格波动后，货币政策工具规则应选择前瞻型的货币政策工具规则，提高社会整体福利水平，使得货币政策传导渠道更通畅。

### 7.1.4　本节小结

本节基于新凯恩斯主义分析框架下，构造了 9 个包含不同货币政策工具规则的动态随机一般均衡模型，重点分析当货币政策开始关注房地产价格波动时，货币政策工具规则的选择问题，通过计算九个模型的福利损失，对比选出最优的货币政策工具规则。主要结论如下。

（一）混合规则是我国货币政策工具规则选择的最佳选择

比较三种不同的货币政策工具规则，混合规则下引起的产出的变化幅度更小，引起通货膨胀的变化幅度更小，引起房地产价格波动的幅度相对较小，在增加产出、稳定物价以及房价方面混合规则发挥的作用更大，我国更适合使用混合规则的货币政策工具规则。

借助福利损失比较也可以看出，三种货币政策工具规则的福利损失从小到大依次排序为混合规则、利率规则和货币供应量规则。同单一使用利率规则或货币供应量规则相比，混合规则的福利损失明显小于另外两种货币政策工具规则的福利损失。在混合规则下，货币政策可以更好地影响产出和通货膨胀。因此，中央银行不应局限于使用利率规则或货币供应量规则的单一规则，而是应综合使用利率规则和货币供应量规则，即实行混合规则，只有混合规则的货币政策工具规则才是适合我国特殊国情的最佳选择。

（二）前瞻型的货币政策工具规则更适合我国国情

通过比较三种不同的货币政策工具规则反应类型可以发现，无论是利率规则、货币供应量规则，还是混合规则，前瞻型的货币政策工具规则均比当期型和后顾型货币政策工具规则更适合我国的具体情况。

综上分析，我国目前最优的货币政策工具规则是前瞻型的利率和货币供应量混合的混合规则。因此，中央银行应预先形成对产出、通货膨胀以及房地产价格的反应机制，加强货币政策的前瞻型，建立通货膨胀和房地产的价格动态监测体系，根据价格水平和理性预期变化对宏观经济的影响程度作出及时、准确的反应与判断，提高宏观调控的敏锐性和货币政策的有效性。

## 7.2　房地产价格波动与货币政策目标规则的选择[①]

在货币政策不能忽视资产价格，譬如房地产价格时，又引出另一个问题：货币政策关注房地产价格波动后货币政策最终目标的确定问题，即货币政策目标制的选择问题。在我国《金融业发展和改革"十二五"规划》中明确提出"优化货币政策目标体系，更加突出价格稳定，关注更广泛意义的整体价格水平稳定。处理好促进经济增长、保持物价稳定和防范金融风险的关系"。在这一表述中，"更广泛意义的整体价格水平稳定"必然包括房地产价格的稳定，"处理好促进经济增长、保持物价稳定和防范金融风险的关系"意味着在实现经济增长和物价稳定的同时还要寻求实现金融领域的稳定。目前我国货币政策的最终目标可以概括为：物价稳定、充分就业、经济增长和国际收支平衡。在我国房地产价格一路攀升，居高不下的背景下，当货币政策需要关注房地产价格稳定时，我国货币政策的最终目标是否需要有所变化或完善？是否应增加金融稳定作为第五个目标？还有备受西方国家推崇的通货膨胀目标制是否会是关注房地产价格波动后的我国货币政策目标制的最优选择呢？这些正是本节试图去探究的问题。

随着各个国家所处发展阶段、经济条件的不同，货币政策目标制的选择也在不断发生变化（见表7-12）。20世纪90年代以来，国内外学者对货币政策目标制选择问题的研究可以分为两类，一类是支持选择通货膨胀目标制，实施盯住通货膨胀的货币政策，其理由是这种制度在实践中被很多发达国家广泛采用，在降低通胀、引导通胀预期、提高政策透明度和信誉度、抵御通胀冲击等方面成绩显著；另一类则是不支持选择通货膨胀目标制，认为发展中国家由于缺乏充足的历史数据，缺乏可靠的通货膨胀预测手段，中央银行的独立性往往相对较弱，维持通货膨胀目标制存在诸多的障碍，应采用其他货币政策目标制，如实施盯住产出、汇率等其他目标变量的货币政策目标制。

---

　　[①]　本节部分内容首次公开发表于马亚明，刘翠，房地产价格波动与我国货币政策目标制的选择——基于IS-Philips模型的分析［J］．南开经济研究，2014（6）：138-147。

表7-12　20世纪90年代以前各个国家不同阶段的货币政策目标选择

| 时期 | 货币政策目标 |
| --- | --- |
| 30年代以前 | 稳定汇率和币值 |
| 40年代中期 | 充分就业 |
| 50年代 | 通货膨胀 |
| 50年代后期 | 经济增长 |
| 70年代 | 国际收支平衡 |
| 80年代 | 稳定汇率 |
| 90年代以来 | 通货膨胀 |

资料来源：李世美. 金融稳定与物价稳定的货币政策目标选择［J］. 现代经济探讨，2009（5）。

（一）货币政策目标制的主流选择——通货膨胀目标制

Mishkin（2001）认为具有较高金融市场化程度的发展中国家可以采用通货膨胀目标制。奚君羊、刘卫江（2002）在封闭经济的假设基础上讨论严格的通货膨胀目标制和灵活的通货膨胀目标制，认为在我国货币政策中介目标的界定上，可以借鉴通货膨胀目标制。张晶、刘雪静（2011）从货币政策中介目标的选择出发，对通货膨胀目标制在我国实施的可行性进行了分析，认为引入通货膨胀目标制可以改善我国货币政策现阶段存在的问题，进而推动我国经济持续、平稳和健康发展。卢宝梅（2009）比较通货膨胀目标制、汇率目标制、货币供给量目标制，认为货币供应量目标制和汇率目标制均难以实现货币政策的有效调控，可采用通货膨胀目标制的货币政策框架。简志宏、朱柏松等（2012）建立了包含动态通胀目标的动态随机一般均衡（DSGE）模型，运用脉冲响应函数分析、方差分解、反事实仿真模拟方法等分析通货膨胀目标冲击对我国经济的影响，最后得到的结论是具有动态通胀目标的货币政策能起到稳定通货膨胀的作用。

但也有部分学者认为通货膨胀目标制并非我国货币政策目标制的最优选择。卞志村（2007）从优越性和货币政策操作两个层面对通货膨胀目标制进行了理论分析，发现灵活的通货膨胀目标制并不是合适的货币政策目标制选择。张雪兰、徐水安（2008）构建中央银行福利（损失）函数，认为我国目前尚不具备实行通货膨胀目标制所需的经济条件和制度条件，现阶段通货膨胀目标制不是我国的最优货币选择。

（二）货币政策目标制的其他选择

除了分析通货膨胀目标制对货币政策目标选择的适用性以外，国内外学者还对其他货币政策目标制的适用性也进行了深入的分析。

Jensen（2002）建立新凯恩斯主义模型，对比名义收入目标制与通货膨胀目标制，认为名义收入目标制可能更优。Cordero（2008）建立了后凯恩斯模型，对比通货膨胀目标制与汇率目标制，认为通货膨胀目标制会对经济增长和就业产生负面影响，而汇率目标制则可以促使经济进入高速增长的轨道中。范从来（2010）认为我国货币政策的最终目标不应该包括经济增长目标，但应将充分就业目标涵盖在内。周骏（2002）结合我国的政治、经济与金融体制及我国当前面临的经济形势和任务，认为我国应实施通货膨胀率、经济增长的双目标制。卞志村、管征（2005）建立简单的前瞻型模型分析中央银行最优货币政策规则，对比分析混合名义收入目标与严格通货膨胀目标，其结论是我国中央银行不一定必须执行通货膨胀目标，可以考虑执行既重视通货膨胀也重视产出的混合名义目标制。

同时，在对 IS - Philips 模型的适用范围进行分析中发现，在以往的国外文献中多将 IS - Philips 模型作为货币政策是否需要考虑资产价格波动的分析方法，从纳入资产价格变量的 IS - Philips 模型出发，求解中央银行损失函数最小化问题来推导最优利率反应函数，进而分析货币政策是否需要考虑资产价格波动。如 Goodhart 和 Hofmann（2002）通过对欧洲七个国家的 IS - Philips 曲线进行估计，以英国为例推导最优利率反应函数，模拟经济波动，得出货币政策应对资产价格波动做出反应的分析结果。Kontonikas 和 Montagnoli（2006）建立了一个包含资产价格的后顾型 IS - Philips 模型，推导出最优利率反应函数，认为应该响应资产价格泡沫成分。

综上所述，现有文献对于货币政策的目标制选择进行了有益的探索，但这些文献存在一个严重的缺陷：未将房地产价格波动考虑在内。而事实上，尤其对我国而言，房地产价格波动对货币政策存在显著性影响（赵进文，2009）。当货币政策的关注范围需要考虑房地产价格波动时，货币政策目标制的选择理应随之发生变化。目前，我国中央银行虽然还没有按照规则来调控，但未来货币政策操作将会逐步过渡到基于规则的调控方式。在具体研究方法选择上，本部分在现有文献的基础上，除了将房地产价格波动纳入到 IS - Philips 模型外，还将国际收支平衡和充分就业加入到 IS - Philips 曲线中，将分析的重点进行延伸，对我国现行的货币政策目标及目标制进行分析。通过构建 IS - Philips 模型，将房地产价格波动作为影响我国宏观经济运行稳定的关键变量纳入到理论模型中，并利用我国的实际数据进行实证分析，试图对"货币政策的最终目标中是否需要加入金融稳定这第五个目标？关注房地产价格波动的货币政策目标制的最优选择是通货膨胀目标制吗？"等问题的答案找到理论与实证方面的依据。

### 7.2.1 引入房地产价格波动的货币政策目标制选择——理论模型

本部分将影响宏观经济的主要变量代入到 IS – Philips 模型中，构造中央银行的损失函数，进而确定考虑房地产价格波动后的货币政策目标选择问题。

（一）构造 IS 曲线

传统的 IS 曲线是反映利率与国民收入之间关系的曲线，本部分在借鉴 Almeida（2003）所建模型的基础上，对传统的 IS 曲线进行改进，试图建立一个改进的 IS 曲线来代表总需求，进而对货币政策的最终目标进行分析。目前，我国的货币政策最终目标可以概括为：稳定物价、充分就业、经济增长、国际收支平衡四个方面，因此在构造改进的 IS 曲线时，可以试图将货币政策的四个最终目标全部纳入到 IS 曲线中。在传统的 IS 曲线中，实际上已经包含了产出和通货膨胀，已经实现了对货币政策的经济增长和稳定物价两个最终目标的体现。因此，接下来只需将充分就业和国际收支平衡这两个货币政策目标纳入到改进的 IS 曲线中进行理论分析即可。

本部分选取汇率来代表国际收支平衡，失业率来代表充分就业。首先，根据国民收入核算的支出法可知，总产出是由经济社会在一定时期内消费、投资、政府购买以及净出口等方面支出的总和构成，即存在 $Y = C + I + G + (X - M)$。在这种情况下，汇率的变动会导致净出口发生变化，净出口的变化又势必会影响总产出，进而对总需求产生影响。因此，在改进的 IS 曲线中加入汇率因素，以此体现国际收支平衡的货币政策最终目标，具有明确的理论依据。其次，根据柯布—道格拉斯生产函数（$Y = A(t)L^{\alpha}K^{\beta}\mu$）可知，技术、资本及劳动力会对总产出产生影响，即劳动力就业情况会直接影响产出，进而对总需求产生影响。因此，在改进的 IS 曲线中加入失业率，体现充分就业的货币政策最终目标，同样也具有明确的理论基础。

综上，本部分构建改进的 IS 模型，代表总需求，见（7.35）式：

$$y_{t+1} = \beta_1 y_t + \beta_2 y_{t-1} + \beta_3 r_t + \beta_4 u_t + \beta_5 e_t + v_{t+1} \tag{7.35}$$

式中，$y_t$ 为 $t$ 期的产出缺口，代表经济增长的目标；$r_t$ 为 $t$ 期的实际利率，实际利率是名义利率与通货膨胀率之差，$r_t = R_t - E_t\pi_{t+1}$，表示货币政策的利率规则；$\pi_t$ 为 $t$ 期的通货膨胀率，代表稳定物价的目标；$e_t$ 为 $t$ 期的汇率，代表国际收支平衡的目标；$u_t$ 为 $t$ 期的失业率，代表充分就业的目标；$v_{t+1}$ 为 $t + 1$ 期的总需求冲击，服从正态分布。

（二）构造 Philips 曲线

从总供给曲线推导出 Philips 曲线，Philips 曲线最初是用来反映失业与通货膨胀之间交替关系的曲线。美国经济学家奥肯随后又提出了失业率和经济增长率之间具有反向的对应变动关系，Philips 曲线也可以用来反映经济增长率与通货膨胀率之间呈现的同向变动关系，即存在"产出—物价"Philips 曲线，本部分所指的 Philips 曲线即为"产出—物价"Philips 曲线。

本部分在借鉴 Goodhart 和 Hofmann（2002）、Kontonikas 和 Montagnoli（2006）、王胜和田涛（2013）等相关研究后，在现有研究的基础上，用房地产价格波动取代资产价格波动，运用 Philips 曲线分析房地产价格波动对货币政策目标选择的影响。因为，一方面，房地产作为国民经济的支柱产业，房地产价格波动对宏观经济领域中的消费、投资等领域都会产生重要影响；另一方面，房地产价格波动也会对钢筋、水泥等众多生产资料的价格产生影响，进而显著影响整体物价水平，成为通货膨胀率的重要影响因素。因此，本部分在现有传统的"产出—物价"Philips 曲线的基础上，充分考虑房地产价格波动对宏观经济产生的显著影响，将房地产价格波动加入到 Philips 曲线中，将 Philips 曲线中所描述的通货膨胀率由原来的只反映一般价格水平的狭义通货膨胀率扩大为包含房地产价格波动在内的广义通货膨胀率，构建了改进的 Philips 曲线，来分析房地产价格波动对经济增长和货币政策目标选择的影响。

综上，本部分建立改进的 Philips 曲线，代表总供给，见（7.36）式：

$$\pi_{t+1} = \beta_6 \pi_t + \beta_7 y_t + \beta_8 \Delta q_t + \eta_{t+1} \tag{7.36}$$

式中，$q_t$ 为 $t$ 期的房地产价格，$\Delta q_t$ 为 $t$ 期的房地产价格变化率，代表金融稳定的目标。表明当期通货膨胀除了由于"通胀惯性"受到前期通货膨胀的影响以外，还会受到产出缺口和房地产价格变化率的影响。当产出缺口为正时，即总需求大于总供给，存在通货膨胀的压力；反之，则存在通货紧缩的压力。当房地产价格变化率为正，即房地产价格上涨时，会带动一般价格水平上涨，造成通货膨胀；当房地产价格变化率为负，即房地产价格下降时，会引起一般价格水平下跌，造成通货紧缩。

（三）模型求解

将（7.36）式两边取期望，可以得到（7.37）式：

$$E_t \pi_{t+1} = \beta_6 \pi_t + \beta_7 y_t \tag{7.37}$$

将（7.37）式代入（7.35）式中，可以得到（7.38）式：

$$y_{t+1} = (\beta_1 - \beta_3 \beta_7) y_t + \beta_2 y_{t-1} + \beta_3 (R_t - \beta_6 \pi_t) + \beta_4 u_t + \beta_5 e_t + v_{t+1} \tag{7.38}$$

随后，定义状态变量：

$$z_t = \beta_6 \pi_t + \beta_7 y_t + \beta_8 \Delta q_t \tag{7.39}$$

$$\Theta_t = (\beta_1 - \beta_3 \beta_7) y_t + \beta_2 y_{t-1} + \beta_3 (R_t - \beta_6 \pi_t) + \beta_4 u_t + \beta_5 e_t \tag{7.40}$$

故可以将 (7.36) 式和 (7.38) 式改写成：

$$\pi_{t+1} = z_t + \eta_{t+1} \tag{7.41}$$

$$y_{t+1} = \theta_t + v_{t+1} \tag{7.42}$$

将 (7.39) 式中的 $t$ 期换成 $t+1$ 期，随后将 (7.41) 式和 (7.42) 式代入到 (7.39) 式中可以得到 (7.43) 式：

$$z_{t+1} = \beta_6 z_t + \beta_7 \theta_t + \beta_8 \Delta q_{t+1} + \beta_6 \eta_{t+1} + \beta_7 v_{t+1} \tag{7.43}$$

构建中央银行货币政策的损失函数，确定货币政策目标制的选择问题：

$$Loss = \frac{1}{2} E_t \sum_{t=1}^{\infty} \gamma^t [\lambda y_{t+1}^2 + \pi_{t+1}^2] \tag{7.44}$$

式中，Loss 为损失函数，$\gamma$ 为贴现因子，$0 < \gamma < 1$，反映中央银行制定货币政策的意图初衷，$\lambda$ 为货币政策中给予产出缺口的相对权重，即货币政策中对产出稳定的关注程度，反映了中央银行制定货币政策的政策偏好。$\lambda = 0$ 表明中央银行在制定货币政策时，只关注通货膨胀的变化，而不关注产出缺口的变化，即实行严格的通货膨胀目标制；$\lambda = 0.5$ 表明中央银行在制定货币政策时，同时关注产出缺口与通货膨胀的变化，但相对更关注通货膨胀的变化，即实行灵活的通货膨胀目标制；$\lambda = 1$ 表明中央银行在制定货币政策时，将产出缺口变化和通货膨胀的变化同等看待，即实行混合名义目标制；$\lambda > 1$ 表明中央银行在制定货币政策时，同时考虑产出缺口与通货膨胀的变化，但相对更注重产出缺口的变化，$\lambda$ 越大，表明中央银行对产出缺口变化更为看重。

(7.44) 式反映了中央银行对产出收入目标和通货膨胀目标之间的选择问题，实际上是一种混合目标制，通过设置不同的 $\lambda$ 值，赋予产出缺口和通货膨胀不同的相对权重，其目的是为了将产出缺口和通货膨胀的变化达到最小，进而使中央银行的损失函数最小。

因此，中央银行的损失函数在 (7.43) 式的约束下取得最小值，得到 (7.45) 式：

$$V(z_t) = \min E_t \left[ \frac{1}{2} (\lambda y_{t+1}^2 + \pi_{t+1}^2) + \gamma V(z_{t+1}) \right] \tag{7.45}$$

将 (7.41) 式、(7.42) 式、(7.43) 式代入到 (7.45) 式中可以得到 (7.46) 式：

$$V(z_t) = \min E_t \frac{1}{2} \left[ \frac{1}{2} (\lambda E_t (\theta_t + v_{t+1})^2 + \frac{1}{2} E_t (z_t + \eta_{t+1})^2 + \gamma E_t V (\beta_6 z_t + \beta_7 \theta_t + \right.$$
$$\left. \beta_8 \Delta q_{t+1} + \beta_6 \eta_{t+1} + \beta_7 v_{t+1}) \right]$$

$$\tag{7.46}$$

(7.46) 式取极值的一阶条件是

$$\lambda\theta_t + \beta_7\gamma E_t V_\theta(z_{t+1}) = 0 \tag{7.47}$$

利用包络定理 $V_\theta = V_z$ ，得到（7.48）式：

$$V_z(z_t) = z_t + \beta_6\gamma E_t V_\theta(z_{t+1}) \tag{7.48}$$

比较（7.47）式和（7.48）式，并且将时间向前推一期可以得到（7.49）式：

$$E_t V_\theta(z_{t+1}) = \beta_6 z_t + \beta_7\theta_t - \frac{\beta_6}{\beta_7}\lambda E_t(\theta_{t+1}) \tag{7.49}$$

将（7.49）式代入到（7.47）式中，可以得到（7.50）式：

$$\theta_t = \frac{\beta_6\beta_7\gamma}{\lambda + \beta_7^2\lambda}z_t + \frac{\beta_6\gamma\lambda}{\lambda + \beta_7^2\gamma}E_t(\theta_{t+1}) \tag{7.50}$$

在 $t$ 期，$z_t$ 为状态变量，$\Theta_t = Cz_t$ 以满足下列形式来寻求货币政策目标制的最优选择：

$$E_t(\theta_{t+1}) = C_t(z_{t+1}) = C(\beta_6 + \beta_7 C)z_t \tag{7.51}$$

$C$ 即为下列二次方程的解：

$$\lambda\gamma\beta_6\beta_7 C^2 + (-\lambda + \gamma\beta_6^2\lambda - \beta_7^2\gamma)C - \beta_6\beta_7\gamma = 0 \tag{7.52}$$

可以得到

$$C = \frac{(\lambda - \gamma\beta_6^2\lambda + \gamma\beta_7^2) - \sqrt{(\lambda - \gamma\beta_6^2\lambda + \gamma\beta_7^2)^2 + 4(\gamma\beta_6\beta_7)^2\lambda}}{2\gamma\beta_6\beta_7\lambda} \tag{7.53}$$

因此，推导可知货币政策目标制的选择表达式为

$$R_t = \frac{C\beta_7 - \beta_1}{\beta_3}y_t + \frac{C\beta_6 - \beta_3\beta_6}{\beta_3}\pi_t - \frac{\beta_4}{\beta_3}u_t - \frac{\beta_5}{\beta_3}e_t + \frac{C\beta_8}{\beta_3}q_t \tag{7.54}$$

（7.54）式反映了中央银行通过控制利率制定货币政策规则时，不仅要考虑产出缺口和通货膨胀，还要考虑汇率、失业率和房地产价格变化。中央银行在制定货币政策目标时，不仅要考虑通货膨胀和产出的稳定，还要考虑失业的消极影响、汇率的传导效应以及房地产价格波动所导致的财富效应，最终通过总需求传导到宏观经济领域，影响宏观经济的稳定。

### 7.2.2 引入房地产价格波动的我国货币政策目标制选择——实证分析

（一）模拟数据来源与处理

模拟分析所需的所有数据均来自于中经网—中国经济统计数据库，数据选取区间为 1998 年至 2011 年的年度数据。（1）产出缺口，首先将各年度的名义 GDP 剔除价格因素的影响，转换为实际 GDP，再利用 H－P 滤波方法对实际 GDP 进行趋势分解，并将实际产出 GDP 与得到的 GDP 趋势变量进行差分得到实际产出缺口，用 $y_t$ 表示。（2）通货膨胀率，用 $\pi_t$ 表示。（3）失业率，用城

镇登记失业率来替代，用 $u_t$ 表示。（4）汇率，以人民币与美元间的名义汇率表示，用 $e_t$ 表示。（5）房地产价格，以全国商品房平均销售价格来代替，用 $q_t$ 表示。

（二）模拟参数估计

IS 模型的表达式为

$$y_t = \beta_1 y_{t-1} + \beta_2 y_{t-2} + \beta_3 r_{t-1} + \beta_4 u_{t-1} + \beta_5 e_{t-1} + v_t \qquad (7.55)$$

利用回归方法对（7.55）式的 IS 模型进行参数估计，得到的结果如下：

$$\hat{y}_1 = 1.728952\,\hat{y}_{t-1} - 0.717264\,\hat{y}_{t-2} - 0.962698\,\hat{r}_{t-1} - 0.270374\,\hat{u}_{t-1} + 0.022781\,\hat{e}_{t-1}$$

$$(7.56)$$

因此，可以得到 $\beta_1 = 1.728952$，$\beta_2 = -0.717264$，$\beta_3 = -0.962698$，$\beta_4 = -0.270374$，$\beta_5 = 0.022781$。

改进的 Philips 模型表达式为

$$\pi_t = \beta_6 \pi_{t-1} + \beta_7 y_{t-1} + \beta_8 q_{t-1} + \eta_t \qquad (7.57)$$

利用回归方法对（7.57）式改进的 Philips 模型进行参数估计，得到的结果如下：

$$\hat{\pi}_t = 0.572766\,\hat{\pi}_{t-1} + 0.118683\,\hat{y}_{t-1} + 9.504649\,\hat{q}_{t-1} \qquad (7.58)$$

得到 $\beta_6 = 0.572766$，$\beta_7 = 0.118683$，$\beta_8 = 9.504649$。

（三）货币政策目标制的最优选择

在确定货币政策目标选择的过程中，除了需要对上述参数进行估计之外，还需要确定 $\gamma$ 和 $\lambda$ 的值。$\gamma$ 是贴现因子，$\lambda$ 是货币政策中产出所占比重，不同的 $\gamma$ 和 $\lambda$ 代表了货币政策不同的调控意图和政策偏好。因此，本部分参考 Iacoviello（2005），将 $\gamma$ 设定为 0.95；考虑到货币政策对产出与通货膨胀两个目标同等看待，故将 $\lambda$ 设定为 1，并结合 IS 模型和改进的 Philips 模型的参数代入到（7.54）式中，确定货币政策目标选择问题的表达式：

$$R_t = 1.8072 y_t - 0.5185 \pi_t - 0.2809 u_t + 0.0237 e_t + 0.9010 q_t \quad (7.59)$$

从（7.59）式中可以发现，在货币政策目标选择表达式中，产出缺口系数为 1.8072，通货膨胀系数为 0.5185，失业率系数为 0.2809，汇率系数为 0.0237，房地产价格系数为 0.9010，各变量系数的绝对值排序为产出缺口、房地产价格、通货膨胀、失业率、汇率。上述系数关系也表明，在货币政策目标选择过程中，应首先考虑产出波动，其次考虑房地产价格波动，再次考虑通货膨胀，即一般价格水平波动，最后考虑失业率和汇率波动。

（7.59）式中房地产价格的系数大于除产出缺口外其他变量的系数，说明货币政策除了要对产出缺口和通货膨胀作出反应外，中央银行的货币政策还需要考虑对房地产价格进行宏观调控，以防房地产价格泡沫扩展蔓延到实体经济领域。因为，房地产价格的变化会通过财富效应、资产负债表效应等途径对实体经济产生影响，同时，由于金融加速器机制的放大作用，房地产价格波动对实体经济的影响还可能会更大。因此，除了传统的货币政策将目标只聚焦产出和通货膨胀波动外，还要重点关注房地产价格波动。

另外，（7.59）式中失业率系数为0.2809，说明在货币政策制定过程中就业问题也是不容忽视的。尽管充分就业目标的实现应该依靠市场机制来自动实现，并非单靠货币政策就可以解决，但在非常时期（即在市场短期失灵时期），货币政策也应保持某种灵活性，在物价波动可承受的范围内，通过实施宽松的货币政策促进劳动力市场的出清，实现货币政策与财政政策等其他手段的搭配协调问题。因此，货币政策也应对就业等社会热点问题给予一定的关注。

对于汇率的关注，则反映出执行货币政策所处的历史环境已经发生变化。随着我国对外开放程度的不断提高，进出口贸易和资本流动对实体经济产生了巨大的影响，而汇率的波动正是这些影响的根源，故汇率的波动对宏观经济产生的冲击不可小觑，须在货币政策目标制定中加以考虑。

通过（7.59）式还可以发现，房地产价格变化的系数仅小于产出缺口的系数，远大于通货膨胀等另外三个变量的系数，说明房地产价格波动对宏观经济的影响不可忽视，现阶段的货币政策目标应随着经济形势的变化而作出相应的调整，将金融稳定作为货币政策的第五个目标。

金融稳定应是中央银行的一个内在任务（Ferguson，2003）。从日本的房地产泡沫破灭、全球金融危机等例子均可以发现，以房地产价格为代表的资产价格波动，会造成金融体系的不稳定和宏观经济的严重衰退，这种来自金融体系的不稳定，势必会极大地改变中央银行的货币政策反应函数。因此，在经济虚拟化程度不断提高的今天，金融稳定成为影响宏观经济的又一关键因素，应将其列入到货币政策目标中来加以高度重视。

在确定货币政策目标的过程中，本部分事先给定了贴现因子 $\gamma$ 和产出相对权重 $\lambda$ 的值，其结果显示，货币政策目标选择与中央银行的货币政策意图 $\gamma$ 和产出缺口的相对权重 $\lambda$ 密切相关。接下来，利用敏感性分析法就 $\gamma$ 和 $\lambda$ 的变化对货币政策目标选择的影响进行分析。敏感性分析是常用的研究不确定性的方法，是在确定性分析的基础上，进一步分析不确定性因素对研究对象的最终影响和影响程度。具体做法：分别设定不同的产出稳定相对权重 $\lambda$，观察货币政策目标选择如何变化；反过来，分别设定不同的贴现因子 $\gamma$，观察货币政策目标选择如何变化。通过观察货币政策意图和偏好的变化，分析通货膨胀目标制是否是我国货币政策目标制的最优选择吗？

　　首先，考察产出稳定相对权重 $\lambda$ 的变化对货币政策目标选择的影响。设定 $\gamma = 0.95$，分别考察 $\lambda = 0$，$\lambda = 0.5$，$\lambda = 1$，$\lambda = 2$，$\lambda = 50$，$\lambda = 100$ 时，货币政策目标选择表达式中的系数变化。需要说明的是，$\lambda = 0$ 表示中央银行只关注通货膨胀变化，不关注产出缺口的变化，实行严格的通货膨胀目标制，但实际上中央银行在实行严格的通货膨胀目标制时，会首先且重点关注通货膨胀率变化，但并非对于产出缺口的变化一点都不关注，因此，本部分在充分考虑现实情况后，用 $\lambda = 0.1$ 代替 $\lambda = 0$ 进行分析，即 $\lambda = 0.1$ 表示中央银行更多地关注通货膨胀变化，对产出缺口变化的关注相对较少，即实行严格的通货膨胀目标制；$\lambda = 0.5$ 表示中央银行同时关注通货膨胀和产出缺口变化，但更关注通货膨胀变化对宏观经济的影响，即实行灵活的通货膨胀目标制；$\lambda = 1$ 表示中央银行对产出缺口变化和通货膨胀变化同等看待，即实行混合名义目标制；$\lambda = 2$，$\lambda = 50$，$\lambda = 100$ 均表示中央银行更关注产出缺口变化对宏观经济的影响，只是关注程度不同，$\lambda$ 越大，关注程度越高，$\lambda = 100$ 可以近似看成实行名义收入目标制。

表 7 – 13　　　　　　产出稳定相对权重 $\lambda$ 的敏感性分析（$\gamma = 0.95$）

| | $y_t$ | $\pi_t$ | $u_t$ | $e_t$ | $q_t$ |
|---|---|---|---|---|---|
| $\lambda = 0.1$ | 1.887445 | – 0.13118 | – 0.28085 | 0.023664 | 7.327786 |
| $\lambda = 0.5$ | 1.817859 | – 0.46701 | – 0.28085 | 0.023664 | 1.755009 |
| $\lambda = 1$ | 1.807195 | – 0.51847 | – 0.28085 | 0.023664 | 0.901025 |
| $\lambda = 2$ | 1.801647 | – 0.54524 | – 0.28085 | 0.023664 | 0.456707 |
| $\lambda = 50$ | 1.796176 | – 0.57165 | – 0.28085 | 0.023664 | 0.018515 |
| $\lambda = 100$ | 1.79606 | – 0.57221 | – 0.28085 | 0.023664 | 0.00926 |

　　由表 7 – 13 可以看出，随着产出稳定相对权重 $\lambda$ 的不断增加，产出缺口 $y_t$ 和房地产价格 $q_t$ 的系数不断减少，通货膨胀 $\pi_t$ 的系数不断增加，失业率 $u_t$ 和汇率 $e_t$ 的系数保持不变。这说明中央银行的货币政策目标由关注通货膨胀向关注收入转变过程中，对产出的关注度应不断减少，对通货膨胀的关注度应不断增加，对房地产价格变化的关注度也应不断减少，而对失业率和汇率的关注度应一直保持不变。当中央银行实行通货膨胀目标制（$\lambda = 0$）时，货币政策应首先考虑房地产价格波动；其次才是产出波动和通货膨胀波动；最后是失业率波动和汇率波动。当中央银行实行混合名义目标制（$\lambda = 1$）时，货币政策应首先考虑产出波动、其次考虑房地产价格波动、再次考虑通货膨胀波动，最

后考虑失业率波动和汇率波动。当中央银行实行名义收入目标制（$\lambda = 100$）时，货币政策应首先考虑产出波动和通货膨胀波动；其次考虑失业率波动和汇率波动；最后才考虑房地产价格波动。

同时，由表7－13还可以看出，除了实行严格的通货膨胀目标制外，产出缺口的系数均大于房地产价格波动的系数，即便在严格的通货膨胀目标下，产出缺口的系数依然大于通货膨胀率的系数，说明产出对宏观经济的影响远大于其他变量对宏观经济的影响，通货膨胀目标制并非我国货币政策目标制的最优选择。当实行严格的通货膨胀目标制时，房地产价格波动的系数远大于通货膨胀等其他变量的系数，表明房地产价格波动对宏观经济的影响也很大，货币政策盯住通货膨胀的同时，也需要盯住房地产价格波动，实行严格的通货膨胀目标制并非我国货币政策目标的最优选择。随着由通货膨胀目标制向名义收入目标的转变，房地产价格波动的系数开始逐渐减小，产出缺口的系数尽管也在不断减小，但一直是所有变量中系数最大的，说明在通货膨胀目标制下还需要考虑产出波动，货币政策的盯住通货膨胀单一目标制需要转变为盯住产出、通货膨胀、房地产价格波动的多目标制；但在名义收入目标制下，仅有产出缺口的系数最为显著，房地产价格波动的系数几乎可以忽略不计，货币政策只需要盯住产出即可。综上，通货膨胀目标制并不是我国当前货币政策目标制的最佳选择。

其次，考察货币政策偏好 $\gamma$ 的变化对货币政策目标选择的影响。设定 $\lambda = 1$，分别考察 $\gamma = 0.1$，$\gamma = 0.2$，$\gamma = 0.5$，$\gamma = 0.9$，$\gamma = 0.95$，$\gamma = 1$ 时，货币政策目标选择表达式中的系数变化。$\gamma$ 的值越大，说明中央银行在制定货币政策目标时对未来影响的考虑越多，政策的持续时间也会越长。

表7－14　　　　　　货币政策偏好 $\gamma$ 的敏感性分析（$\lambda = 1$）

| | $y_t$ | $\pi_t$ | $u_t$ | $e_t$ | $q_t$ |
|---|---|---|---|---|---|
| $\gamma = 0$ | 1.795953 | − 0.57273 | − 0.28085 | 0.023664 | 0.000671 |
| $\gamma = 0.2$ | 1.797732 | − 0.56414 | − 0.28085 | 0.023664 | 0.143191 |
| $\gamma = 0.5$ | 1.800907 | − 0.54882 | − 0.28085 | 0.023664 | 0.397414 |
| $\gamma = 0.9$ | 1.806382 | − 0.52239 | − 0.28085 | 0.023664 | 0.835901 |
| $\gamma = 0.95$ | 1.807195 | − 0.51847 | − 0.28085 | 0.023664 | 0.901025 |
| $\gamma = 1$ | 1.808043 | − 0.51438 | − 0.28085 | 0.023664 | 0.968878 |

由表7－14可以看出，随着货币政策偏好 $\gamma$ 的不断增加，产出缺口 $y_t$ 和房地产价格 $q_t$ 的系数不断增加，通货膨胀 $\pi_t$ 的系数不断减少，失业率 $u_t$ 和汇率 $e_t$ 的系数保持不变。表明中央银行制定货币政策的意图初衷会影响到货币

政策的目标选择，货币政策持续时间越长，对产出和房地产价格波动的关注也应随着增加，对通货膨胀的关注应不断减少。当中央银行执行的货币政策为短期政策，只为解决经济增长过程中出现的短暂的市场失灵问题时，则应首先关注产出的波动，其次关注通货膨胀的波动，再次关注失业率和汇率的波动，最后关注房地产价格波动。当中央银行为了解决经济增长过程中的长期问题，所执行的货币政策为长期政策时，应首先关注产出波动，其次关注房地产价格波动，再次关注通货膨胀波动，最后关注失业率和汇率的波动。

同时，由表 7 - 14 可以得到，无论中央银行出台货币政策的初衷如何，所执行的政策是为了解决短期还是长期问题，通货膨胀目标制均是一种受限的货币政策规则，说明通货膨胀目标制在我国现阶段并不适用。

综上所述，中央银行应充分考虑我国的实际情况，在实施考虑房地产价格波动的货币政策中，通货膨胀目标制并非我国货币政策目标制的最佳选择。在确定货币政策目标制时，不应一味照搬别国经验，盲目跟风，应切实稳步推进相关制度的完善，确定适合我国国情的货币政策目标制，待各方面条件成熟后再实行通货膨胀目标制，以促进我国宏观经济的稳定健康发展。

本部分基于关注房地产价格波动的货币政策基础上，构建了包含房地产价格波动的 IS - Philips 模型，建立中央银行损失函数，利用我国的实际数据分析通货膨胀目标制是否是关注房地产价格波动的最优货币政策目标制。得出如下结论：

第一，在货币政策目标选择过程中，应首先考虑产出缺口，其次考虑房地产价格波动，再次考虑通货膨胀，最后考虑失业率和汇率，说明房地产价格波动对宏观经济的影响不可忽视，货币政策应关注房地产价格的波动，应将金融稳定作为货币政策的第五个目标。

第二，无论产出稳定相对权重 λ 如何变化，产出缺口的系数都是最大的，通货膨胀目标制不是现阶段我国货币政策目标制的最佳选择；无论中央银行制定的是短期政策还是长期政策，均应首先考虑产出的波动，表明通货膨胀目标制并不适合我国目前的基本情况，并非货币政策目标制的最佳选择。

基于以上分析结果，提出如下政策建议：

第一，在货币政策目标制选择函数中房地产价格波动的影响超过了物价波动的影响。故中央银行可以利用利率政策等货币政策手段对房地产价格的剧烈波动进行调控，以避免房地产价格泡沫对实体经济产生巨大冲击。

第二，在货币政策目标制选择函数中利用利率作为中介变量可以看出，只有利率传导渠道通畅，才可以保证利率能够根据状态变量进行灵活调整。因此，我国中央银行应加快利率市场化进程，加大公开市场操作力度，确保利率可以灵活调整，充分发挥利率的杠杆作用。

第三，在通货膨胀目标制下，房地产价格的非预期变动会直接影响中央银行的通货膨胀预测。因此，待条件成熟后，实行通货膨胀目标时，在具体操作中需要构造一个包含房地产价格波动在内的广义价格指数，以此来取代物价指数等现行的通货膨胀指标作为目标变量。

# 第 8 章

# 研究结论与政策建议

课题从货币循环流动的视角研究了资产价格波动与金融脆弱性的互动机制，在梳理相关文献的基础上，借助货币量值模型、DSGE 模型、IS – Philips 模型等数理模型与 VEC 模型、VAR 模型、SVAR 模型、基于 GARCH 的状态空间模型等计量分析模型，通过数理模型的推演、数值模拟与实证分析等得到了一系列的结论，现汇总如下，并依据这些研究结论提出了相关的政策建议。

## 8.1 研究结论

（一）货币循环流动是影响资产价格波动与金融脆弱性的重要因素

在现代经济中，资金运动存在两个既有联系，又相互独立的循环系统，即实际产业循环和金融循环。前者决定金融资源的配置效率及一般价格水平，后者决定资产价格水平。当后一个系统如果过于活跃，则有可能将信用与资金从前一个系统中吸收过来。当金融资产的收益率远高于实体经济的收益率时，金融投资对实体投资产生挤出与替代效应，实体经济的货币流量将会"漏"进金融循环中去，表现为"金融窖藏"的增加，进而推动资产价格的不断攀升，甚至形成资产泡沫，加剧金融体系的"脆弱性"。基于我国数据的实证分析表明，我国的金融资产价格波动与实体经济货币循环溢出的"金融窖藏"和由国外流入我国的"热钱"之间存在长期的均衡稳定关系，"金融窖藏"对商品房价格波动的贡献率在不断加大，即"金融窖藏"更倾向进入房市，引起房市的剧烈波动，而股市对"热钱"的变动具有很强的敏感度，意味着"热钱"的流动会对我国股市造成越来越大的波动影响。

（二）热钱已成为影响资产价格波动与金融稳定的重要因素

尽管我国资本项目尚未开放，但基于"套利""套汇"和"套价"的动机，2003 年以来，国际热钱通过各种途径流入我国的规模迅速扩大。由于短期逐利性，热钱主要进入金融循环，其已经成为影响我国股票和房地产价格剧烈波动的一个重要推动因素。通过方差分解分析，结果表明，造成我国股票价格指数变化的原因中有 30% 源于热钱流动，房屋价格波动原因中 20% 左右来自热钱流动。热钱的流入造成我国宏观经济失衡，助推了资产泡沫的形成，一旦热钱大量撤离，股市和房市价格就会发生剧烈波动，加剧了我国金融体系的脆弱性。

（三）银行信贷是货币资金从实体经济"漏"进虚拟经济的重要渠道，大量银行信贷的"脱实向虚"助涨了产业的"空心化"，加剧了金融体系的脆弱性

为什么资产价格的波动总伴随着银行信贷的扩张与收缩？一方面是因为，当资产价格上升时，企业与个人可抵押的资产升值，从银行可获得的贷款增加，另一方面，当资产价格上涨时，投资者会形成资产价格将进一步上涨的预期，使投资者更加愿意通过借款融资投资于资产市场。虽然我国对信贷资金进入股市有一些严格的规定，但企业挪用信贷资金违规进入股市、房市，有些个人挪用消费信贷资金进入股市的现象依然存在，银行信贷成为货币资金从实体经济"漏"进虚拟经济的重要渠道。根据国务院发展研究中心宏观经济部副部长魏加宁的测算，在 2009 年 1—5 月 5.8 万亿元的银行信贷中，有 20% 左右的信贷资金流入股市，30% 左右的信贷资金流入了票据市场，这意味着有一半左右的银行资金是在金融系统内部自我循环，推动金融泡沫的形成①。此外，企业资金被大量到挪用到股市和楼市中，实体经济由于没有足够资金的支持而出现产业"空心化"，宏观经济基础被侵蚀，从而间接影响金融体系的稳定。

（四）资产价格的大幅波动使宏观经济金融系统偏离稳态

通过第 6 章构建的多维决定性差分系统模型分析发现，资产价格波动会对宏观经济金融系统的稳定性产生动态影响，导致稳态点的迁移。当资产价格小幅上涨或下跌使经济金融体系偏离稳态时，存在收敛的动态路径确保系统自发恢复至稳态水平。当资产价格上涨或下跌的幅度增大后，系统稳态性质将由收敛型转至发散型，其最终所停留的稳态位置取决于外部调控力度。各种资产价格的持续上涨或下跌最终都会导致系统失去实现稳态的可能。因此，货币政策不能完全忽视资产价格的波动。

---

① http://news.hexun.com/2009 - 06 - 29/119102556.html? from = rss。

（五）资产价格波动对我国银行脆弱性有显著的影响

考虑到我国是以银行为主导的金融体系，第6章首先从宏观经济和微观金融角度分别选取了贷款增长率、CPI、不良贷款率、资本充足率四个指标对我国银行体系脆弱性进行了综合评估，然后运用 VAR 模型、Granger 因果关系检验、脉冲响应、方差分析等实证学分析方法分别从整个股市板块、房地产价格板块和金融板块三个方面研究了其对银行体系脆弱性综合指标的影响。实证结果表明，房地产价格波动对银行脆弱性影响最大，金融板块对其影响次之，股市的价格波动对银行脆弱性的影响不太显著。

（六）通货膨胀目标制不是现阶段我国货币政策目标制的最佳选择，在货币政策的工具规则方面，我国应选择前瞻型的利率和货币供应量混合的混合规则

第7章基于关注房地产价格波动的货币政策基础上，构建了包含房地产价格波动的 IS – Philips 模型，通过分析发现，房地产价格波动对宏观经济的影响不可忽视，货币政策应关注房地产价格的波动，应将金融稳定作为货币政策的第五个目标，而西方盛行的通货膨胀目标制并不是现阶段我国货币政策目标制的最佳选择。基于新凯恩斯主义分析框架，构造了多个包含9种不同货币政策规则的动态随机一般均衡模型，通过计算福利损失发现，前瞻型的利率和货币供应量混合的混合规则是适合我国特殊国情的最佳选择。

## 8.2　政策建议

（一）建立完善的货币流量指标监控体系和金融资本投向的跟踪警示制度

通过建立货币流量指标监控体系，揭示各个经济系统中长短期货币流量变化。这不仅有利于掌握进入金融体系进行自我循环的资金规模，更有利于细致地观察货币流量对金融市场的推动作用，更重要的是能使我们找到新的分析方法来判断金融市场是否存在泡沫以防范和预警金融危机的产生，为货币当局了解货币政策传导途径、有效制定货币政策提供重要的参考。通过对金融资本投向领域的全像跟踪、金融市场资金的异常流入与流出以及实体经济要素缺失状态警示等，在摸清金融资本投向的基础上，对资金的流量进行定期监测①，一方面能及时准确把握实体产业的运行状况，进而发挥国家政策的引导作用，提

---

①　参见刘骏民，肖红叶. 以虚拟经济稳定性为核心的研究——全像资金流量观测系统设计 [J]. 经济学动态，2005（5）：37–41。

高金融资源在实体经济的配置效率，另一方面，能为国家监测经济不稳定的根源提供预警指标，为金融监管部门查处违规资金的情况提供有利线索。

(二) 加强对银行信贷资金的监督，防止信贷资金违规流入股市与楼市

尤其是当资产价格高涨时，要切实加强对银行和贷款企业的联合监管。银行监管部门应严格关注和密切跟踪信贷资金的结构与实际流向，按照"查处"与"疏导"相结合的方式，严防实体企业利用实体项目的名义套取信贷资金却转投股市与房市进行投机炒作，监管部门要加大对贷款资金的贷前、贷中和贷后审查力度，严格查处信贷资金违规进入股市、楼市的情况。按照"区别对待、有保有压"的要求，对国家鼓励发展的战略新兴产业、优势产业的企业给予优惠的利率和宽松的信贷条件，对"借实业之名进行金融投机"的企业坚决暂停信贷支持，并追回已发放的贷款，盘活信贷存量资产。从资金源头上前瞻防控风险，防止信贷资金违规流入股市、房市，保障信贷资金直接进入实体经济。与此同时，中央银行可以考虑建立以资产为基础的差别化准备金制度，对先进制造业、战略性新兴产业的低风险贷款可以提取较低比例的准备金，而对非生产性的高风险贷款提取较高的准备金，从而抑制商业银行与实体企业联手进行金融资产投机炒作的动机，保证银行信贷资金最大可能的为实体经济服务。

(三) 积极落实和推进有利于实体经济发展的各项财税政策

在我国人口红利逐步消失，用工成本不断提高的背景下，资金从实体经济大量流出的一个重要原因是实体经济自身的经营环境不佳（譬如整体的资金成本很高、税负较高），导致企业微利甚至亏损。税费高是目前实体经济生存困难的主要原因之一，因此，为实体经济创造宽松良好的经营环境，首要任务就是加快税费改革，降低税负和减少各种非税收费，在税收政策上加大对中小企业的优惠倾斜力度，切实减轻企业负担。具体而言：（1）继续推进结构性减税，推进营业税改征增值税试点，逐步消除重复性征税，降低实体经济各生产环节税费，加快我国征税由生产向消费环节的转变。（2）加大税收扶持力度和范围。加大对小微企业所得税优惠的力度，上调中小企业增值税和营业税起征额，将现行增值税和营业税提高起征点的使用范围由个体工商户扩大到所有小微企业。（3）加大财政对实体经济发展的支持力度。通过中小企业发展专项资金、中小企业信用担保资金、科技型中小企业技术创新基金、税收减免、贷款贴息、加速折旧等多种支持方式，提高实业投资回报。（4）增加执法透明度，解决对小微企业管理过程中的权力寻租问题，坚决制止乱收费、乱罚款、乱摊派等现象。

（四）加快产业结构调整和升级，引导金融经济对实体经济的回归

当资产价格上涨时，要严堵实体经济的资金通过非法途径流入资产市场。当资产价格下跌时，要合理引导民间资本、"过度金融化"的资金有序回流实体经济，为逐利资本开辟合适的实体投资渠道。一方面，政府通过预算建立财政基金，专门用于支持战略性新兴产业的发展，对新兴产业中的企业直接给予财政支持，加快产业结构调整与升级，吸引社会资金流向以新技术产业、高增长产业、有发展优势的产业和经济支柱产业。另一方面，加快金融市场制度创新和市场开放步伐，在规范民间借贷市场的基础上，允许民间资本进入更多的金融服务领域，支持民营资本开办村镇银行或者社区银行，改善目前的信贷融资结构，降低企业特别是中小企业的融资成本。对战略性新兴产业，加大设立产业投资基金的力度，在条件允许的情况下，考虑产业投资基金到交易所上市，增强产业基金对民间资本的吸附能力。

（五）疏堵结合，加强对热钱的引导

基于"套利""套汇"和"套价"的动机，2003年以来，国际热钱流入我国的规模迅速扩大，而且这部分资金主要在金融领域内循环。由于热钱具有短期、投机的特性，热钱对资产泡沫的形成起到了推波助澜的作用，热钱大规模外流或逃逸时，则会出现经济恐慌，甚至会导致金融危机或经济崩溃。因此，一方面要加强对热钱流动的监管，以"堵"为主，主要措施有：（1）完善人民币汇率形成机制，加快利率市场化改革，减少热钱套汇的机会；（2）加强对通过贸易和FDI渠道流入的热钱的识别和管理，加强对经常性转移项目的管理（尤其是境外捐赠）。另一方面在"堵"的同时，还要强调疏堵结合，合理引导，使其投资周期长期化、投资方式合理化。例如，国家出台相关优惠政策吸引热钱进入到节能环保、新兴信息产业、新能源等新兴产业投资领域，为我国经济发展发挥积极作用。

（六）建立关注资产价格的货币政策体系

对中央银行直接干预资产价格有很多的争议，在实践中也会遇到一系列的难题，譬如，中央银行要判断是否存在"资产泡沫"是非常困难的。但由于资产价格的变化与金融体系的稳定密切相关，中央银行也不能完全忽视资产价格的波动，特别是资产价格的异动（使宏观经济系统难以回归到稳态），目前比较认可的观点是货币政策应该关注而不是钉住资产价格。关注资产价格但不钉住资产价格的货币政策既减弱了资产价格对宏观经济的不利影响，又不必判断资产价格的变动是属于宏观经济面决定的变动还是泡沫因素。货币政策不能局限于物价保持低而稳定的水平（通货膨胀目标制），而必须关注包括资产价格在内的广义价格稳定，以实现货币稳定和金融稳定的最终目标。目前，我国

的货币政策以调控货币供应量为主，但在我国利率市场化改革稳步推进的背景下，考虑到资产价格的波动，应逐步实施利率和货币供应量混合的混合规则。刺激投资的总量扩张政策很有可能导致资金流向资产投机领域而诱发资产泡沫，因此为提高货币政策的有效性，应适当考虑利率价格手段的调控作用。

# 参 考 文 献

[1] 巴曙松,孙隆新,刘孝红.中国金融转型期社会资金格局的变迁分析 [M].北京:经济科学出版社,2010.

[2] 保罗·克鲁格曼著,刘波译.萧条经济学的回归和2008年经济危机 [M].北京:中信出版社,2009.

[3] 陈雨露,马勇.泡沫、实体经济与金融危机:一个周期分析框架 [J],金融监管研究,2012 (1):1-19.

[4] 邓瑛.不完全信息下的资产价格冲击与货币政策选择 [M],北京:中国财政经济出版社,2009.

[5] 邓永亮."热钱"对我国资产价格影响的实证研究 [J],当代经济科学,2010 (4):20-28.

[6] 刁思聪,程棵,杨晓光.我国信贷资金流入股票市场、房地产市场的实证估计 [J],系统工程与理论实践,2011 (4):617-630.

[7] 丁晨,屠梅曾.论房价在货币政策传导机制中的作用 [J].数量经济技术经济研究,2007 (11):106-114.

[8] 丁志国,苏治,杜晓宇.经济周期与证券市场波动关联性 [J].数量经济技术经济研究,2007 (3):61-68.

[9] 段军山,白茜.资产价格波动与金融稳定研究述评 [J],成都理工大学学报 (社会科学版),2011 (3):1-6.

[10] 段忠东.房地产价格与货币政策 [D].湖南大学博士论文,2008.

[11] 段忠东,曾令华.资产价格波动与金融稳定关系研究综述 [J],上海金融,2007 (4):16-20.

[12] 方文恪.资产价格波动与银行信贷的相互关系研究 [J],中国物价,2013 (2):50-52.

[13] 付庆华.资产价格波动与金融稳定——基于银行信贷视角的分析 [J],思想战线,2011 (6):147-148.

[14] 桂荷发,邹朋飞,严武.银行信贷与股票价格动态关系研究 [J].金融论坛,2008 (8):46-52.

[15] 郭金龙,李文军.我国股票市场发展与货币政策互动关系的实证分析 [J].数量经济技术经济研究,2004 (6):18-27.

[16] 郭金兴.剑桥资本争论的发展与终结:"悖论"以及一个方法论的解释,经济思想史评论,2007 (1):177-187.

［17］郭伟．资产价格波动与银行信贷：基于资本约束视角的理论与经验分析［J］．国际金融研究，2010（4）：22－31．

［18］郭昆仑，张晶．货币政策、通货膨胀与股票资产价格波动研究［J］．统计与决策，2013，（1）：173－175．

［19］洪涛．房地产价格波动于消费增长——基于中国数据的实证分析及理论解释［J］．南京社会科学，2006，（5）：54－58．

［20］胡祖六．东亚的银行体系与金融危机［J］，国际经济评论，1998（6）：13－17．

［21］黄卫红．我国热钱流入问题探析［J］，现代农业科技，2010（18）：383－385．

［22］黄飞鸣．银行信贷和资产价格泡沫的联动性——基于动态贷款价值比的分析，财经论丛，2012（1）：48－54．

［23］黄金老．金融自由化与金融脆弱性［M］，北京：中国城市出版社，2001．

［24］金晓斌，唐利民．政策与股票投资者博弈分析［J］．海通证券有限公司研究报告，2000．

［25］孔庆龙等．资产价格波动与银行危机的一般均衡分析模型的改进［J］．上海金融，2008（9）：50－55．

［26］孔庆龙．资产价格波动与银行脆弱性关系解析［J］．理论界，2010（7）：38－40．

［27］李程．利率市场化与货币政策两难困境的化解——基于货币流量分析框架的研究［J］．金融经济学研究，2013（5：）：3－13．

［28］李广众．银行、股票市场与长期经济增长：中国的经验研究与国际比较［J］．世界经济，2002，（09）：57－62．

［29］李浩．资产价格、通货膨胀与货币政策反应［D］．华东师范大学博士论文，2012．

［30］李衡，周菁，李劭钊．人民币升值背景下热钱流入的途径、规模与影响［J］．北京：邮电大学学报（社会科学版），2008（8）：45－51．

［31］李红艳，汪涛．中国股市价格与货币供应量关系的实证分析［J］．预测，2000（3）：37－40．

［32］柳欣，靳卫萍．新古典生产函数的质疑与货币量值的生产函数［J］．南京社会科学，2005（7）：1－9．

［33］柳欣．货币经济的宏观经济理论——凯恩斯的经济学［M］．北京：人民出版社，2006．

［34］柳欣等．资本理论与货币理论［M］，北京：人民出版社，2007．

［35］刘春航，朱元倩．银行业系统性风险度量框架的研究［J］．金融研究，2011（12）：85－99．

［36］刘明康．中国特色银行业监管的理论与实践［J］．求是，2011（18）：35－37．

［37］刘刚，白钦先．热钱流入、资产价格波动与我国金融安全［J］．当代财经，2008（11）：43－49．

［38］刘莉亚．境外"热钱"是否推动了股市、房市的上涨？——来自中国市场的证据［J］．金融研究，2008（10）：48－70．

[39] 刘轶，史运昌．热钱对房地产价格的影响——基于京、沪、穗、深圳数据的实证研究 [J]．广东金融学院学报，2009（6）：42 – 50.

[40] 刘钊．股票市场脆弱性与金融稳定 [M]．北京：中国金融出版社，2009.

[41] 陆家骝，陆婷．金融脆弱性研究中的多重均衡模型 [J]．中山大学学报（社会科学版），2010（1）：203 – 208.

[42] 骆祚炎．资产价格波动、经济周期与货币政策调控研究进展 [J]．经济学动态，2011，（3）：121 – 126.

[43] 马方方．宏观经济波动与资产价格泡沫 [M]．北京：经济日报出版社，2012.

[44] 马君潞，吴蕾和靳晓婷．美国危机向亚洲新兴市场传染过程中的多米诺效应研究．世界经济，2012（6）：56 – 77.

[45] 马亚明，赵慧．热钱流动对资产价格波动和金融脆弱性的影响——基于 SVAR 模型的分析 [J]．现代财经，2012（6）：5 – 15.

[46] 马亚明，宋婷婷．货币循环流动与资产价格的波动 [J]．财经科学，2013（9）：1 – 10.

[47] 马亚明，温博慧．资产价格与宏观经济金融系统的稳定性——基于货币量值模型的理论与仿真分析 [J]．金融经济学研究，2013（5）：49 – 63.

[48] 马亚明，邵士妍．资产价格波动、银行信贷与金融稳定 [J]．中央财经大学学报，2012（1）：45 – 51.

[49] 马亚明．引导资金合理流向：促进金融与实体经济协调发展之道 [J]．现代财经，2012（4）．

[50] 马亚明，刘翠．房地产价格波动与货币政策调控 [J]．现代财经，2014（1）：40 – 50.

[51] 马亚明，刘翠．房地产价格波动与我国货币政策工具规则的选择——基于 DSGE 模型的模拟分析 [J]．国际金融研究，2014（8）：24 – 34.

[52] 马亚明，刘翠．房地产价格波动与我国货币政策目标制的选择 ——基于 IS – Philips 模型的分析 [J]．南开经济研究，2014（6）：138 – 147.

[53] 梅鹏军，裴平．外资潜入及其对中国股市的冲击——基于 1994～2007 年实际数据的分析 [J]．国际金融研究，2009（3）：76 – 81.

[54] 潘英丽．金融体系脆弱性的制度分析 [C]．世界经济格局的变化与中国金融的发展和创新研讨会暨第二届中国金融论坛论文集，2004.

[55] 瞿强．资产价格泡沫与信用扩张 [J]．金融研究，2005（3）：50 – 58.

[56] 瞿强．资产价格波动与宏观经济 [M]．北京：中国人民大学出版社，2005.

[57] 盛明泉，李昊，孙乐乐．公允价值计量、资产价格波动与金融稳定 [J]．中央财经大学学报，2011（4）：87 – 91.

[58] 史青青，费方域．信贷资金流入股票市场规模测算 [J]．经济与管理研究，2010（3）：57 – 64.

[59] 孙培源，施东晖．基于 CAPM 的中国股市羊群行为研究——兼与宋军、吴冲锋先生商

榷 [J]. 经济研究, 2002 (2): 64 – 70.

[60] 谭政勋, 陈铭. 房价波动与金融危机的国际经验证据: 抵押效应还是偏离效应 [J]. 世界经济, 2012 (3): 146 – 159.

[61] 谭政勋, 王聪. 中国信贷扩张、房价波动的金融稳定效应研究——动态随机一般均衡模型视角 [J]. 金融研究, 2011 (8): 57 – 71.

[62] 唐斯斯. 资产价格与通货膨胀 [M]. 北京: 商务印书馆, 2011.

[63] 王彩玲, 蔡弍白. 货币理论与跨期一般均衡分析的发展. 经济学动态, 2004 (9): 42 – 46.

[64] 王德, 李建军. 资产泡沫过程中的货币政策因素分析 [J]. 中央财经大学学报, 2012 (12): 39 – 44.

[65] 王东风. 国外金融脆弱性理论研究综述 [J]. 国外社会科学, 2007 (5) 49 – 56.

[66] 王晓明. 银行信贷与资产价格的顺周期关系 [J]. 金融研究, 2010 (3): 45 – 54.

[67] 万光彩, 于红芳, 刘莉. 基于金融状况指数的货币政策目标研究 [J]. 经济问题探索, 2013 (2): 26 – 31.

[68] 文凤华, 张阿兰, 戴志锋, 杨晓光. 房地产价格波动与金融脆弱性——基于中国的实证研究 [J]. 中国管理科学, 2012 (2): 1 – 9.

[69] 温博慧, 柳欣. 金融系统性风险产生的原因与传导机制 [J]. 中南财经政法大学学报, 2009 (6): 76 – 81.

[70] 温博慧. 资产价格波动与金融系统性风险关系研究 [D]. 南开大学博士论文, 2010.

[71] 吴海民. 资产价格波动、通货膨胀与产业 "空心化"——基于我国沿海地区民营工业面板数据的实证研究 [J]. 中国工业经济, 2012 (1): 46 – 56.

[72] 吴晓求, 宋清华, 应展宇. 我国银行信贷资金进入股票市场研究 [J]. 管理世界, 2001 (4): 86 – 95.

[73] 吴晶妹, 王涛. 基于信用扩张的金融安全研究评述 [J]. 流通经济, 2010 (2): 73 – 76.

[74] 伍超明. 虚拟经济与实体经济关系研究——基于货币循环流模型的分析 [J]. 财经研究, 2004 (8): 95 – 105.

[75] 伍超明. 货币流通速度的再认识——对中国 1993 – 2003 年虚拟经济与实体经济关系的分析 [J]. 经济研究, 2004 (9): 36 – 46.

[76] 武靖州. 资产价格波动的宏观经济效应 [M]. 北京: 经济科学出版社, 2012.

[77] 伍志文. 金融脆弱性: 理论及基于中国的经验分析 (1991 – 2000) [J]. 经济评论, 2003 (2): 96 – 100.

[78] 肖本华. 投资成本、信贷扩张与资产价格 [J]. 世界经济, 2008 (9): 66 – 73.

[79] 徐茂魁, 李伟. 货币需求、金融资产膨胀与流动性过剩 [J]. 经济学动态, 2007 (9): 30.

[80] 杨惠, 陶士贵. 国际热钱、投机动因与实证经验 [J]. 财会月刊, 2013 (4):

6 – 10.

[81] 杨惠昶，石岩．美国主导的金融自由化：世界金融危机的祸首 [J]．税务与经济，2009 (3)：41 – 44.

[82] 姚星垣，周建松．信贷资金流向与资产价格波动间内在关联性分析 [J]．现代财经，2010 (4)：37.

[83] 叶青，易丹辉．中国股票市场价格波动与经济波动 [J]．预测，1999 (6)：7 – 10.

[84] 易纲，王召．货币政策与金融资产价格 [J]．经济研究，2002 (3)：13 – 20.

[85] 殷孟波．中国信用基础脆弱性分析 [J]．四川金融，1999 (3)：4 – 7.

[86] 余喆杨，资产价格波动与宏观经济稳定研究 [M]．北京：中国农业出版社，2011.

[87] 袁德磊，赵定涛．国有商业银行脆弱性实证研究 (1085 – 2005) [J]．金融论坛，2007 (3)：38 – 45.

[88] 曾诗鸿．金融脆弱性理论——银行不良贷款生成的监管机制与动态路径 [M]．北京：中国金融出版社，2009.

[89] 张明、徐以升．《全口径测算中国当前的热钱规模》 [J]．当代亚太，2008 (4)：126 – 142.

[90] 张楷驰．货币量值的经济增长与经济波动模型．南开大学博士学位论文，2009.

[91] 张庆君．资产价格波动与金融稳定性研究 [M]．长春：吉林大学出版社，2011.

[92] 张新平，王展．美国金融危机与新自由主义的破灭 [J]．世界经济与政治论坛，2009 (3)：48 – 53.

[93] 张谊浩，裴平，方先明．中国的短期国际资本流动及其动机——基于利率、汇率和价格三重套利模型的实证研究 [J]．国际金融研，2007 (9)：41 – 52.

[94] 张睿峰，杠杆比例、资产价格泡沫与银行信贷风险 [J]．金融与经济，2009 (9)：15 – 17.

[95] 张宗新．金融资产价格波动与风险控制 [M]．上海：复旦大学出版社，2005.

[96] 钟伟，从亚洲金融危机看当代国际金融体系的内在脆弱性 [J]．北京师范大学学报 (社会科学版)，1998 (5)：60 – 64.

[97] 郑玮斯．中国股市与宏观经济关系的实证分析 [J]．发展研究，2007 (6)：24 – 27.

[98] 郑鸣．我国银行体系的脆弱性与市场化改革 [J]．中国经济问题，2003 (3)：45 – 52.

[99] 郑鸣．金融脆弱性论 [M]．北京：中国金融出版社，2007.

[100] 郑庆寰．资产价格波动与金融脆弱性相互作用机制 [M]．上海：上海财经大学出版社，2010.

[101] 周晖，王擎．货币政策与资产价格波动：理论模型与中国的经验分析 [J]．经济研究，2009 (10)：61 – 74.

[102] 周建军．游资冲击与房地产泡沫研究 [M]．北京：中国社会科学出版社，2009.

[103] 邹新月，代林清．金融资产价格波动的宏观因素实证分析 [J]．浙江工商大学学报，2010 (2)：42 – 49.

[104] Adrian, T. , Shin, H. S. , 2009, Liquidity and Leverage [R] . *Federal Reserve Bank of New York Staff Reports*, No. 328, 1 – 39.

[105] Agnello L. , L. Schuknecht, 2011, Booms and Busts in Housing Market: Determinants and Lmplications [J] . *Journal of Housing* Vol. 20: 171 – 190.

[106] Allen, F. , D. Gale. 2000, Bubbles and Crises [J] . *The Economic Journal*, 110 (1): 236 – 255.

[107] Allen, F. , 2008, Carletti, E. Financial System: Shock Absorber or Amplifier? [R] . *BIS Working Papers* No. 257, 1 – 46.

[108] Ana Fostel & John G. , 2012, Tranching, CDS, and Asset Prices How Financial [J]. *American Economic Journal*, 4 (1): 190 – 225.

[109] Arsenault, M. , Clayton, J. , Peng, L. , 2013, Mortgage Fund Flows, Capital Appreciation, and Real Estate Cycles [J] . *Journal of Real Estate Finance and Economics*, 47 (2): 243 – 265.

[110] Barry, R. , Chai, J. & Schumacher, L. , 2000, Assessing Financial System Vulnerabilities [R] . *IMF Working Paper*, WP/00/76.

[111] Bernanke, B. , and Lown C. , 1991, The Credit Crunch [J] . *Brookings Papers on Economic Activity*, (2): 205 – 239.

[112] Bernanke, B. S. , Gertler, M. , and Gilchrist, S. , 1996, The Financial Accelerator and the Flight to Quality [J] . *The Review of Economics and Statistics*, 78 (1): 1 – 15.

[113] Ben Bernanke & Mark Gertler. 2000, Monetary Policy And Asset Price Volatility [R]. *National Bureau of Economic Research Working Paper*, No. 7559.

[114] Binswanger, M. , 1997, The Finance Process on a Macroeconomic Level from a Flow Perspective: A New Interpretation of Hoarding [J] . *International Review of Financial Analysis*, 6 (2): 107 – 131.

[115] Borio C. , Lowe P. , 2002, Asset price Financial and Monetary Stability: Exploring of the Nexus [R] . *BIS Working Papers*, NO. 114.

[116] Boris Hofmann. Bank lending and property prices: some international evidence [R] . *HKIMR Working Paper*, 2003, 22.

[117] Bruce R. A. , Claudio B. , Luci E, and Fariborz M. , 2012, Systemic Risk, Basel III, Global Financial Stability and Regulation [J] . *Journal of Banking & Finance*, 36 (12): 3123 – 3124.

[118] Brunnermeier, M. K. , Pedersen, L. H. 2007, Market Liquidity and Funding Liquidity [R] . *NBER Working Papers* No. 12939, 1 – 27.

[119] Cafsio, G. , 2012, Debt Developments and Fisical Adjustment in the EU [J] . *Interecnomics*, 47 (1): 61 – 72.

[120] Chang, Roberto and Andrés Velasco, 2000, Exchange-rate policy for developing countries [J] . *American Economic Review Papers and Proceedings*, 90 (2): 71 – 75.

[121] Chen Nan-Kuang, 2002, Bank Net Worth, Asset Prices and Economic Activity [J] . *Journal of Monetary Economics*, 48: 415 – 436.

[122] Chen Nanguang. 2001, Asset Price Fluctuation in Taiwan: Evidence From Stock and Real Estate Prices 1973 to 1992 [J] . *Journal of Asian Economics*, Vol. 12: 215 – 232.

[123] Cheung, Y. M. and Qian, X. , 2010, Capital Flight: China' Experience. Review of Development Economics [J] . 14 (2): 227 – 247.

[124] Crockett, A. , 1997, The Theory and Practice of Financial Stability [M] . GEI Newsletter No. 6.

[125] Daníelsson, J. and Zigrand, J. P. , 2008, Equilibrium Asset Pricing with Systemic Risk [J]. *Economic Theory*, 35 (2): 293 – 319.

[126] Darrell D. , 2010, Presidential Address: Asset Price Dynamics with Slow-Moving Capital [J]. *The Journal of Finance*, 65 (4): 1237 – 1267.

[127] Davis E P. Debt, 1995, Financial Fragility and Systemic Risk [M] . Clarendon Press.

[128] Demirguc-Kunt A. , Detrgiache E. , 1998a, T he Determinants of Banking Crises: Evidence from Developed and Developing Countries [R] . IMF Staff Papers.

[129] Demirguc-Kunt A. , Detrgiache E. , 1998b, Financial Liberalization and Financial Fragility [R] . *Word Bank Policy Research Working Paper*, NO. 1917.

[130] Diaz-Alejandro, Carlos F. , 1985, Good-bye financial repression, hello financial crash[J]. *Journal of Development Economics*, 19 (1/2): 1 – 24.

[131] Dornbush, R. A. , 1976, Expectations and Exchange Rate Dynamics [J] . *Journal of Political Economy*, (84): 960 – 971.

[132] Douglas W. Diamond & Robert E V.. 1987, Constraints on Short-Selling and Asset Price: Adjustment to Private Information [J]. *Journal of Financial Economics*, (18): 277 – 311.

[133] Eichengreen, Barry and Hausmann, Ricardo, 1999, Exchange Rates and Financial Fragility [R] . *NBER Working Paper*, NO. 7418.

[134] Emanuel B. and Moshe K. , 2009, Dynamics of banks capital accumulation: A neoclassical model [J] . *Journal of Financial Intermediation*, (11): 1 – 52.

[135] Fama, E. F. 1981, Stock Returns, Real Activity, Inflation, and Money [J] . *The American Economic Review*, 71 (4): 545 – 565.

[136] Ferguson, Roger, 2002, Should Financial Stability be an Explicit Central Bank Objective? [R] *Federal Reserve Board*.

[137] Frank Smets. 1997, Financial Asset Prices And Monetary Policy: Theory And Evidence [R] . *Bank for International Settlements Working Paper*, No. 47.

[138] Franklin Allen & Kenneth Rogoff, 2010, Asset Prices, Financial Stability and Monetary [R] Policy, Working Paper.

[139] Gerdrup, Karsten R. , 2003, Three Episodes of Fiancial Fragility in Norway Since the 1890s [R] . *BIS Working Paper*, NO. 142.

[140] Goetz, V. P. , 2009, Asset Prices and Banking Distress: a Macroeconomic Approach [J] . *Journal of Financial Stability*, 5 (3): 298 - 319.

[141] Gordy, M. B. , 2006, Howells, B. Procyclicality in Basel Ⅱ: Can We Treat the Disease without Killing the Patient [J] . *Jouranl of Financial Intermediation*, (15): 395 - 417.

[142] Goodhart, C. and Segoviano, M. A. , 2009, Banking Stability Measures [R] . IMF Working Papers.

[143] Hendrik H. and Isabel S. , 2011, Capital Regulation, Bank Competition, and Financial Stability [J] . *Economics Letters*, 113 (3): 256 - 258.

[144] Houben, A. , 2004, Toward a Framework for Safeguarding Financial Stability [R] . IMF working paper.

[145] Jansen, W. J, 2003, What do Capital Inflows do? Dissecting the Transmission Mechanism for Thailand, 1980 - 1996 , Journal of Marcoeconomics [J] . (25): 457 - 480.

[146] John Chant, Alexandra Lai, Mark Illing, Fred Daniel, 2003, Financial Stability as a Policy Goal, in Essays on Financial Stability [R] . *bank of Canada Technical Report No.* 95.

[147] John Geanakoplos & Andreu Mas - Colell. 1989, Real Indeterminacy with Financial Assets [J] . *Journal of Economic Theory*, (47): 22 - 38.

[148] Jonathan D. O. , Atish R. G. , Marcos C. and Mahvash S. Q. , 2012, Tools for Managing Financial - stability Risks from Capital Inflows [J] . *Journal of International Economics*, 88 (2): 407 - 421.

[149] Kaminsky, G. , L. and Reinhart, C. , M. , 1999, The Twin Crises: The Causes of Banking and Balance - of - Payments Problems [J] . *American Economic Review*, 89 (3): 473 - 500.

[150] Kenneth N. Kuttner , 2011, Monetary Policy And Asset Price Volatility: Should We Refill the Bernanke - Gertler Prescription? [R] , *Economics Department working paper.*

[151] Kiyotaki N. and Moore J. , 1997, Credit Cycles [J] . *Journal of Political Economy*, 105 (2): 211 - 248.

[152] Korinek, A. , 2008, Excessive Dollar Borrowing in Emerging Markets: Balance Sheet Effects and Macroeconomic Externalities [R] . *Columbia University Mimeo*, 1 - 30.

[153] Korinek, A. , 2009, Systemic Risk - Taking: Amplification Effects, Externalities, and Regulatory Responses [R] . *Work - in - Progress of University of Maryland*, 1 - 25.

[154] Kunt & Levine. Stock Markets, 1996, Corporate Finance, and Economic Growth: An Overview9 [J] . *The World Bank Economic Review*, (10): 223 - 239.

[155] Lee, B. S. 1992, Causal Relationsamong Stock Returns, Interest Rates, Real Activity, and Inflation [J] . *The Journal of Finance*, 47 (4): 1591 - 1603.

[156] LingFeng, Ching - YiLin, ChunWang, 2011, Do Capital Flows Matter to Stock and Housing Prices? Evidence from China [R] , *working paper.*

[157] Love, I. , and L. Zicchino, 2006, Financial Development and Dynamic Investment Behavior: Evidence from Panel VAR [J] . *The Quarterly Review of Economics and Finance*, 46

(2): 190 – 210.

[158] Marshall D. , 1998, Understanding the Asian Crisis: Systemic Risk as Coordination Failure, Federal Reserve Bank of Chicago [J] . *Economics Perspectives*, (3): 13 – 28.

[159] Michael Foot, 2003, What is Financial Stability and how do we get it? [R] *The Roy bridge Memorial Lecture.*

[160] Michael F. Martin and Wayne M. Morrison , 2008, China's "Hot Money" Problems [R] . *Open CRS*, 21 (July): 1 – 7.

[161] Mishkin, F. S. , 1998, International capital movements, financial Volatility and financial instability [R] . *NBER Working Paper*, No. 6390.

[162] Minhkin, Frederic. , 1999, *Global Financial Instability: Framework, Events, Issues, Journal of Economic Perspectives* [J] . (13): 3 – 20.

[163] Minsky, Hyman P. , 1982, *The Financial Fragility Hypothesis: Capitalist Process and the Behavior of the Economy in Financial Crisis* [M] . Cambridge: Cambridge University Press.

[164] Nout Welink, 2002, Current Issues in Central Banking [R] . *Speech at Cenrtal Bank of Aruba.*

[165] Pavlova, A. , Rigobon, R. , 2008, The Role of Portfolio Constraints in the International Propagation of Shocks [J] . *The Review of Economic Studies*, 75 (1): 1215 – 1256.

[166] Peter M. and Carmen M. Reinhart, 1999, Do capital controls and macroeconomic policies influence the volume and composition of capital flows? [J] . *Journal of International Money and Finance*, (18): 619 ~ 635.

[167] Philippe Bacchetta, Cédric Tille & Eric van Wincoop, 2009, Liquidity Hoarding and Interbank Market Spreads: The Role of Counterparty Risk [R] . *Working Paper.*

[168] Philippe Bacchetta, *Cedric Tille & Eric van Wincoop*, 2010, *Regulating Asset Price Risk, American Economic Review*,

[169] Pierpaolo Benigno, 2009, Price Stability with Imperfect Financial Integration [J] . *Journal of Money, Credit and Banking*, (41) 121 – 149.

[170] R. Atje & B. Jovanovic, 1993, Stocks Markets and Development [J] . *The European Economic Review*, (37): 634 – 640.

[171] Renu K. , 2003, Real Exchange Rate Stabilization and Managed Floating: Exchange Rate Policy in India, 1993 – 2001 [J] . *Journal of Asian Economics*, 14 (3): 369 – 3876.

[172] Renu Kohli. , 2001, Capital Flows and Their Macroeconomic Effects in India [R] . *IMF Working Papers.*

[173] Robert A. Jarrow, Philip Protter & Kazuhiro Shimbo. , 2010, Asset Price Bubbles In Incomplete Markets [J] . *Mathematical Finance*, 20 (2): 145 – 185.

[174] Robertson, D. H. , 1966, *Essays in Money and Interest* [M] . London: William Collins Sons & Co. Ltd, pp. 17 – 249.

［175］ Savioz & Bengui, 2006, Asset prices bubbles and monetary policy ［R］. *Paper Presented at the BIS Autumn Economists' Meeting*, 30 – 31 Oct, Basel.

［176］ Shiller, R., 2008, The Subprime Solution: How Today's Global Financial Crisis Happened, and What to Doabout It ［M］. Princeton University Press; Princeton, NJ.

［177］ Schwarcz, S. L., 2008, Systemic Risk ［J］. *The Georgetown Law Journal*, (97): 193 – 249.

［178］ Sóhnke, M. B., Gregory, B. W., John, H. F., 2007, Estimating Systemic Risk in the International Fnancial System ［J］. *Journal of Economics*, (86): 835 – 869.

［179］ Shin H. S., 2006, Risk and Liquidity in a System Context ［R］. *BIS Working Papers*.

［180］ Shin, H. S. 2008, Risk and Liquidity in a System Context ［J］. *Journal of Financial Intermediation*, 17 (3): 315 – 329.

［181］ Sims C A. 1980, Macroeconomics and reality ［J］. *Econometrica*, (48): 1 – 48.

［182］ Wahyoe S., Fouad M. and Amine T., 2011, Bank Market Power, Economic Growth and Financial Stability: Evidence from Asian Banks ［J］. *Journal of Asian Economics*, 22 (6): 460 – 470.

［183］ Wilson, JW., 2002, An analysis of the s&p500 Index and Cowles's extensions: price indexes and stock return, 1870 – 1999 ［J］. *Journal of Business*, (75): 505 – 533.

［184］ Zicchino, L., 2005. A Model of Bank Capital, Lending and the Macroeconomy: Basel I versus Basel II ［R］. *Bank of England Working Paper*, (27): 8 – 27.